W0069747

Hartmut Böcher, Britta Ellinghaus, Eva König, Margret Langenmayr, Herbert Österreicher,
Bodo Rödel, Elke Schleth-Tams, Christine ter Haar, Yvonne Wagner

Hrsg.: Hartmut Böcher

Erziehen, bilden und begleiten

Das Arbeitsbuch für Erzieherinnen und Erzieher

1. Auflage

Bestellnummer 40285

Bildungsverlag EINS

 Haben Sie Anregungen oder Kritikpunkte zu diesem Produkt?
Dann senden Sie eine E-Mail an 40285_001@bv-1.de
Autoren und Verlag freuen sich auf Ihre Rückmeldung.

www.bildungsverlag1.de

Bildungsverlag EINS GmbH
Sieglarer Straße 2, 53842 Troisdorf

ISBN 978-3-427-**40285**-5

© Copyright 2010: Bildungsverlag EINS GmbH, Troisdorf
Das Werk und seine Teile sind urheberrechtlich geschützt. Jede Nutzung in anderen als den gesetzlich zugelassenen Fällen bedarf der vorherigen schriftlichen Einwilligung des Verlages. Hinweis zu § 52 a UrhG: Weder das Werk noch seine Teile dürfen ohne eine solche Einwilligung eingescannt und in ein Netzwerk eingestellt werden. Dies gilt auch für Intranets von Schulen und sonstigen Bildungseinrichtungen.

Inhaltsverzeichnis

Einführung

Dieses Buch ist ein reines Arbeitsbuch. Es enthält Aufgaben und Anregungen zum Studienbuch „Erziehen, bilden und begleiten". Einen großer Teil der Aufgaben, die Sie hier finden, können Sie in Einzelarbeit bearbeiten, einige dagegen in Ihrer Studiengruppe.

Die Aufgaben haben unterschiedlichen Charakter und sind den folgenden **vier Aufgabenkategorien** zugeordnet:

 Mithilfe dieser Aufgaben können Sie die Texte des Studienbuches mit Ihren persönlichen Vorerfahrungen verknüpfen.

 Bei der Lösung dieser Aufgabenart ist nach Fachkenntnissen gefragt, die Sie u. a. durch die Arbeit mit dem Studienbuch erworben haben bzw. erwerben können.

 Mit der dritten Aufgabenart werden Sie aufgerufen, praxisbezogene Situationen zu analysieren bzw. zu reflektieren. Dabei kann es sich um Beispiele aus der Praxis, aber auch um theoretische Fachgrundlagen handeln.

 Bei dieser Aufgabenart handelt es sich um berufliche Aufgaben, wie Sie sie auch in der sozialpädagogischen Praxis erleben können.

Sie finden diese Symbole jeweils neben der entsprechenden Aufgabenart.

Zudem gibt es eine fünfte, umfassendste Aufgabenart „Kapitelübergreifende Aufgaben", die entpsrechend gekennzeichnet ist. Zu deren Lösung sind kapitelübergreifende Kenntnisse und Kompetenzen erforderlich.

Abgesehen von einigen Einführungstexten finden Sie zu jedem Kapitel des Studienbuches ein Kapitel mit Aufgaben und/oder Arbeitsanregungen im Arbeitsbuch. Im Studienbuch finden Sie die für die Lösung der Aufgaben im Arbeitsbuch notwendigen Grundlageninformationen. Bei den Aufgabenlösungen handelt es sich selbstverständlich nicht um „Rezepte", sondern um Beispiele für die Auseinandersetzung mit den entsprechenden Inhalten.

Das Konzept der beiden Bücher folgt einer Logik, nach der sich **Entwicklungsaufgaben** aufeinander aufbauend von den Studierenden bearbeiten lassen (vgl. Gruschka, Studien zur Kompetenzentwicklung, 1985).

1. Den Studierenden soll zunächst die Möglichkeit geboten werden, ein neues, eigenes Konzept ihrer zukünftigen Berufsrolle zu entwickeln. Dazu erhalten sie Unterrichtsangebote, die es ihnen ermöglichen, sich einerseits qualifiziert in den unterschiedlichen sozialpädagogischen Berufsfeldern zu orientieren und sich andererseits Klarheit über die Tragfähigkeit des eigenen Berufswunsches zu verschaffen.

2. In einem zweiten Ausbildungsschritt konzentrieren sich die Studierenden weniger auf den eigenen Berufswunsch und die Weiterentwicklung des Berufsrollenverständnisses. Sie wechseln vielmehr die Perspektive und entwickeln ein Konzept der pädagogischen Fremdwahrnehmung. Das bedeutet, dass die zukünftigen Adressaten der sozialpädagogischen Arbeit in den Vordergrund rücken. Darüber hinaus besteht eine der wichtigen Herausforderungen in diesem zweiten Abschnitt darin, die Fülle der sich aus dieser neuen Perspektive ergebenden Informationen und sich entwickelnden Kompetenzen zu koordinieren. Nur so kann eine tragfähige Grundlage für das pädagogische Handeln in vielen beruflichen Situationen wachsen.

3. Die Entwicklung eines immer professioneller werdenden Konzepts des pädagogischen Handelns steht im Mittelpunkt eines dritten Ausbildungsabschnitts. Nun kommt es darauf an, zu lernen, nachhaltig, vor allem aber konzeptionell zu handeln. Die erzieherischen Aufgaben werden zielorientiert und auf der Grundlage einer reflektierten pädagogischen Konzeption zu lösen gelernt.

4. Darauf aufbauend findet die Ausbildung in der Regel ihren Abschluss in der Auseinandersetzung der Studierenden mit professionellem Handeln in sozialpädagogischen Zusammenhängen. In diesem Kontext haben die Studierenden die Möglichkeit, ein eigenes Konzept der Professionalisierung

zu entwickeln. Ein besonders wichtiger Aspekt der Professionalisierung ist dabei die Entwicklung der Fähigkeit und Bereitschaft, sich selbst im beruflichen Kontext weiterzuentwickeln und zu erkennen, dass dies ein Prozess ist, der sich durch die gesamte Berufstätigkeit hindurchziehen muss.

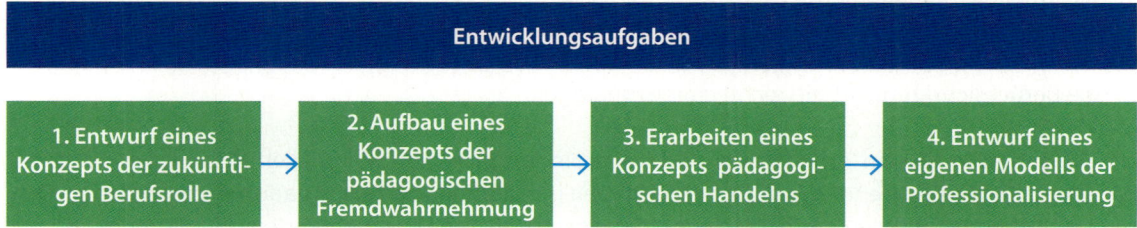

Die Arbeit mit den Aufgaben des Arbeitsbuches helfen, die Entwicklungsaufgaben, die der Struktur des Studienbuches zugrunde liegen, lösen zu können. Der Blick sollte dabei sowohl auf die persönliche Entwicklung als auch auf die konkreten Anforderungen gerichtet werden, denen sozialpädagogische Fachkräfte in den verschiedenen sozialpädagogischen Berufsfeldern gerecht werden müssen.

Die Aufgaben dieses Buches unterstützen Sie darin, **berufliche Aufgaben** zu erfassen und die **zukünftige Berufsrolle** anzunehmen und zu übernehmen für

- die Auseinandersetzung mit den Berufswahlmotiven und für den differenzierten Vergleich von Berufswunsch und -wirklichkeit,

- die Überprüfung und Optimierung des eigenen Lern- und Arbeitsverhaltens,

- die Klärung der bereits vorhandenen Kompetenzen und die Entwicklung der für die Bewältigung der vielfältigen beruflichen Aufgaben erforderlichen Kompetenzen,

- die Reflexion der zu entwickelnden zukünftigen Berufsrolle und das Kennenlernen der Rollen- und Rollenverteilungen in den verschiedenen sozialpädagogischen Einrichtungen,

- einen Überblick über die die verschiedenen Berufsfelder und Institutionen,

- eine Klärung fremder und eigener anthropologischer Orientierungen im Hinblick auf ihre Bedeutung für die konkrete Verantwortung sozialpädagogischer Fachkräfte,

- Grundinformationen über rechtliche und gesellschaftliche Normen und Werte.

Die Aufgaben dieses Buches unterstützen Sie weiter darin, ein **Konzept der pädagogischen Fremdwahrnehmung** zu entwickeln, indem Sie

- erste Erfahrungen mit den Lebensräumen von Kindern und Jugendlichen machen,

- ein Verständnis ihrer Entwicklungs- und Sozialisationsprozesse und -bedingungen entwickeln,

- vertiefte Kenntnisse der Entwicklungsverläufe von der Geburt bis zum Jugendalter erarbeiten,

- sich mit Verhaltensabweichungen, -auffälligkeiten und -besonderheiten auseinandersetzen.

Für den Aufbau eines **Konzepts des pädagogischen Handelns** erhalten Sie die Möglichkeit,

- eigenes erzieherisches Handeln kritisch zu reflektieren,

- Erziehung altersgemäß und zielorientiert zu konzipieren,

- die Selbstbildungsprozesse von Kindern oder Jugendlichen planvoll in verschiedenen Bildungsbereichen zu unterstützen,

- Entwicklungs- und Bildungsprozesse zu dokumentieren,

- Lernprozesse zu verstehen, pädagogisch zu nutzen und das eigene sowie insbesondere das Lernen von Kindern oder Jugendlichen zu stärken und zu begleiten.

Schließlich werden Sie darin unterstützt, ein eigenes **Modell der Professionalisierung** zu entwickeln. Hierzu bietet Ihnen dieses Buch Aufgaben für

- die Professionalisierung der Erzieherpersönlichkeit,
- die Zusammenarbeit im Team,
- das Qualitätsmanagement,
- die Fort- und Weiterbildung,
- die Gestaltung der Erziehungspartnerschaften,
- die Berücksichtigung arbeitsrechtlicher Grundlagen.

Die Aufgaben in diesem Arbeitsbuch sind in Verbindung mit den Materialien des Studienbuchs als Werkzeug für die Bearbeitung beruflicher Aufgaben im Rahmen von Lernsituationen zu verstehen. Diese Lernsituationen werden methodisch und didaktisch von den Unterrichtenden unter Mitwirkung der Studierenden vorbereitet. Arbeitsvorschläge, Handlungsanleitungen und Tipps für die berufliche Praxis, die in diesen beiden Büchern vorkommen, dürfen keinesfalls als „Rezepte" verstanden werden, die eins zu eins umzusetzen sind. Wichtig zu erwähnen ist, dass die Kapitel des Arbeitsbuches – und analog des Studienbuches – so verfasst sind, dass sie auch unabhängig voneinander bearbeitet werden können. Deshalb wurden vereinzelte Wiederholungen bewusst nicht vermieden.

Über die Aufgaben und Materialien hinaus finden Sie im Studienbuch

- weiterführende Literatur für eine vertiefende und erweiternde Arbeit,
- ein umfangreiches Glossar, in dem wichtige Fachbegriffe alphabetisch geordnet und kurz erklärt sind,
- Internet-Links, über die Sie weitere Informationen erhalten können.

Darüber hinaus werden die beiden Bücher ergänzt durch einen **Portfolioband**. Portfolios können als Entwicklungs- und Lerntagebücher den sozialpädagogischen Fachkräften zeigen, welche Stärken sich entwickeln und auf welche – auch längerfristigen – Veränderungen sie pädagogisch reagieren müssen. Auch der Portfolioband ist auf die Struktur des Lehrbuchs abgestimmt.

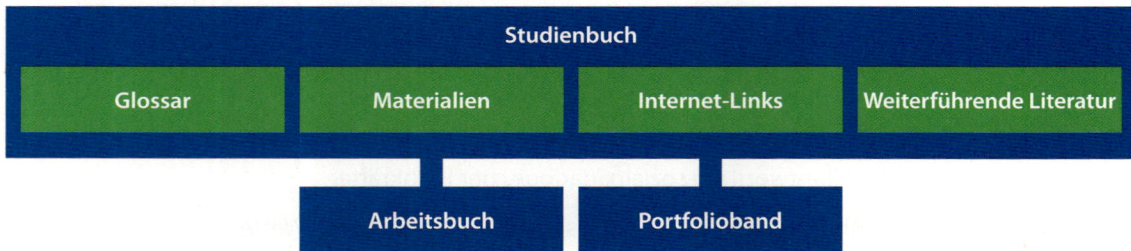

Das Team der Autorinnen und Autoren

Hartmut Böcher (Hrsg.): Diplom-Psychologe, 1974–2005 Fachleiter, bis 2000 Leitung einer Fachschule für Sozialpädagogik, 1974–2004 Mitglied in verschiedenen Richtlinienkommissionen, diverse Veröffentlichungen.

Britta Ellinghaus: Erzieherin, Studium der Sozialpädagogik/Sport, seit 2002 Lehrerin am Berufskolleg Käthe-Kollwitz-Schule (KKS) in Aachen, 2004–2009 Fachleiterin, seit 2009 stellvertretende Schulleiterin der KKS.

Eva König: Lehramtsstudium der beruflichen Fachrichtung Sozialpädagogik/Deutsch, seit 2002 am Robert-Wetzlar-Berufskolleg in Bonn, Fachschule für Sozialpädagogik.

Dr. Margret Langenmayr: Studium Germanistik/Kath. Theologie, 1972–2006 Deutsch-Unterricht an der Caritas-Fachakademie für Sozialpädagogik München, 1992–2006 Schulleiterin, 1998–2006 Vorsitzende der BAG Kath. Ausbildungsstätten für Erzieherinnen/Erzieher, diverse Fachveröffentlichungen.

Herbert Österreicher: Diplom-Ingenieur (FH), Magister artium (ökologische Psychologie, Philosophie, Soziologie), Garten- und Freiflächenplanung, Seminare zur Natur- und Umweltpädagogik, diverse Veröffentlichungen.

Dr. Bodo Rödel: Studium der Heilpädagogik und Erziehungswissenschaften, Arbeit mit jugendlichen Sozialhilfeempfängern, Projektleitung in der Jugendhilfe.

Elke Schleth-Tams: Erzieherin, Leiterin von Tageseinrichtungen für Kinder, Diplom-Sozialpädagogin, Fachberaterin für den Bereich Tageseinrichtung für Kinder, seit 1999 Lehrerin am Berufskolleg Käthe-Kollwitz-Schule in Aachen, Studium der Psychologie/Sozialpädagogik auf Lehramt, Fortbildungen in NLP und als Kinder- und Jugendtherapeutin.

Christine ter Haar: Studium Germanistik/Katholische Theologie, bis 2008 Dozentin, Fachbereichsleiterin Katholische Theologie/Religionspädagogik an der Katholischen Fachakademie München-Harlaching, Mitarbeit an religionspädagogischen Themen und Projekten zu Fragen der Erzieherausbildung.

Yvonne Wagner: Ausbildung zur Erzieherin in München, seit 1994 Erzieherin und Leiterin in verschiedenen Kindertageseinrichtungen, seit 2007 Autorin im Bereich der Frühpädagogik.

Aus Gründen der Lesbarkeit wird im Folgenden nur von der weiblichen Berufsbezeichnung Gebrauch gemacht, obwohl die Autorinnen und Autoren mehr männliche Erzieher in allen sozialpädagogischen Berufsfeldern für wünschenswert halten und die derzeit aktiven Erzieher entsprechend wertschätzen.

1 Berufswunsch und -wirklichkeit

1.1 Berufswahlmotive

 ## 1. Meine Berufswünsche und -vorstellungen

Bevor Sie sich entschieden haben, einen Beruf in einem der sozialpädagogischen Berufsfelder zu ergreifen und eine entsprechende Berufsausbildung zu beginnen, hatten Sie bereits Vorstellungen von diesem und anderen möglichen zukünftigen Berufen.

- Um welche Berufe hat es sich dabei gehandelt?

- Was sprach jeweils für diese Berufe, was sprach dagegen? Erstellen Sie auf einem DIN-A3-Blatt eine Zeichnung wie folgt. Tragen Sie in die Sprechblasen die ganz persönlichen Berufswünsche bzw. -vorstellungen ein, die Sie vor Ihrer Berufswahlentscheidung schon einmal hatten, und halten Sie das jeweilige Pro und Kontra dazu fest.

- Welches waren die entscheidenden Argumente, einen sozialpädagogischen Beruf zu ergreifen?

 ## 2. Einflüsse auf die Berufswahl

Die Motive für eine Berufswahlentscheidung entstehen nie rein zufällig. Eigene Wünsche und Bedürfnisse, eigene Zukunftsvorstellungen aber auch -ängste sind dabei eng verwoben mit den vielfältigen Einflüssen aus den persönlichen Lebensräumen. Mit der folgenden Übung können Sie sich allein oder gemeinsam mit Ihrer Gruppe Klarheit darüber verschaffen, wie sich Ihre Berufswahlmotive entwickelt haben und welches die wichtigsten Einflüsse waren. Bedeutsam ist dies auch im Hinblick auf die persönliche Überprüfung der Tragfähigkeit dieser Motive.

Finden Sie also heraus, wer und was Ihre Berufswahlentscheidung beeinflusst hat und wie bedeutsam dies jeweils war. Fertigen Sie zunächst ein DIN-A3-Blatt wie folgt an:

Meine Berufswahlmotive

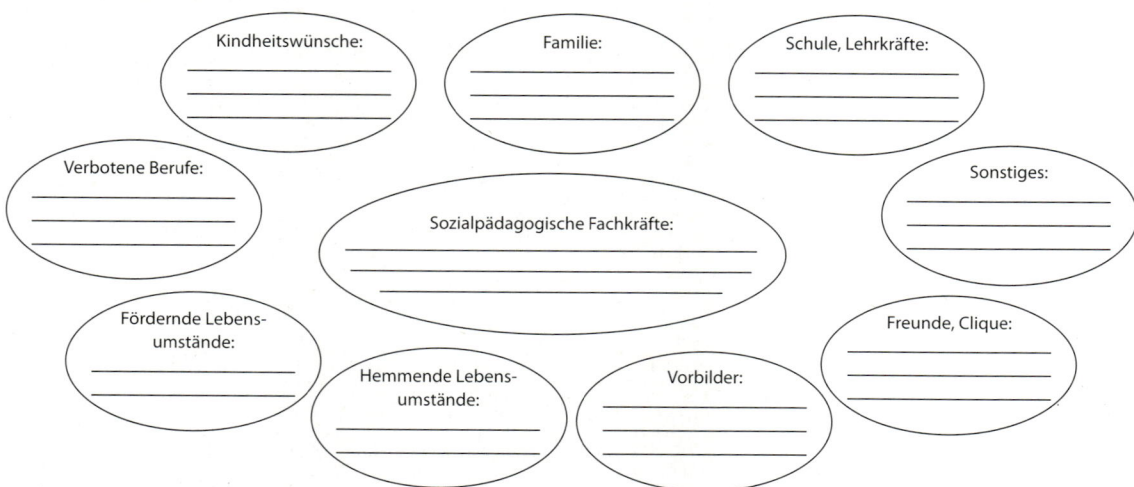

(vgl. Gudjons, 1999, S. 189 f.)

Nehmen Sie sich nun zunächst 15 Minuten Zeit, um über die einzelnen Einflussfaktoren nachzudenken. Gehen Sie dabei in Ihren Vorstellungen den Weg von Ihrer Kindheit bis zu Ihrer Berufswahlentscheidung. Tragen Sie dann in die Kreise ein, was Ihnen zu den verschiedenen Einflussfaktoren eingefallen ist. Verbinden Sie anschließend die kleineren Kreise mit einer Linie mit dem großen mittleren Kreis. Zeichnen Sie diese Verbindungslinien umso dicker, je wichtiger der Einfluss war.

Fertigen Sie nun ein zweites DIN-A3-Blatt an:

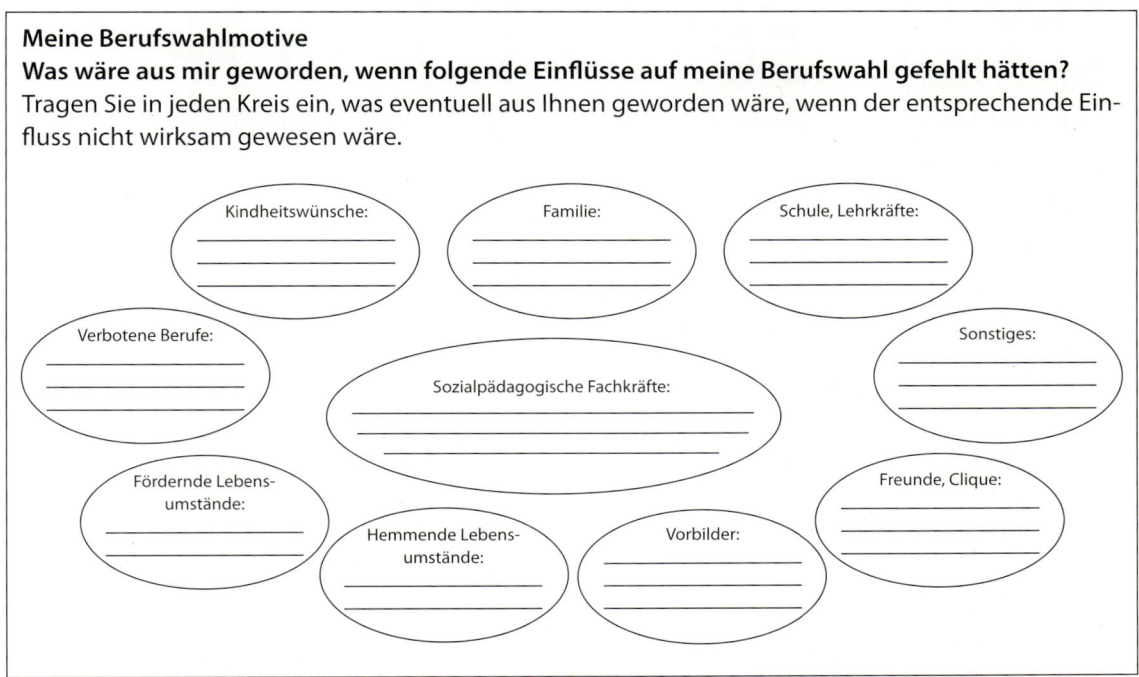

Meine Berufswahlmotive
Was wäre aus mir geworden, wenn folgende Einflüsse auf meine Berufswahl gefehlt hätten?
Tragen Sie in jeden Kreis ein, was eventuell aus Ihnen geworden wäre, wenn der entsprechende Einfluss nicht wirksam gewesen wäre.

Kindheitswünsche:
Familie:
Schule, Lehrkräfte:
Verbotene Berufe:
Sonstiges:
Sozialpädagogische Fachkräfte:
Fördernde Lebensumstände:
Hemmende Lebensumstände:
Vorbilder:
Freunde, Clique:

(vgl. Gudjons, 1999, S. 189 f.)

Tauschen Sie sich mit den anderen Studierenden über die möglicherweise sehr unterschiedlichen Entstehungsgeschichten Ihrer Berufswahlmotive aus.

1.2 Das Lernen lernen

1. Ihre bisherigen Lernerfahrungen

Erstellen Sie für sich einen Fragebogen nach folgendem Muster und beantworten Sie dann die einzelnen Fragen.

	ja	nein
Lernen fällt mir in der Regel leicht.		
Vor einer Schulaufgabe mache ich mir einen Plan für mein Lernen.		
Mit meinen Lernerfolgen bin ich zufrieden.		
Ich versuche, die Lerninhalte auswendig zu lernen.		
Ich versuche, die Lerninhalte zu verstehen und mir dann einzuprägen.		
Ich weiß, zu welcher Tageszeit ich am besten lernen kann.		
Ich lerne vor einer Schulaufgabe immer nur so viel, dass ich denke, „wird schon klappen".		
Ich versuche mich immer gründlich auf Leistungsnachweise vorzubereiten.		
Ich kann meine Zeit gut einteilen.		

	ja	nein
Ich lerne und höre dabei leise Musik.		
Ich mache beim Lernen Pausen.		
Ich belohne mich, wenn ich mit meinem Lernen zufrieden bin.		
Ich lerne am liebsten allein.		
Ich lerne gerne in einer kleinen Gruppe.		
Ich habe für mich eine Methode gefunden, wie ich am besten lerne.		
An meinem Arbeitsplatz zu Hause kann ich gut lernen.		

Fassen Sie schriftlich zusammen:

- Wie schätzen Sie Ihre Ergebnisse ein?

- Sind Sie zufrieden mit Ihrem Lernen?

- Was möchten Sie evtl. verändern?

1.2.1 Voraussetzungen schaffen

 1. Meine Lernmotivation

Notieren Sie sich Ihre derzeitigen Lernaufgaben.
Machen Sie sich dann Ihr jeweiliges Ziel für das Lernen klar!
Dann beantworten Sie die folgenden Fragen in Bezug auf jede dieser Lernaufgaben:

- Wie hoch ist Ihr Interesse, die Lernaufgabe anzugehen?

- Welchen Sinn sehen Sie darin für sich persönlich/für die Entwicklung Ihrer beruflichen Kompetenzen?

- Wie schätzen Sie aufgrund Ihrer Antworten Ihre Motivation ein (Sie können dazu die Notenskala von 1 bis 6 nutzen)?

- Wie könnten Sie Ihre Motivation erhöhen? Überlegen Sie sich dazu u. a., wie Sie sich wann womit belohnen können.

Im Anschluss beantworten Sie für sich die folgenden Fragen.

Zu Ihrem Umgang mit einem Misserfolg:

- Wenn ich mal eine schlechte Note habe, neige ich dazu, die Verantwortung dafür bei der Lehrkraft und der Art ihrer Aufgabenstellung zu suchen.

- In einem solchen Fall überlege ich genau die Gründe für die schlechte Note und nehme mir vor, diese bei der nächsten anstehenden Arbeit zu berücksichtigen.

Zu Ihrem Umgang mit einem Erfolg:

- Wenn ich eine sehr gute Note erreicht habe, gehe ich davon aus, dass die Anforderung sehr niedrig war.

- In einem solchen Fall bin ich stolz auf mich und gönne mir etwas Besonderes.

Welche Zusammenhänge können Sie zwischen Ihren Antworten und Ihrer Lernmotivation entdecken?

2. Motivation

- Definieren Sie den Begriff Motivation.

- Erklären Sie den Unterschied zwischen extrinsischer und intrinsischer Motivation.

3. Andere motivieren

> **Beispiel**
>
> *Sie arbeiten in einer Jugendfreizeitstätte und bieten dort ein Bewerbungstraining für Hauptschüler an, die demnächst ihren Abschluss machen. Ein Teil der Gruppe ist motiviert und macht gut mit. Nur Tobias hat keine Lust, seine Bewerbungsmappe zu erstellen. Welche Möglichkeiten haben Sie, ihn zu motivieren? Beziehen Sie bei Ihren Überlegungen Ihr Wissen über intrinsische und extrinsische Motivation mit ein.*

4. Lernumgebung

Überprüfen Sie Ihren häuslichen Arbeitsplatz im Hinblick auf die im Lehrbuch genannten Kriterien.
Schreiben Sie auf, was Sie dementsprechend verändern sollten.
Notieren Sie, bis zu welchem Termin Sie diese Änderungen umsetzen wollen.
Wenn Sie das erledigt haben, gönnen Sie sich etwas Gutes!

5. Tagesleistungskurve

Machen Sie sich Ihre Tagesleistungskurve klar. Zeichnen Sie dafür auf einer waagrechten Linie die Angaben für die vollen Stunden von 6 Uhr morgens bis 23 Uhr abends ein. Am linken Rand tragen Sie auf einer Vertikalen eine Skala ein, mit der Sie zwischen „schlapp" bis „topfit" differenzieren können.
Tragen Sie in diese Vorlage Ihre persönliche Tagesleistungskurve ein.

6. Fest verplante Zeiten

Klären Sie für sich, wie viel Lernzeit Sie in einer Schulwoche zur Verfügung haben.
Erfassen Sie dazu alle Ihre fest verplanten Zeiten:
* Unterricht nach Stundenplan
* Hin- und Rückfahrt zur Schule
* Essen
* Schlafen
* E-Mail-Pflege
* Familie/Haushalt
* Hobby/Sport/Verein/Gemeinde
* Freunde treffen
* Lernzeit?

7. Lernzeit

Erstellen Sie für sich auf der Grundlage der unten stehenden Aussagen einen Einschätzungsbogen nach folgendem Muster (vgl. Schräder-Naef, 2002, S. 117):

	regelmäßig	teilweise	kaum
Hausarbeiten oder Präsentationen, für die ich mehrere Wochen Bearbeitungszeit habe, kann ich rechtzeitig fertigstellen.			
Auch vor Leistungsnachweisen bleibt mir noch freie Zeit für mich persönlich.			
Bei längerfristigen Aufgaben setze ich mir selbst Zwischenziele und Zwischentermine.			
Ich weiß zu Beginn einer Woche, welche Stunden ich für das Lernen und welche für mich persönlich verwende.			

	regelmäßig	teilweise	kaum
Es gelingt mir, mit der Arbeit zu beginnen, wenn ich es mir vorgenommen habe.			
Ich lasse mich gerne bei der Arbeit unterbrechen.			
Bei meiner Planung berücksichtige ich meinen Tagesrhythmus und erledige die anspruchsvollsten Aufgaben dann, wenn ich mich am leistungsfähigsten fühle.			
Ich notiere mir schriftlich meinen Lernplan. Dadurch habe ich einen guten Überblick, wie ich mit der mir zur Verfügung stehenden Zeit zurechtkomme.			
Wenn ich längere Zeit lerne, mache ich rechtzeitig und gezielt Pausen.			
Ich plane regelmäßig kurze Wiederholungsphasen für neu gelernte Inhalte ein.			
Wenn ich meinen Lernplan aufstelle, setze ich ausreichende Reservezeiten ein.			
In meinem Tagesablauf habe ich genügend Zeit, um das zu tun, was mir persönlich wichtig ist.			

Fassen Sie schriftlich zusammen:
Wie zufrieden sind Sie mit Ihrem Umgang mit der Zeit?
Benennen Sie konkret, was Sie ändern möchten.

8. ALPEN-Methode

Für welche Planungsschritte steht jeder Buchstabe der ALPEN-Methode?
Probieren Sie die ALPEN-Methode für den morgigen Arbeitstag aus. Recherchieren Sie dann zur Methode im Internet und überprüfen Sie, ob Sie bei Ihrer Planung an alles gedacht haben.

9. Zeitplanung

Was halten Sie von den folgenden Tipps für die Zeitplanung (Schräder-Naef, 2002, S. 119)? Tauschen Sie sich darüber mit anderen Studierenden aus.

- „Verplanen Sie nicht die ganze Zeit. Lassen Sie nach dem Unterricht Zeit zur Entspannung und lassen Sie auch Reservezeiten frei.

- Gleich bleibende Lern- und Arbeitszeiten erleichtern die Planung.

- Planen Sie regelmäßig kurze Wiederholungsphasen für neu erworbenen Lernstoff ein.

- Überlegen Sie auch dann, welche Stunden Sie fürs Arbeiten einsetzen wollen, wenn Sie (zum Beispiel während der Ferien) genügend Zeit zur Verfügung haben. Sonst können Sie sich weder richtig auf die Arbeit konzentrieren, noch richtig „abschalten".

- Sie vermeiden Unzufriedenheit mit sich selbst, wenn Sie dann zu lernen beginnen, wenn Sie es sich vorgenommen haben, und nicht noch lange trödeln oder auf Inspiration warten.

- Vermeiden Sie Stress und Lernmarathons, indem Sie vor Prüfungen und größeren Arbeiten rechtzeitig beginnen.

- Am Anfang einer Lernetappe erledigen Sie mit Vorteil eine angenehme, kürzere Arbeit.

- Trainieren Sie Ihr Zeitgefühl: Schätzen Sie jeweils vor Beginn einer Arbeit, wie lange Sie dafür brauchen werden, und kontrollieren Sie zum Schluss.

- Vermeiden Sie es, den Beginn von größeren Arbeiten immer wieder zu verschieben und stattdessen nur die kleineren, schnell abzuhakenden durchzuführen.

- Überlange Lernetappen sind nicht rational, weil Sie nicht mehr aufnahmefähig sind.

- Schalten Sie beim Lernen und Arbeiten Pausen ein: kurze Verschnaufpausen, zwischendurch Entspannungs- oder Bewegungspausen und eine längere Mittagspause.

- Versuchen Sie auch nicht, unbedingt noch etwas fertigzustellen, obwohl Sie bereits zu müde sind oder ein anderer Termin wartet. Setzen Sie einen anderen Termin zur Fertigstellung an."

Halten Sie im Anschluss für sich schriftlich fest, welche dieser Lerntipps für Ihr Lernen besonders bedeutsam sind. Überprüfen Sie nach vier Wochen, ob es Ihnen gelungen ist, sie umzusetzen.

1.2.2 Funktionsweisen unseres Gedächtnisses

▲ 1. Hierarchischer Aufbau des Informationsflusses

- Was fällt Ihnen zu dieser Überschrift ein? Fassen Sie Ihr Wissen dazu zusammen.

- Tauschen Sie sich mit anderen Studierenden darüber aus, wie jeder von Ihnen Lerninhalte strukturiert. Unterscheiden Sie dabei, ob Lerninhalte im Unterricht aufbereitet werden oder ob Sie sich eigenständig einen Inhalt erarbeiten. Was fällt Ihnen persönlich leichter? Was ist hilfreich, wenn Sie einen Lernstoff strukturieren wollen?

- Formulieren Sie am Schluss ein persönliches Lernziel, wie es Ihnen gut gelingen kann, Lerninhalte zu strukturieren.

● 2. Ordnungsprinzipien

- Suchen Sie Oberbegriffe, die es Ihnen erleichtern, sich die folgenden Begriffe einzuprägen:

- Masern, Pilze, Röteln, Infektionsschutzgesetz, Blutbild, Herz, Lunge, Kreislauf, Keuchhusten, Grippe, Bakterien, Impfung, Viren

- Prägen Sie sich die folgende Zahlenreihe ein: 194 5193 919 181 91 4
  Versuchen Sie dann ein neues Ordnungsprinzip für die Zahlenreihe zu entdecken und überlegen Sie, warum es dann viel einfacher ist, sich die Zahlenreihe zu merken.

● 3. Vernetzte Struktur des Informationsflusses

Überlegen Sie, mithilfe welcher Schlüsselwörter Sie sich die Kernaussagen des nachfolgenden Textes einprägen könnten. Wie können Sie sich diese Schlüsselwörter so notieren, dass Sie sie sich gut merken können? Entwerfen Sie dazu einen Vorschlag.

„Wahrnehmung und Speicherung finden in denselben Nervenzellen statt, das Gehirn speichert die Bilder dort, wo es auch aktuelle Bilder beurteilt. Bei jeder Wahrnehmung greifen wir auf sehr viel Vorwissen zurück. Je mehr wir wissen, desto mehr nehmen wir wahr. Wahrnehmung ist somit ein aktiver Prozess, nicht ein einfach passives Aufnehmen von Sinneseindrücken, sondern die Folge eines erwartungsgesteuerten Suchprozesses. Die erzeugten Bilder stimmen nicht unbedingt mit physikalischen Gesetzmäßigkeiten überein. Jede Wahrnehmung erfolgt durch die Brille des Gedächtnisses, ist somit individuell und durch frühere Wahrnehmungen mitbestimmt. Daraus ergibt sich auch die Wichtigkeit des Vorwissens.
Wahrnehmung ist immer auch Interpretation. Wir erkennen beispielsweise Muster und Ordnungsprinzipien auch dort, wo keine vorgegeben sind. Bekannt sind Wahrnehmungstäuschungen oder ‚unmögliche Figuren' oder Bilder, die auf verschiedene Art gesehen werden können.
[…] Das Gedächtnis bildet aus den eingehenden Sinneswahrnehmungen kein Archiv – die Daten werden verkürzt und mit älteren Gedächtnisspuren verknüpft. Wissen und Ereignisse werden nicht als Ganzes abgespeichert; gespeichert werden vielmehr nur wichtige Eckpunkte, die für das Individuum Bedeutung haben und die auf die ganze Hirnrinde verteilt werden. Erinnern ist wie das Zusammensetzen eines Puzzles, bei dem die fehlenden Teile durch Raten hinzugefügt werden.
Das Gehirn speichert Informationen somit nicht einfach in Schubladen, sondern ordnet sie zu komplexen Netzen. Durch die netzwerkartige Verarbeitung ergibt sich eine vielfältige spätere Abrufbarkeit. Vielseitige und intensive Sinneserfahrungen erhöhen die Zahl der Verknüpfungen im Hirn. Motiviert und interessiert aufgenommene Informationen werden in der Tiefenstruktur gespeichert, nicht nur an der Oberfläche. Gut

strukturierter Lernstoff wird viel leichter behalten als unstrukturierter, weil dadurch Gedächtniskapazität gespart wird.

Deshalb sollte nicht fertiges, unverbundenes oder assoziatives Wissen vermittelt, sondern der Aufbau von Handlungs- und Denkstrukturen unterstützt werden. Gemäß neueren Forschungen zu Wissenserwerb kommt es ohne diese Zusammenhänge zu ‚trägem Wissen', das nicht in bestehendes Vorwissen integriert wird und zu wenig vernetzt ist. […] Zum Lernen und Behalten ist eine Verbindung mit bereits vorhandenen Gedächtnisinhalten erforderlich oder ein frühes Wiederholen, mehrfaches Auseinandersetzen, Verbalisieren."

(Schräder-Naef, 2002, S. 20 f.)

4. Ein Cluster anfertigen

Üben Sie sich im Assoziieren: Suchen Sie sich ein Schlüsselwort aus dem Themenbereich Ihres derzeitigen Unterrichts in Psychologie (oder einem anderen Fach). Schreiben Sie dieses Wort auf die Mitte eines DIN-A4-Blattes und wenden Sie dann die Methode des Clusterns an. Wichtig ist, dass Sie Ihre Assoziationen frei fließen lassen und sie erst einmal nicht bewerten.

Bei dem folgenden Cluster, sind in den Kreisen Satzsplitter notiert. Meist wird beim Clustern jede neue Assoziation mit nur je einem Begriff notiert. Probieren Sie für sich aus, was Ihnen mehr liegt.

(vom Scheidt, 2010)

● **5. Wiederholen – Verankerung des Gelernten**

Wie können Sie der Bedeutung des Wiederholens bei Ihrem Lernen während der Ausbildung entsprechen?
Planen Sie das Lernen für Ihre bevorstehenden Klausuren und berücksichtigen Sie dabei die für sinnvolles Wiederholen notwendige Zeit.

▲ **6. Pausen**

- Überlegen Sie zuerst: Wie haben Sie bisher Ihre Pausen beim Lernen gestaltet?

- Lesen Sie sich dann die Passage „Pausen zur Sicherung effektiven Lernens" im Studienbuch noch einmal durch. Welche wichtigen Informationen zum Thema „Pausen" erhalten Sie hier?

- Planen Sie die Pausen für eine zweistündige Lernzeit, in denen Sie sich mit dem Lernstoff von zwei theoretischen Fächern beschäftigen wollen. Begründen Sie Ihre Planungsvorgaben.

1.2.3 Aktive Lernmethoden

● **1. Flache und tiefe Formen der Informationsverarbeitung**

Überprüfen Sie Ihr Verständnis verschiedener Formen der Informationsverarbeitung: Bestimmen Sie dafür die folgenden Vorgehensweisen beim Lernen entweder als flach oder tief und bringen Sie alle Möglichkeiten dann in eine Reihenfolge von ganz flach bis sehr tief.
- einen Text ein zweites Mal durchlesen
- Fragen zu einem Text entwerfen
- Überflüssiges herausstreichen
- Überschriften finden
- eine Abbildung mehrmals anschauen
- eine Grafik abmalen
- eine Information visualisieren
- einen Text zusammenfassen
- einer anderen Person über das Gelesene berichten
- sich eine Gliederung für einen kleinen Vortrag zum Thema ausdenken

● **2. Lebendiges Lernen**

Setzen Sie sich im Gespräch mit anderen Studierenden mit der nachfolgenden Übersicht auseinander (Vom mechanistischen (toten) zum lebendigen Lernen, nach Carl Rogers):

Missverständnisse einer mechanistischen Lerntheorie	Ansätze eines lebendigen Lernens
Die bloße Präsentation von Information durch den Lehrenden führt automatisch zum Lernen.	Relevantes Lernen schließt stets die Veränderung der eigenen Person mit ein. Wirkliches Lernen ist oft exemplarisches Lernen.
Den Lernenden kann keine Verantwortung für ihren eigenen Lernprozess anvertraut werden.	Lernende besitzen – wie alle Menschen – ein natürliches Potenzial zum Lernen, das durch eine bessere Ausbildungsorganisation gefördert und entfaltet werden kann.
Lernende betrachtet man am besten als manipulierbare Objekte und nicht als Personen.	Lernen, das auf Eigeninitiative beruht, mit Beteiligung der ganzen Person –, Gefühl wie Intellekt – ist am eindringlichsten und hat den am längsten anhaltenden Lerneffekt zur Folge.
Prüfungen sind ein geeignetes Mittel, um herauszufinden, welche beruflichen Qualifikationen Lernende erworben haben.	Nachhaltiges und signifikantes Lernen findet statt, wenn der Lerninhalt vom Lernenden als für seine eigenen Zwecke relevant wahrgenommen wird.

(aus: Arnold/Schüßler, 1998, S. 73)

Ziehen Sie dann für sich persönlich daraus eine Schlussfolgerung und halten Sie diese schriftlich fest.

● **3. Mindmaps erstellen**

Suchen Sie sich ein Thema, mit dem Sie sich gerade beschäftigen, und fertigen Sie dazu eine Mindmap von Hand an. Suchen Sie sich dann eine Probeversion eines Mindmap-Programms im Internet und erarbeiten Sie damit eine zweite Mindmap. Welche Methode sagt Ihnen mehr zu?

● **4. Cluster und Mindmap**

- Wie lässt sich der Unterschied zwischen Cluster und Mindmap beschreiben?

- Nennen Sie die Vorteile beider Methoden.

▲ **5. Durch Mitschreiben lernen**

Schreiben Sie den Begriff „Mitschreiben" in die Mitte eines DIN-A4-Blattes und legen Sie dazu eine Mindmap an. Überlegen Sie anschließend, was Sie bei Ihrem Mitschreiben verändern könnten, und zwar
- in Bezug auf die Art und Weise, wie Sie mitschreiben,
- in Bezug auf die Ablage Ihrer Mitschriften,
- in Bezug auf Ihre Nutzung von Mitschriften als Grundlage Ihres Lernens.

Nehmen Sie sich dann zu jedem der drei Bereiche etwas Konkretes vor, was Sie verändern wollen, und halten Sie dieses in irgendeiner Form fest, sei es durch ein Bild, durch Merksätze etc.

1.2.4 Informationen finden, auswählen und auswerten

● **1. Gezielte Informationssuche im Internet**

- Recherchieren Sie im Internet zum Thema „Lernen lernen". Wählen Sie drei Seiten aus, auf deren Grundlage Sie mit anderen Studierenden ein Lerntraining für eine Hortgruppe von 10- bis 12-jährigen Kindern konzipieren könnten.

- Legen Sie mindestens drei Kriterien fest, mit denen Sie die Qualität der Seiten begründen können, und weisen Sie diese jeweils nach.

● **2. Gezielte Informationssuche in Bibliotheken**

Prüfen Sie die Bibliotheken in Ihrem Umfeld: Wie gut sind diese mit sozialpädagogischer Fachliteratur ausgestattet?

◆ **3. Geeignete Fachbücher auswählen**

Sie arbeiten als Praktikantin in einer Einrichtung für „Unter-Dreijährige". Das Team der Einrichtung will sich an einem internen Fortbildungstag mit dem Thema „Bedeutung von Bindung in den ersten Lebensjahren" beschäftigen. Sie erhalten die Aufgabe, dafür eine Liste mit wichtiger Fachliteratur zusammenzustellen. Welche Titel wollen Sie auf die Liste setzen und warum gerade diese?

4. Geeignete Fachzeitschriften auswählen

- Informieren Sie sich über das Spektrum an Fachzeitschriften, das es für die verschiedenen Arbeitsfelder gibt. Recherchieren Sie dazu auch im Internet.

- Wählen Sie jeweils eine Zeitschrift aus
  - für eine Tageseinrichtung für Kinder,
  - für die stationäre Jugendhilfe oder die offene Jugendarbeit.

- Setzen Sie dann ein Schreiben an den Träger einer Einrichtung auf mit dem Ziel, dass ein Abonnement der Zeitschrift genehmigt wird.

5. Texte markieren

Wählen Sie einen Fachtext, kopieren Sie ihn und markieren Sie die wichtigen Informationen. Überprüfen Sie die Markierungen dann hinsichtlich der im Lehrbuch genannten Kriterien. Wie zufrieden sind Sie mit dem Ergebnis? Was können Sie sich für Ihr nächstes Markieren vornehmen?

6. Die PQ4R-Methode

Wollen Sie sich neues Wissen aneignen, dann ist es wichtig, dass Sie dieses mit Ihrem Vorwissen verknüpfen können. Deshalb sollten Sie sich stets zuerst einmal in Erinnerung rufen, was Sie zu einem neuen Lernthema schon wissen. Für das Behalten und Verstehen eines Textes ist es auch sehr wichtig, dass Sie vor dem gründlichen Lesen Fragen formulieren, was für Sie – ausgehend von Ihrem Vorwissen – zu wissen wichtig sein könnte. Eine spezielle Methode, die PQ4R-Methode, hilft Ihnen, dies umzusetzen und sich einen anspruchsvollen fachlichen Text so zu erarbeiten, dass sie ihn verstehen und die Inhalte gut behalten.

Die vier Buchstaben PQ4R stehen für die einzelnen Schritte dieser Methode (vgl. www.psychologie. uni-freiburg.de/einrichtungen/Paedagogische/lernen/strategie/pq4r/quest2.html):

Preview (Vorprüfung)
Sie überfliegen den Text, also ein Kapitel eines Fachbuches oder eines Fachzeitschriftenaufsatzes und markieren anschließend die wichtigsten Stellen. Damit haben Sie einen ersten Eindruck vom Textinhalt und zugleich Ihr Vorwissen aktiviert. Bestimmt finden sich im Text Inhalte, Fachwörter, die Ihnen etwas sagen, oder Namen von Persönlichkeiten, von denen Sie schon gehört haben. Damit sind Sie jetzt sehr gut auf eine intensivere Beschäftigung mit dem Text vorbereitet.

Questions (Fragen zum Text)
Dann formulieren Sie Fragen in Bezug auf den Textinhalt (mindestens drei). Das hat mehrere Vorteile:

1. Sie aktivieren dadurch Vorwissen und in Ihrem Gedächtnis dazu bereits vorhandene Strukturen. Daher werden Sie die wichtigen Inhalte besser behalten und verstehen.

2. Sie gliedern den Text durch das Formulieren der Fragen in mehrere Bearbeitungseinheiten entsprechend der Anzahl der formulierten Fragen.

3. Die Fragen helfen Ihnen, vorhandene Wissenslücken auszuformulieren.

Read (Lesen)
Mit diesen formulierten Fragen im Kopf lesen Sie nun den Text erneut. Welchen Vorteil hat das? Aufgrund der gestellten Fragen suchen Sie dabei ganz gezielt nach Informationen. Experimente zu Textverarbeitungsstrategien haben gezeigt, dass Textinhalte, die vorher gestellte Fragen beantworten, besser behalten werden. Ein weiteres Ergebnis war, dass die Behaltens- und Erinnerungsfähigkeit sich dann noch einmal verbessert, wenn man von selbst formulierten Fragen ausgeht anstatt von vorgegebenen.

Reflect (Nachdenken)
Als nächsten Schritt denken Sie über das Gelesene nach und versuchen den Inhalt zu verstehen. Nehmen Sie sich dafür Zeit. Sie können den Inhalt auf Ihre eigenen Praxiserfahrungen beziehen oder sich eigene Beispiele dazu ausdenken. Stellen Sie Zusammenhänge zu Ihrem Vorwissen her.

Bei dieser gedanklichen Auseinandersetzung mit dem Text verknüpfen Sie die Textinhalte neu miteinander und stellen einen Bezug zu Ihrem Vorwissen her. Das hilft Ihnen, sich über die Zusammenhänge zwischen den Textinhalten und damit auch über die Struktur des Textes klar zu werden und die einzelnen Elemente miteinander zu verknüpfen. Beides trägt dazu bei, dass Sie die Inhalte gut behalten (vgl. Kap. 1.2.2).

Recite (Wiedergeben)
Schließlich können Sie versuchen, den Text mit eigenen Worten wiederzugeben und die Fragen, die Sie sich vorher gestellt haben, schriftlich kurz zu beantworten.

Review (Rückblick)
Zum Schluss gehen Sie den ganzen Text in Gedanken noch einmal durch. Dabei rufen Sie sich die Hauptpunkte noch einmal in Erinnerung und fassen die wesentlichen Gedanken dazu noch einmal zusammen.

Suchen Sie sich einen Fachtext, den Sie schon lange einmal lesen wollten, und probieren Sie die Methode aus. Oder setzen Sie die einzelnen Schritte am nachstehenden Text um.

7. Eine Mindmap zu einem Text entwerfen

- Lesen Sie den folgenden Text.

- Klären Sie dann alle Ihnen unbekannten Fremd- und Fachwörter, z. B. durch eine Internetrecherche.

- Machen Sie sich klar, was Sie bereits zu dem Thema „Lernen im Kindergarten – Lernen in der Schule" schon wissen und welche Praxiserfahrungen Sie dazu haben. Formulieren Sie auf diesem Hintergrund einige Fragen, auf die Sie durch die Auseinandersetzung mit dem Text eine Antwort finden könnten.

- Lesen Sie dann den Text erneut und markieren Sie dabei.

- Überlegen Sie anschließend, wie der Text aufgebaut ist und welche Begriffe für die Hauptäste einer Mindmap geeignet sind. Ordnen Sie dann die „Zweige" mit den passenden Begriffen, die Sie dem Text entnehmen, zu.

Kindergarten und Grundschule – Zusammenarbeit im Zeichen der Anerkennung von Differenzen
„Eine wissenschaftlich begründete allgemeingültige Antwort auf die Frage, welches Modell der Erziehung im Kindergarten geeignet ist, Kindern die beste Chance auf erfolgreiches Lernen in der Grundschule zu bieten, gibt es nicht. Es liegen dazu keine Ergebnisse langfristig angelegter und international vergleichender Untersuchungen vor. Nationale Langzeitstudien, die insbesondere in den USA durchgeführt worden sind, haben keine signifikant unterschiedlichen Wirkungen verschiedener pädagogischer Ansätze nachweisen können. Die Art des Curriculums – nach Montessori, nach Piaget, mit lerntheoretischer Ausrichtung – scheint, wie eine der profiliertesten Vertreterinnen der frühpädagogischen Forschung die vorliegenden Vergleichsstudien resümiert, ‚für die kognitive Entwicklung nicht von Bedeutung zu sein; es gibt augenscheinlich viele Curricula, die den Erwerb von Kenntnissen fördern' (Clarke-Stewart 1998). Freilich sei ‚das Vorhandensein irgendeiner Art von Curriculum – einige Lehrstunden, etwas Strukturierung, einige organisierte und überwachte Aktivitäten – eindeutig besser als ihr Fehlen'. Andererseits belegen die Studien, dass Kinder, die in stark formalisierten und strukturierten Curricula lernen, jedenfalls keine besseren Schulerfolge aufweisen als Kinder, die im Rahmen offener Curricula und spielerischer Lernformen gefördert werden (vgl. z. B. Schweinhart/Weikart/Larner 1986). Die Studie von Marcon (2002) kommt zu dem Resultat, dass Kinder, die ein formalisiertes und direktives Vorschulprogramm besucht hatten, am Ende des 6. Schuljahrs signifikant niedrigere Schulnoten hatten als Kinder, die Vorschulprogramme mit einer Betonung selbstinitiierter Lernprozesse besucht hatten. Vor Kurzem ist eine Studie veröffentlicht worden (Tietze/Roßbach/Grenner 2005), die erstmals in Deutschland die Entwicklung von Kindern von der Mitte der Kindergartenzeit (Viereinhalbjährige) bis zur Mitte der Grundschulzeit (Achteinhalbjährige) mit zahlreichen Forschungsinstrumenten untersucht. Die Fragestellung lautet: Welche Faktoren – insbesondere welche Qualitätsmerkmale von Familien, Kindergärten und Grundschulen – erweisen sich als besonders wirksam für die Entwicklung der Kinder? Ich berichte hier lediglich über die Befunde zu den entwicklungsförderlichen Qualitätsmerkmalen im Hinblick auf die kognitive Entwicklung der Kinder (Sprachentwicklung, ‚Schulfähigkeit' und ausgewählte Schul-

▲ Persönliche Vorerfahrung ■ Fachkenntnisse

leistungen), die allerdings unter methodischen Aspekten (Regressionsanalyse) nur einen begrenzten Aussagewert besitzen: Entwicklungsförderlich ist demnach eine ‚subjektorientierte Erziehungseinstellung der Erzieherinnen' und damit korrespondierend – ‚eine geringe Orientierung auf externe Aufgaben, d. h. Aufgaben, die von außen an den Kindergarten gestellt werden, wie die Bereitstellung von Betreuung, Schulvorbereitung oder Vermittlung von Regeln im Falle der Schulleistung' […].

Zusammenfassend heißt das: Ein positiver Einfluss des Kindergartens auf die Sprachentwicklung und die ‚Schulfähigkeit' bzw. die Schulleistungen der Kinder lässt sich am ehesten unter der Bedingung nachweisen, dass es eine umfassende, am Kind orientierte Unterstützung und Anregung von Bildungsprozessen gibt, die eine gezielte Schulvorbereitung sogar ausdrücklich ausschließt.

Vorschulkinder lernen anders als Schulkinder – Befunde der Lernforschung

Eine mögliche Erklärung für die geringe Wirksamkeit einer direkten und gezielten Schulvorbereitung (insbesondere im Sinne der Betonung schulischer Lernformen und Lerninhalte zulasten der Verbindung von Spielen und Lernen und des Lernens mit allen Sinnen) liefern die Erkenntnisse der psychologischen Lernforschung (vgl. z. B. Hasselhoren 2005). Danach gibt es zwischen Vorschulkindern und Schulkindern gravierende Unterschiede in der Art und Weise, wie sie lernen. Etwa ab dem 6. Lebensjahr, dem klassischen Einschulungsalter, finden wichtige Entwicklungsschritte in den kognitiven Voraussetzungen (‚phonologisches Arbeitsgedächtnis') und in den davon abhängigen Lernstrategien der Kinder statt. Neben die bis dahin vorherrschenden Formen des impliziten und zufälligen Lernens (durch Spiel, Erkundung, Nachahmung etc.) treten nun Formen des expliziten, bewussten und gezielten Lernens (durch eigene Kontrolle, Steuerung und Regulation der kognitiven Funktionen, durch wiederholtes Üben, Unterweisung etc.). Auf diese Fähigkeit zum ‚intentionalen' und ‚strategischen' Lernen setzt der Unterricht in der Schule. Zwar kann auch schon bei 4- bis 6-jährigen Kindern strategisches Lernen angebahnt werden, allerdings nur mit einem hohen Grad der Anleitung und mit zweifelhaftem Erfolg.

Die Vorbereitung der Kinder auf die Schule gelingt vermutlich dann am besten, wenn der Kindergarten seinen Bildungsauftrag verantwortungsvoll und professionell und das heißt auch entwicklungsangemessen wahrnimmt.

Zur verantwortungsvollen und professionellen Wahrnehmung des Bildungs- und Erziehungsauftrags des Kindergartens gehört die Orientierung an allgemeinen Grundsätzen einer entwicklungsangemessenen Unterstützung und Anregung der Bildungsprozesse der Kinder, insbesondere die Verbindung von Spielen und Lernen (vgl. z. B. Pramling Samuelsson 2004) und das Lernen mit allen Sinnen. Im Hinblick auf die Bildungsinhalte gehört dazu – und dies gilt bereits für die durch Fröbel und Maria Montessori repräsentierte Tradition der Frühpädagogik – die elementare Einführung der Kinder in die Symbolsysteme der Sprache (und zwar auch der Schriftsprache) und der Zahlen und Mengen sowie in die Phänomene und Gesetze der Natur (vgl. z. B. Forschungswerkstatt, Forschungsmobil etc.). Um diese Aspekte des Bildungs- und Erziehungsauftrags ernst zu nehmen und im Kindergartenalltag umzusetzen, bedarf es jedoch nicht des vorausschauenden Blicks auf das schulische Lernen. Vielmehr gelten auch dafür die allgemeinen Grundsätze einer entwicklungsangemessenen Unterstützung und Anregung der kindlichen Bildungsprozesse.

Es gibt allgemeine, grundlegende Dispositionen und Kompetenzen, die eine Person instand setzen und motivieren, lebenslang zu lernen und in sozialen Kontexten verantwortungsvoll zu handeln, wie zum Beispiel: Lernlust und Neugier, Ausdrucksfähigkeit (sprachlich und nichtsprachlich), Ausdauer (Konzentrationsfähigkeit), Vertrauen in die ‚Welt' (Verbundenheit) und Selbstvertrauen, Eigenverantwortlichkeit und soziale Sensibilität (Gemeinschaftsfähigkeit). Die Unterstützung und Anregung dieser Dispositionen in den Anfängen des Lebenslaufs – in Familien und in Tageseinrichtungen – sind das Wichtigste, was Erwachsene den Kindern mit auf den Weg geben können. Sie stellen die sichere Basis für gelingende lebenslange Bildungsprozesse dar, zum Beispiel auch für das Lernen in der Schule.

Eine gelingende Vorbereitung der Kinder auf das schulische Lernen hat die enge Zusammenarbeit zwischen Kindergarten und Grundschule zur Voraussetzung.

Es ist gerade die Einsicht in die unterschiedlichen Perspektiven und Ansätze der Frühpädagogik und der Schulpädagogik, die es unter der Zielsetzung der Sicherung von Kontinuität in den Bildungsprozessen der Kinder erforderlich erscheinen lässt, die Zusammenarbeit von Kindergarten (Erzieher/-innen) und Grundschule (Lehrkräfte) verstärkt zu institutionalisieren und kreativ zu gestalten. Ganz in diesem Sinne plädiert der bekannteste PISA-Forscher für eine ‚intensive Zusammenarbeit von Erziehern und Erzieherinnen und Lehrkräften der Grundschule', betont aber zugleich, dass ‚Kindertagesstätte und Grundschule dennoch immer einen je eigenen Bildungsauftrag behalten müssen' (Baumert 2006).

In den Bildungs- und Erziehungsplänen für Tageseinrichtungen, die mittlerweile in allen Bundesländern vorliegen, ist diesem Thema ein eigenes Kapitel gewidmet. Und zu Recht wird dabei betont, dass die ‚Anschluss-

fähigkeit' der Bildungsprozesse von beiden Seiten aus – nicht allein vom Kindergarten, sondern auch von der Grundschule aus – angepeilt und gewährleistet werden sollte (vgl. Z. B. BEP, S. 118 ff.).

Fazit
Es gibt, wie Erfahrungen und Forschungsbefunde im nationalen und internationalen Rahmen zeigen, keinen Königsweg zu einer optimalen Vorbereitung der Kinder auf das schulische Lernen. Unumstritten ist, dass es einer Erziehungspartnerschaft zwischen Kindergarten und Grundschule bedarf, um eine lebensgeschichtliche Kontinuität der Bildungsprozesse der Kinder zu ermöglichen; einer Zusammenarbeit, die von der gegenseitigen Kenntnis und Anerkennung der beiden unterschiedlichen Bildungs- und Professionskulturen ausgeht. Vieles spricht dafür, dass Kindergärten zur ‚Anschlussfähigkeit' der Bildungsprozesse weniger dadurch beitragen können, dass die Fachkräfte Schulvorbereitung als eine isolierte bzw. isolierbare, durch bestimmte Aktivitäten, Inhalte und Zeiten definierte Aufgabe wahrnehmen. Entscheidend ist vielmehr, dass sie die Bildungsprozesse der Kinder und jedes einzelnen Kindes von Anfang an umfassend und entwicklungsangemessen unterstützen und anregen. Im Übrigen kann die Kontinuität der Bildungsprozesse beim Übergang vom Kindergarten zur Grundschule am besten erreicht werden, wenn diejenigen Elemente der Professionalität stark gemacht werden, die beide Einrichtungen verbinden sollten: Die Vorstellung vom Kind als einer kompetenten und selbsttätigen Person, die Auffassung vom Lernen als einer aktiven Konstruktionsleistung des Kindes und die Ausrichtung der pädagogischen Arbeit insbesondere an der Förderung jener grundlegenden Dispositionen und Kompetenzen, die zum lebenslangen Lernen motivieren und befähigen."
(Liegle, 2009, S. 52 f.)

1.2.5 Fachliteratur zitieren

■ **1. Bibliografische Angabe**

Schreiben Sie in Ihrer Schulbibliothek zu drei Büchern und drei Zeitschriftenaufsätzen die jeweilige bibliografische Angabe auf.

■ **2. Zitieren aus dem Internet**

Rufen Sie drei Internetseiten zu einem Thema, das für Sie gerade aktuell ist, auf und notieren Sie die jeweilige Quellenangabe.

1.3 Kompetenzen klären

▲ **1. Die Aufgaben einer Erzieherin**

• Zeichnen Sie auf ein DIN-A3-Blatt wie im folgenden Beispiel eine Erzieherin in die Mitte mit zwölf zu beschriftenden Feldern. Tragen Sie in jedes Feld eine Ihnen wichtig erscheinende Aufgabe einer Erzieherin ein.

▲ Persönliche Vorerfahrung ■ Fachkenntnisse

- Erstellen Sie auf einem weiteren DIN-A3-Blatt noch einmal die gleiche Zeichnung. Tragen Sie aber nun in jedes der zwölf Felder eine Ihnen wichtig erscheinende Kompetenz einer Erzieherin ein.

2. Meine Qualifikationen

- Erläutern Sie, was unter Qualifikationen zu verstehen ist.

- Erstellen Sie eine Tabelle nach folgendem Muster, in die Sie die zehn wichtigsten Qualifikationen für die Bewältigung von Aufgaben und für die Lösung von Problemen eintragen, und füllen Sie sie anschließend für jeden Lebensbereich aus. Lassen Sie sich dabei genügend Zeit (pro Bereich ca. 30 Minuten).

Qualifikationen		
Im familiären Bereich kann ich besonders gut …	Im gesellschaftlichen Bereich (Politik, Freizeit, Kirchengemeinde o. a.) kann ich besonders gut …	In meinem gewählten Berufsbereich glaube ich bereits besonders gut zu können …
1.		
2.		
3.		

3. Meine Handlungskompetenz

- Erläutern Sie, was unter Handlungskompetenz zu verstehen ist.

- Erstellen Sie eine Tabelle nach folgendem Muster, in die Sie die drei für Sie wichtigsten Kompetenzen in Sinne der Handlungskompetenz eintragen. Beachten Sie dabei, dass bei Kompetenzen – im Unterschied zu Qualifikationen – auch die Bereitschaft zum Handeln eine besonders große Rolle spielt. Füllen Sie die Tabelle anschließend für jeden Lebensbereich aus. Lassen Sie sich dabei genügend Zeit (pro Bereich ca. 30 Minuten).

Handlungskompetenz		
Im familiären Bereich kann ich besonders gut …	Im gesellschaftlichen Bereich (Politik, Freizeit, Kirchengemeinde o. a.) kann ich besonders gut …	In meinem gewählten Berufsbereich glaube ich bereits besonders gut zu können …
1.		
2.		
3.		

4. Meine Humankompetenz

- Erläutern Sie, was unter Humankompetenz zu verstehen ist.

- Erstellen Sie eine Tabelle nach folgendem Muster, in die Sie die drei für Sie wichtigsten Kompetenzen in Sinne der Humankompetenz eintragen. Beachten Sie dabei, dass bei Kompetenzen – im Unterschied zu Qualifikationen – auch die Bereitschaft zum Handeln eine besonders große Rolle spielt. Füllen Sie die Tabelle anschließend für jeden Lebensbereich aus. Lassen Sie sich dabei genügend Zeit (pro Bereich ca. 30 Minuten).

Humankompetenz		
Im familiären Bereich kann ich besonders gut …	Im gesellschaftlichen Bereich (Politik, Freizeit, Kirchengemeinde o. a.) kann ich besonders gut …	In meinem gewählten Berufsbereich glaube ich bereits besonders gut zu können …
1.		
2.		
3.		

5. Meine Sozialkompetenz

- Erläutern Sie, was unter Sozialkompetenz zu verstehen ist.

- Erstellen Sie eine Tabelle, in die Sie die drei für Sie wichtigsten Kompetenzen im Sinne der Sozial-kompetenz eintragen. Beachten Sie dabei, dass bei Kompetenzen – im Unterschied zu Qualifikatio-nen – auch die Bereitschaft zum Handeln eine besonders große Rolle spielt. Füllen Sie die Tabelle anschließend für jeden Lebensbereich aus. Lassen Sie sich dabei genügend Zeit (pro Bereich ca. 30 Minuten).

Sozialkompetenz		
Im familiären Bereich kann ich besonders gut …	Im gesellschaftlichen Bereich (Politik, Freizeit, Kirchengemeinde o. a.) kann ich besonders gut …	In meinem gewählten Berufs-bereich glaube ich bereits besonders gut zu können …
1.		
2.		
3.		

1.4 Rollen und Rollenverteilungen in sozialpädagogischen Institutionen

1. Die eigene Rolle

- Welche Rollen nehmen Sie im Augenblick ein? Denken Sie bei Ihren Überlegungen auch an Ihr Pri-vatleben, Ihre Familie und Freizeit.

- Überlegen Sie, warum Sie sich in diesen Rollen befinden und ob Sie diese Rollenverteilung auch selbst beeinflussen können.

2. Formelle und informelle Rollen

Erläutern Sie mit eigenen Worten, was man unter einer formellen bzw. informellen Rolle versteht.

1.4.1 Rollenverteilungssysteme

1. Die eigene Rolle in der Praxis

Sie haben bereits einige Zeit als Praktikantin in einer sozialpädagogischen Institution verbracht.

- Welche Rollen nahmen Sie während dieser Zeit ein?

- Welche Erwartungen wurden an Sie gestellt, welche hatten Sie an sich selber?

- Welche Erwartungen hatten Sie als Praktikantin an die Kolleginnen?

2. Im Ferienpraktikum

> **Beispiel**
> *Sie befinden sich mit zwei weiteren Kolleginnen im „Ferienpraktikum". Sie sind mit ca. 20 Kindern im Alter von acht bis zehn Jahren für zwei Wochen zu Besuch auf einem Bauernhof, mitten auf dem Land. Eine Kollegin, Miriam, ist ziemlich schüchtern. Sie bastelt gerne und beschäftigt sich viel in der Küche, putzt gerne und küm-mert sich um die ruhigeren Phasen im Alltag. Sie ist hat eine recht leise Stimme und vielleicht auch deshalb Probleme, sich bei den Kindern, besonders den Jungs, durchzusetzen. Bettina, die andere Kollegin, ist eine fröhliche, aber oft sehr laute, sportliche und durchsetzungsstarke Persönlichkeit. Sie übersieht zwar manch-mal, dass die zu Betreuenden noch Kinder sind und gelegentlich auch Trost und Zuwendung bräuchten. Im Allgemeinen kommt sie aber mit allen gut zurecht.*

▲ Persönliche Vorerfahrung ■ Fachkenntnisse

- Welche Positionen bzw. formellen Rollen nehmen Sie und Ihre Kolleginnen ein?

- Welche informellen Rollen nehmen Sie ein? Beachten Sie dabei die typischen Eigenschaften Ihrer Kolleginnen.

- Welche Erwartungen werden an Sie gestellt? Gehen Sie dabei auf folgende Personengruppen ein: Kolleginnen, Hausleute, Eltern, Kinder.

- Wie könnten die Kolleginnen ihre informellen Rollen verändern?

3. Die Rollen im Team

▶ *Beispiel*

Nach einer Woche im Ferienpraktikum hat sich eine gewisse Routine eingestellt. Sie und Ihre Kolleginnen haben jeweils ihre Rolle im Team und gegenüber den Kindern eingenommen. Miriam, die jüngste von Ihnen, leidet unter starkem Heimweh. Sie schließt sich immer mehr von der Gruppe aus und zieht sich in sich zurück. Allmählich sind Sie und die zweite Kollegin, Bettina, genervt, denn die Arbeit bleibt an Ihnen hängen. Sie unterhalten sich darüber und „lästern" sich den Ärger von der Seele. Andererseits wachsen Sie noch enger zusammen und sind nach ein paar Tagen ein noch besseres Team geworden als zu dritt. Als Miriam während einer abendlichen Teambesprechung zu spät erscheint und dann auch noch ankündigt, nach Hause zu fahren, platzt Ihnen der Kragen.

- Was sagen Sie und warum?

- Welche Rollen nehmen die einzelnen Kolleginnen während der Diskussion ein?

- Wie ist diese Rollenverteilung entstanden?

- Was können die einzelnen Personen tun, um diese Verteilung zu beeinflussen?

- Führen Sie eine solche Diskussion in der Gruppe als Rollenspiel durch: Das Publikum ruft den Spielenden Eigenschaften oder Handlungsanweisungen zu (z.B. wütend, lieb, autoritär, sozial, schüchtern, hilfsbereit etc.), die sofort umgesetzt werden. Besprechen Sie, wie sich die Rollen und Positionen der Figuren zueinander jeweils verändert haben.

4. Die Aufgaben einer sozialpädagogischen Fachkraft

Welche Aufgaben hat eine sozialpädagogische Fachkraft (Gruppenleitung) in einer Krippe zu erfüllen und welche Erwartungen werden an sie innerhalb der Aufgabenbereiche gestellt?
Erstellen Sie zu dieser Frage eine Tabelle nach folgendem Muster:

Aufgaben	Erwartungen an sich selbst	Erwartungen der Eltern	Erwartungen des Teams	Erwartungen der Kinder
Bilden				
Erziehen				
Pflegen				

- Vergleichen Sie Ihre Ergebnisse in der Gruppe.

- Überlegen Sie, wie all diese Erwartungen zu erfüllen sind. Welche Voraussetzungen müssen die Beteiligten jeweils erfüllen und warum? Diskutieren Sie in der Gruppe.

1.4.2 Rollenkonflikte

1. Ein Unterrichtsversuch

> **Beispiel**
>
> Verena befindet sich im zweiten Jahr ihrer schulischen Ausbildung zur Erzieherin. Sie hat die Aufgabe erhalten, eine Unterrichtsstunde vor ihrer Ausbildungsklasse im Fach Musik zum Thema „rhythmisches Sprechen" zu halten. Verena hält sich für ziemlich unmusikalisch. Außerdem ist es ihr sehr peinlich, vor einer Gruppe zu sprechen. Ihre Stellung in der Klasse ist eher neutral: Sie ist nicht besonders beliebt, aber sie kommt zurecht. Manch eine Kollegin würde sie als „graue Maus" bezeichnen.
>
> Der Tag der Lehrprobe ist gekommen. Verena steht vor der Klasse und soll beginnen. Die Klasse ist unruhig. Sie hat gerade eine schwere Klausur hinter sich und die Schülerinnen sind noch in regen Austausch vertieft. Verena versucht, sich mitzuteilen, doch keiner hört ihr zu. Nach einer Weile schafft Verena es, die Aufmerksamkeit der Schülerinnen zu bekommen, und fordert sie auf, sich in einen Kreis zu setzen. Die Lehrerin sitzt etwas abseits und beobachtet die Situation.
>
> Verena wird immer unsicherer. Sie möchte nun die Schülerinnen ermuntern, mit ihr gemeinsam reihum den eigenen Namen rhythmisch zu sprechen. Doch die anderen kichern und albern herum. Verena fühlt sich überfordert. Was soll sie tun?

Diskutieren Sie in der Klasse oder Kleingruppe:

- Welche Rollen nimmt Verena ein (formell und informell)?

- Stellen Sie heraus, in welchem Interrollenkonflikt Verena sich befindet und warum.

- Welche Erwartungen werden an Verena in ihrer Rolle als Schülerin gestellt? Berücksichtigen Sie die verschiedenen Personengruppen, mit denen Verena in Verbindung steht.

- Stellen Sie heraus, in welchem Intrarollenkonflikt Verena sich befindet und warum.

- Warum ist es für Verena so schwer, sich auf die Aufgabe einzulassen?

- Was könnte sie tun, um besser mit der Situation zurechtzukommen?

2. Melanie hat es geschafft – und nun?

> **Beispiel**
>
> Melanie ist nun endlich fertige sozialpädagogische Fachkraft. Sie sitzt im Personalraum mit den zehn Kolleginnen und erwartet aufgeregt ihre erste Teambesprechung. Das Hauptthema ist der „Tag der offenen Tür", der anlässlich des zehnjährigen Bestehens der Kita stattfinden soll. Nachdem eine kurze Begrüßung der „Neuen", Melanie, stattgefunden hat, beginnen angeregte Diskussionen, was, wo und wie am Ehrentag geplant und durchgeführt werden soll. Manuela lehnt sich zurück und hört zu. Sie fühlt sich zwar willkommen, möchte sich aber nicht gleich zu sehr in den Vordergrund drängen. Lieber beobachtet sie noch ein wenig. Nach einer Weile aber merkt sie, dass sich das Team im Kreis dreht. Sie hat auch festgestellt, dass gar kein Protokoll geführt wird und niemand schriftlich festhält, was besprochen wird. Melanie kann sich nicht mehr zurückhalten und äußert laut: „Darf ich euch mal unterbrechen?" Alle Köpfe drehen sich zu ihr herum. Es ist still. Alle sind gespannt darauf zu erfahren, was Melanie sagen wird. „Wie wäre es, wenn wir aufschreiben, was wir schon für Ideen haben, und dann im Ausschlussverfahren entscheiden, was wir machen wollen?"

- Versetzen Sie sich in Melanies Lage. Stellen Sie sich die Situation vor. Wie fühlt es sich an, die Neue im Team zu sein?

- Würden Sie sich genauso verhalten?

- Wie würden Sie als Kollegin reagieren (was würden Sie über die „Neue" denken)?

- Welche Rolle ist Melanie angedacht worden?

- In welche Rolle(n) schlüpft Melanie freiwillig?

- Was erwartet Melanie von den Kolleginnen?

- Was erwarten die Kolleginnen von Melanie?

- Spielen Sie die Situation durch: Welche Möglichkeiten gab es für Melanie, sich anders zu verhalten, und welche Konsequenzen hätte das jeweils gehabt?

- Was glauben Sie: Wie werden sich die Kolleginnen am nächsten Tag Melanie gegenüber verhalten? Wird ihr Verhalten negative oder positive Folgen haben?

Die Bedienung

Sehen Sie sich folgende Zeichnung genau an und lassen Sie den Eindruck eine Weile auf sich wirken.

Elternabend

Diskutieren Sie in der Klasse oder Kleingruppe:

- *Welche Situation sehen Sie auf diesem Bild?*

- *Welche Aufgaben übernehmen die Personen?*

- *Welche Rollen nehmen die Personen ein?*

- *Welche Normen gelten für die Personen – unterscheiden sie sich voneinander?*

- *Welche der Rollen würden Sie lieber als andere einnehmen und warum?*

- *Wie würden Sie die Rollen jeweils verändern, wenn Sie sie einnähmen?*

1.4.3 Rollen und Normen

1. Ninas neue Praktikumsstelle

▶ *Beispiel*
Nina hat die Praktikumsstelle in einer katholischen Kinderkrippe bekommen. Sie freut sich sehr darüber. Beim Vorstellungsgespräch hat sie sich extra ordentlich angezogen – entgegen ihren Gewohnheiten, Jeans und ein weißes T-Shirt. Nach den Ferien ist es so weit: Nina hat ihren ersten Arbeitstag. Als sie durch die Krippe geht, erntet sie sofort seltsame Blicke der Mitarbeiterinnen. Selbstbewusst, wie sie ist, macht ihr das nichts aus. Sie geht direkt ins Büro und staunt nicht schlecht, als die Leiterin sie direkt nach Hause schickt.

- Was hat Nina falsch gemacht?

- Hätte sie bereits beim Vorstellungsgespräch etwas anders bzw. besser machen können?

- Welche Normen scheinen für diese Kinderkrippe zu gelten? Warum?

- Gibt es bestimmte Normen, die für sozialpädagogische Fachkräfte ganz allgemein gelten?

- Wie reagiert die Leiterin und warum?

- Was könnte die Leiterin anders bzw. besser machen?

Kapitelübergreifende Aufgabe

Kleidung und Persönlichkeit

Eine sozialpädagogische Fachkraft soll eine eigene Persönlichkeit besitzen. Nina drückt ihre Persönlichkeit mit ihrer Kleidung aus und fühlt sich verkleidet, wenn sie „normale" Sachen trägt.

- *Ist es möglich, die eigene Persönlichkeit auch durch Kleidung auszudrücken, wenn man in einer sozialpädagogischen Institution arbeitet? Wie?*

- *Kleidung ist eine Äußerlichkeit, die vielen Menschen dazu dient, andere einzuordnen. Wie kann man sich trotz auffälliger Kleidung in seiner Position den gewünschten Status verschaffen?*

1.4.4 Soziale Kontrollmechanismen

1. Sanktionen und soziale Kontrolle

Sie kennen das folgende Beispiel schon aus dem Lehrbuch:

▶ Beispiel

Nele ist Praktikantin in einem Kindergarten, zusammen mit ihrer Freundin und Mitschülerin Katrin. Die zwei verstehen sich prima und vergessen häufig, dass sie eigentlich zum Arbeiten im Kindergarten sind. Sie lachen viel mit den Kindern und über die Kinder. In letzter Zeit merkt Nele, dass ihr das Rumalbern mit Katrin zu viel wird. Ihr macht die Arbeit mit den Kindern nämlich Spaß und sie würde gerne viel intensiver lernen als bisher. Doch sie traut sich gegenüber Katrin nicht, mit der Kicherei aufzuhören, weil sie nicht als „Streberin" dastehen möchte. Als Katrin einmal krank ist, merkt Nele, wie wohl sie sich plötzlich fühlt. Sie kann sich endlich auf die Arbeit konzentrieren und findet nun einen viel intensiveren Zugang zu den Kindern und Mitarbeiterinnen des Teams.

- Welche Formen sozialer Kontrolle wirken hier?

- Welche Konsequenzen hat Nele zu erwarten, wenn sie weiterhin mit ihrer Freundin herumalbert?

- Wie wirkt es sich für Nele aus, wenn sie die Freundschaft von der Arbeit trennt?

- Welche Ursache hat das Verhalten der beiden Praktikantinnen?

- Wie würden Sie als sozialpädagogische Fachkraft bzw. als Anleiterin der beiden Praktikantinnen mit der Situation umgehen?

- Üben Sie im Rollenspiel, wie Sie als Anleiterin mit den Praktikantinnen sprechen.

1.4.5 Rollen und Status in sozialpädagogischen Einrichtungen

Kapitelübergreifende Aufgabe

Umgang mit der hierarchischen Struktur

In jeder sozialpädagogischen Einrichtung gibt es hierarchische Strukturen, die sich manchmal negativ auswirken können: Zum Beispiel behandelt eine Leiterin die Mitglieder des Teams unterschiedlich oder eine Kinderpflegerin kommandiert die Praktikantinnen herum. Es wichtig, dass Sie sich Ihrer Position bewusst sind und wissen, wie Sie sich verhalten können.

- *Was kann ich tun, um mir meiner Position bewusst zu werden?*

- *Wie erlange ich das nötige Selbstbewusstsein?*

- *An wen wende ich mich, wenn ich mich im Team unterdrückt fühle?*

1.5 Rechte und Pflichten in sozialpädagogischen Einrichtungen

■ ● 1. Regeln für eine gute Zusammenarbeit

In sozialpädagogischen Einrichtungen verbringen Menschen viel Zeit miteinander. Dieses Zusammenleben kann nur weitgehend reibungslos funktionieren, wenn es geregelt abläuft. „Geregelt" bedeutet dabei, dass alle ihre Rechte wahrnehmen und ihre Pflichten erfüllen. Rechte und Pflichten ergänzen einander.

- Erstellen Sie einen 10-Punkte-Regelkatalog, den Sie für eine gute Zusammenarbeit im Team einer sozialpädagogischen Einrichtung für unabdingbar halten.

- Diskutieren Sie die Regeln in Ihrer Lerngruppe.

■ ● 2. Rechte von Kindern

Im Unterschied zu früheren Jahrzehnten oder Jahrhunderten ist es heute in Deutschland unumstritten, dass Kinder Rechte haben. Erstellen Sie eine persönliche Liste von Kinderrechten und vergleichen Sie sie mit den in deutschen Gesetzen und in der UN-Kinderrechtskonvention festgeschriebenen Rechten. Erstellen Sie zunächst eine Tabelle nach folgendem Muster:

	Kinderrechte aus meiner persönlichen Sicht	Rechte auch für Kinder im Grundgesetz	Rechte für Kinder im Kinderjugendhilfegesetz (KJHG)	Rechte für Kinder im Bürgerlichen Gesetzbuch (BGB)
1.				
2.				

Erstellen Sie anschließend die gleiche Tabelle erneut, indem Sie nun die Rechte in eine Zeile schreiben, die vergleichbar sind.

■ 3. Kinderrechte in sozialpädagogischen Einrichtungen

Entwickeln Sie einen Fragebogen und befragen Sie eine sozialpädagogische Fachkraft zum Stellenwert der Einhaltung und Reflexion von Kinderrechten in ihrer Einrichtung. Berücksichtigen Sie dabei
- die Beziehungen der Kinder zueinander,
- die Beziehung der sozialpädagogischen Fachkräfte zu den Kindern,
- die Beziehung der Kinder zu den sozialpädagogischen Fachkräften,
- die Situation der Kinder in ihrer Familie.

Gehen Sie in diesem Fragebogen insbesondere auch auf die Mitwirkungs- und Beteiligungsrechte von Kindern ein und berücksichtigen Sie, dass „Kinder" im Sinne der UN-Kinderrechtskonvention bis 18 Jahre alt sein können.

◆ 4. Ein Kinderparlament

Planen Sie die Einrichtung eines Kinderparlaments für eine sozialpädagogische Einrichtung, zu dessen Hauptaufgabe die gemeinsame Entwicklung von Regeln und Normen für ein achtsames und menschenwürdiges tägliches Miteinander, also für die Beziehungen Kind-Kind, Erzieherin-Erzieherin und Erzieherin-Kind zählen soll. Entscheiden Sie sich für eine bestimmte sozialpädagogische Einrichtung.

- Klären Sie die Normen und Regeln, denen das Kinderparlament folgen sollte.

- Formulieren Sie die Ziele, die Sie mithilfe eines solchen Parlaments erreichen wollen.

- Planen Sie die Einbeziehung aller möglicherweise Beteiligten – ggf. Eltern und Träger – in die Vorbereitung ein.

- Achten Sie darauf, dass am Ende Ihrer Arbeit eine schriftlich fixierte Satzung des Parlaments steht.

- Dokumentieren und präsentieren Sie Ihre Arbeit.

- Überprüfen Sie die Ergebnisse gemeinsam mit Kolleginnen und entwickeln Sie sie gegebenenfalls weiter.

5. Eine Kinderkonferenz ist noch keine Demokratie

Beispiel

Die Kinderkonferenz – jeden Montag um 10:00 Uhr – ist langweilig, zumindest für die beiden Erzieherinnen. Es gab einmal vor längerer Zeit einen Beschluss, in jeder Gruppe eine solche Versammlung abzuhalten. Einige Eltern forderten dies. Sie meinten, die Kinder könnten auf diese Weise lernen, was Demokratie ist.

Der Ablauf dieser Kinderkonferenzen ist immer gleich:

- *Die Kinder erzählen, was sie am Wochenende erlebt haben. Natürlich muss nicht jeder berichten. Manchmal sind es fünf oder sechs Kinder, manchmal möchte niemand erzählen, manchmal wollen alle gleichzeitig reden. Damit das Durcheinander in solchen Fällen nicht zu groß wird, wurden Gesprächsregeln eingeführt, an die sich die Kinder mehr oder minder halten.*

- *Anschließend werden Wünsche gesammelt. Dabei haben die Erzieherinnen schlechte Erfahrungen mit der Frage gemacht, was denn die Kinder in den nächsten Tagen machen möchten. Zum einen sind es immer dieselben Kinder, die sich äußern, zum anderen gab es zu viele undurchführbare und sich wiederholende Wünsche.*

- *Schließlich dürfen sich die Kinder einen Abschluss wünschen. So wird bisweilen ein Lied gesungen, meist aber soll eine der Erzieherinnen eine kurze Geschichte erzählen.*

Es ist spürbar: Nicht nur die Erzieherinnen sind unzufrieden mit diesem Ritual, auch viele der Kinder langweilen sich. Sie fragen sich: Kann man so Demokratie lernen? Müsste es nicht auch anders gehen?

Entwickeln Sie ein möglichst konkretes Konzept für die Durchführung von Kinderkonferenzen, in denen Kinder auf altersgemäße Weise lernen können, sich an der Gestaltung ihres Alltags in der Einrichtung demokratisch und mitverantwortlich zu beteiligen und sie betreffende Entscheidungen herbeizuführen.

6. Hart durchgreifen – ist das alles?

Beispiel

Die Kinder der offenen Ganztagsschule sind in zwei Altersgruppen eingeteilt. Zur jüngeren Gruppe gehören die Kinder der ersten und zweiten Klasse, zur älteren Gruppe die der Klassen drei und vier. Je nach Stundenplan machen die Kinder ihre Hausaufgaben vor oder nach der Mittagspause, in der sie ein Mittagessen erhalten. Die Hausaufgaben werden von Erzieherinnen betreut. Nach den Hausaufgaben können die Kinder an unterschiedlichen Bildungs-, Spiel- und Bewegungsangeboten teilnehmen.

Sie sind Erzieherin in der Gruppe der dritten und vierten Klasse. In Ihrer Gruppe sind insgesamt zwölf Kinder. Sie beobachten seit längerer Zeit, dass die Spannungen zwischen den vier türkischen und den sechs Aussiedlerkindern kontinuierlich zunehmen und langsam auf die übrigen Kinder übergreifen. Und sie merken, dass einige deutsche Kinder beginnen, diese „beiden Parteien" gegeneinander auszuspielen. „Kanake", „blöder Russe" sind nur die „harmloseren" Beschimpfungen. Wenn Sie so etwas hören, sprechen Sie natürlich mit den Betroffenen. In Gesprächen mit Ihren Kolleginnen und den entsprechenden Lehrkräften haben Sie vor allem herausgehört: „Das muss man halt sofort, wenn man es mitbekommt, unterbinden." Oder: „Im Prinzip kann man da nur hart durchgreifen. Grundsätzlich abstellen kann man das nicht."

Eines Nachmittags kommt der Vater eines türkischen Kindes zu Ihnen und sagt aufgeregt: „Ihr Russe, der Sergej, hat meinen Sohn Mehmet beleidigt. Ich will mit ihm reden ...!" Es ist ihnen sofort klar: Hier muss mehr geschehen und das hat mit den Rechten beider Kinder zu tun. Sie vereinbaren mit Mehmets Vater einen Gesprächstermin und bereiten sich auf das Gespräch vor.

- Entwickeln Sie zunächst ein Konzept, wie Sie mit allen Kindern gemeinsam Regeln für einen Umgang der Kinder miteinander entwickeln können, in dem die Würde des Einzelnen und seine Rechte eine zentrale Rolle spielen.

- Bereiten Sie sich anschließend schriftlich auf das Gespräch mit Mehmets Vater vor, indem Sie den geplanten Gesprächsverlauf skizzieren und dieses Konzept begründen.

7. Pflichten einfordern und durchsetzen

Kinder und Jugendliche haben in sozialpädagogischen Einrichtungen natürlich auch Pflichten. Dabei spielt das Alter eine entscheidende Rolle. Erstellen Sie eine Liste wichtiger Pflichten für Kinder und Jugendliche verschiedener Altersgruppen, die das Zusammenleben in der Gruppe betreffen.

	3- bis 6-Jährige	6- bis 10-Jährige	11- bis 14-Jährige	15- bis 18-Jährige
1.				
2.				

Entwickeln Sie anschließend in Ihrer Gruppe Vorstellungen, wie die Erfüllung dieser Pflichten in entsprechenden Einrichtungen durchgesetzt werden könnte. Gehen Sie dabei wie folgt vor:

- Alle Gruppenmitglieder lesen die von den einzelnen Teilnehmerinnen formulierten Pflichten und halten auf einer Wandzeitung eventuelle Kritik in Stichworten dazu fest. Über die Kritikpunkte wird nicht diskutiert.

- Die Kritikpunkte werden gemeinsam positiv umformuliert. Grundlage der Umformulierung ist ein Brainstorming. Die Ideen werden anschließend systematisiert, bewertet und konkretisiert.

- Es wird ein gemeinsamer Pflichtenkatalog für die jeweilige Altersgruppe festgelegt.

- Die Teilnehmerinnen besprechen den Pflichtenkatalog in einer entsprechenden Einrichtung.

- Die Gedanken der sozialpädagogischen Fachkräfte in den Einrichtungen werden anschließend in der Gruppe besprochen.

8. Die Gesetze

Stellen Sie zusammenfassend die Beziehungen dar, die zwischen
- dem Grundgesetz der Bundesrepublik Deutschland,
- den Bundesgesetzen und
- den Landesgesetzen bestehen.

Welchen Stellenwert hat in diesem Zusammenhang die UN-Kinderrechtskonvention?

9. Das Kinderjugendhilfegesetz (KJHG)

Fassen Sie die Rechte und Pflichten zusammen, die sich für sozialpädagogische Fachkräfte aus dem KJHG ergeben, und erläutern Sie, welche Bedeutung das KJHG für die tägliche Praxis sozialpädagogischer Einrichtungen hat.

10. Die UN-Kinderrechtskonvention

Fassen Sie die wichtigsten Vereinbarungen der UN-Kinderrechtskonvention zusammen und analysieren Sie diese im Hinblick auf ihre konkrete Bedeutung für Fachkräfte in sozialpädagogischen Einrichtungen.

11. Aufsichtspflicht – zwischen Loslassen und Begrenzen

Es herrscht Einigkeit darüber, dass Kinder und Jugendliche entwicklungsbedingt Gefahren anders einschätzen als Erwachsene und dass sie daher besonderen Schutz und besondere Aufmerksamkeit benötigen. Die gesetzlichen Regelungen zur Aufsichtspflicht stiften jedoch oftmals eher Verunsicherung, als dass sie eine Hilfe und eine Orientierung für die pädagogische Tätigkeit mit Kindern und Jugendlichen im Einrichtungsalltag sind.

- Informieren Sie sich ausführlich über die gesetzlichen Regelungen zur Aufsichtspflicht von sozialpädagogischen Fachkräften.

- Planen Sie eine Fortbildungseinheit für Praktikantinnen in einer von Ihnen gewählten Einrichtungsart zu dieser Problematik. Führen Sie diese Fortbildungseinheit durch!

12. Aufsichtspflicht

Erläutern Sie
- die gesetzliche Aufsichtspflicht,
- die vertragliche Aufsichtspflicht und
- die möglichen Konsequenzen, die eine Verletzung der Aufsichtspflicht nach sich ziehen kann.

13. Grundlagen für die Aufsichtsführung

Was sollten Sie in der sozialpädagogischen Praxis im Hinblick auf die Aufsichtsführung beachten? Entwickeln Sie einen tragfähigen Kriterienkatalog.

1.6 Sozialpädagogische Institutionen

1. Sozialpädagogische Institutionen

Welche sozialpädagogischen Institutionen gibt es bzw. welche kennen Sie aus eigener Erfahrung? Nennen Sie sämtliche Namen, die Sie dafür finden (in den Bundesländern gibt es teilweise sehr große Unterschiede). Legen Sie eine Tabelle nach folgendem Muster an:

Kinder von 0 bis 3	Kinder von 3 bis 6	Kinder von 6 bis 12	Kinder und Jugendliche bis 18

2. Gruppenformen

Welche Gruppenformen gibt es in sozialpädagogischen Einrichtungen?

- Überlegen Sie, welche Vor- und Nachteile der Gruppenformen es gibt.

- Nennen Sie auch Ihre persönliche Meinung dazu und begründen Sie diese.

- In welcher Gruppenform lassen sich die Bildungspläne besonders gut umsetzen und warum?

3. Sozialpädagogische Arbeitsfelder

Welche sozialpädagogische Institution entspricht Ihnen am meisten und warum?

- Beschreiben Sie, wie Sie sich Ihre Arbeit dort vorstellen.

- Welche Ziele, welche Motivation nehmen Sie mit in diesen Arbeitsbereich?

4. Sozialpädagogische Fachkräfte berichten aus der Praxis

Führen Sie ein Interview mit einer sozialpädagogischen Fachkraft, die in einer Institution Ihrer Wahl arbeitet (Krippe, Kindergarten, Hort, Heim, Erziehungsheim, Mutter-Kind-Heim oder Frauenhaus). Stellen Sie zum Beispiel folgende Fragen:

- Warum haben Sie sich für dieses Arbeitsfeld entschieden?
- Worin liegt für Sie die Herausforderung in der Krippenarbeit (Hortarbeit, Heimarbeit …)?
- Wo liegen die Schwierigkeiten der praktischen Arbeit in der Krippe (Hort …)?
- Welchen Stellenwert nimmt für Sie die Zusammenarbeit mit den Eltern ein?
- Wie wird bei Ihnen Teamarbeit gestaltet?
- Welche Änderungen/Verbesserungen wünschen Sie sich für Ihren Arbeitsalltag?

5. Sozialpädagogische Fähigkeiten

> *Beispiel*
> *Vanessa arbeitet seit fünf Jahren mit Leidenschaft im Hort. Sie hat einen guten Draht zu den Kindern und besonders ihr sportliches und handwerkliches Engagement kommen gut an. Sie weiß, wie sie den Schülern helfen kann, die bei den Hausaufgaben Probleme haben, und hat vor Kurzem eine Philosophiestunde eingeführt, in der sie regelmäßig mit den Kindern über „Gott und die Welt" spricht.*
> *Nun wird die Grundschule in eine Ganztagsschule umgewandelt und dem Hort fehlt die Grundlage – er wird geschlossen. Vanessa hat die Wahl: Sie kann kündigen oder von ihrem Träger in eine andere Einrichtung versetzt werden – das wäre aber eine Krippe. Vanessa ist überfordert, denn sie hat noch nie darüber nachgedacht, mit Kindern unter drei Jahren zu arbeiten. Selbst im Kindergarten hat sie sich nie wohl gefühlt. Der Hort ist ihr Bereich.*

- Was passiert, wenn eine sozialpädagogische Fachkraft in einem anderen Arbeitsbereich eingesetzt wird, der ihr gar nicht zusagt?
- Halten Sie es überhaupt für möglich, vom Hort direkt in die Krippe zu wechseln – ohne weitere Zusatzausbildung?
- Kann Vanessa ihre positiven Eigenschaften auch in der Krippe anwenden? Wie?
- Stellen Sie sich die umgekehrte Situation vor: Vanessa arbeitet in einer Krippe und soll nun im Hort anfangen. Ist das möglich?
- Sehen Sie einen Unterschied in den beiden Beispielen?
- Arbeiten Sie typische praktische Eigenschaften heraus, die eine sozialpädagogische Fachkraft in Krippe, Kindergarten und Hort besitzen sollte, um im Alltag zurechtzukommen.
- Überlegen Sie, wie sich die sozialpädagogische Fachkraft in den jeweiligen Bereichen, Krippe, Kindergarten und Hort, den Kindern gegenüber verhalten muss, um einen Zugang zu finden.

1.6.1 Tageseinrichtungen – Arbeiten mit Kindern von 0 bis 3 Jahren

1. Begrifflichkeiten

- Wie werden Kindergärten und Kitas genannt, die auch Kinder im Krippenalter aufnehmen?
- Wie nennt man die Anfangszeit der Kinder in der Krippe?
- Erläutern Sie, was mit „notwendiger intensiver Bindung" der Kinder an die Bezugspersonen in den ersten Lebensjahren gemeint ist.
- Wie nennt man Einrichtungen, die Kinder von etwa 0 bis 12 Jahren aufnehmen?

2. Umgang mit Trennung

> **Beispiel**
> *Marlene kommt schon seit drei Monaten in die Krippe. Heute wird sie vom Papa gebracht. Beim Verabschieden ist er unsicher, er kennt das Ritual nicht, das die Mutter täglich mit dem Kind vollzieht. So drückt er sie liebevoll und gibt ihr einen Kuss, bevor er sich umdreht und geht. Marlene steht neben der Erzieherin, sieht ihrem Papa hinterher und fängt plötzlich bitterlich an zu weinen. Die Erzieherin nimmt sie in den Arm und trägt sie in die Gruppe. Marlene beruhigt sich nach einer Weile wieder.*

- Analysieren Sie die Situation. Wie hat der Vater sich verhalten und warum?

- Wie hat sich das Kind verhalten und warum?

- Wie ist die sozialpädagogische Fachkraft mit der Situation umgegangen und warum?

- Haben Sie einen Vorschlag, wodurch die Situation für alle Beteiligten hätte besser verlaufen können?

3. Ein Vormittag in der Krippe

> **Beispiel**
> *Ein Vormittag in der Krippe, 9:30 Uhr. Die Kinder (12 Kinder, 18 Monate bis knapp drei Jahre) sind heute alle sehr aufgedreht. Das Wetter ist schlecht, immer wieder regnet es. Der Gruppenraum ist relativ klein und Sie entscheiden sich, trotz des Regens mit den Kindern nach draußen zu gehen.*

- Wie überzeugen Sie die Kolleginnen von Ihrer Idee?

- Wie motivieren Sie die Kinder?

4. Krippen und U3-Kindergärten

Lesen Sie folgende Behauptung aufmerksam durch:
„So lässt sich feststellen, dass besonders in Ballungsräumen und auch wieder in den neuen Bundesländern gerne sehr junge Kinder, bereits kurz nach Ablauf der Mutterschutzzeit aufgenommen werden. In den alten Bundesländern ist hier die Hemmschwelle noch größer, die Vorurteile sind noch fest verankert. Kinder werden hier je nach Einrichtung häufig erst ab einem halben Jahr oder älter aufgenommen."

- Was halten Sie selbst von Krippen und U3-Kindergärten? Fertigen Sie eine Liste mit Pro- und Kontra-Argumenten an, die Sie mit den Kolleginnen diskutieren.

Pro Krippe	Kontra Krippe

- Wie schätzen Sie Eltern ein, die ihr Kind (unter drei Jahren) in eine sozialpädagogische Institution geben? Warum?

- Welche Vorurteile zu Krippenerziehung könnte es geben? Wie könnte man ihnen begegnen?

- Stellen Sie sich vor, Sie sind Politikerin und dürfen nun entscheiden, wie es mit Krippen und Kindergärten weitergeht. Sie haben alle finanziellen Mittel zur Verfügung, die Sie bräuchten. Halten Sie eine Rede darüber vor Ihrer Klasse.

5. Erwartungen an sozialpädagogische Fachkräfte im Elementarbereich

Welche Erwartungen werden an sozialpädagogische Fachkräfte (im Elementarbereich) in Bezug auf die Zusammenarbeit mit Eltern gestellt?

- Nennen Sie konkrete Aufgaben der sozialpädagogischen Fachkräfte.

- Nennen Sie konkrete Erwartungen der Eltern und stellen Sie fest, wie die Erwartungen mit den Aufgaben und Möglichkeiten der sozialpädagogischen Fachkräfte vereinbar sind.

- Nennen Sie Möglichkeiten der sozialpädagogischen Fachkräfte, wie sie Elternzusammenarbeit partnerschaftlich gestalten können.

- Überlegen Sie sich innovative (neuartige) Möglichkeiten, Eltern in die Arbeit mit den Kindern einzubeziehen.

1.6.2 Tageseinrichtungen – Arbeiten mit Kindern von 3 bis 6 Jahren

■ 1. Förderkindergarten

Als sozialpädagogische Fachkraft können Sie in einem Förderkindergarten arbeiten.

- Was genau ist ein Förderkindergarten?

- Wo liegen die Arbeitsschwerpunkte?

- Welche Kinder werden dort betreut?

- Welches weitere Personal ist dort angestellt?

- Ist eine Zusatzausbildung für diesen Tätigkeitsbereich notwendig?

▲ ■ ◆ 2. Vorschule

Sicher haben Sie bereits in einem Kindergarten hospitiert oder ein Praktikum absolviert.

- Schildern Sie ausführlich, wie die „Vorschule", also die schulvorbereitende Zeit (meist ein Jahr oder ein halbes Jahr) dort gestaltet wurde.

- Vergleichen und diskutieren Sie Ihre Beispiele mit den Kolleginnen.

- Entwickeln Sie eigene Ideen für eine kindgerechte Vorschulerziehung. Orientieren Sie sich dabei an dem Bildungsplan Ihres Bundeslandes.

- Vergleichen Sie die Vorgaben für die vorschulische Erziehung und Bildung der Bildungspläne verschiedener Bundesländer miteinander.

1.6.3 Tageseinrichtungen – Arbeit mit Kindern von 6 bis 12 Jahren

■ ● 1. Übergänge

Kinder sind immer wieder Übergangssituationen ausgesetzt – besonders, wenn sie von einer sozialpädagogischen Institution zu einer anderen wechseln.

- Welchen Übergängen sind Kinder zwischen 0 und 12 Jahren ausgesetzt?

- Warum sollten Übergänge für Kinder sanft verlaufen?

- Überlegen Sie sich praktische Ideen, um Übergänge angemessen zu gestalten – lassen Sie ruhig Ihre Fantasie spielen, es muss nicht immer alles sofort umsetzbar sein.

- Wie profitieren Kinder, Eltern, sozialpädagogische Fachkräfte jeweils von einem sanften Übergang?

2. Sozialpädagogische Institutionen für Kinder und Jugendliche ab dem Schulalter

Welche Institutionen gibt es? Gestalten Sie eine Übersicht nach folgendem Muster:

Institution	Form (offen, teiloffen, mit Anmeldung, stationär)	Personal	Klientel (welche Kinder und Jugendlichen?)	Pädagogische Schwerpunkte

3. Pädagogische Hortarbeit

- In welchen Bereichen findet pädagogische Hortarbeit statt?

- Worin besteht konkret die Aufgabe der sozialpädagogischen Fachkraft in den jeweiligen Bereichen?

- Wie kann die Zusammenarbeit mit Lehrkräften positiv verlaufen?

4. Hitzefrei im Hort

▶ *Beispiel*

Sie sind die Gruppenleiterin einer Hortgruppe mit 25 Kindern.
Heute ist hitzefrei, sodass alle Kinder gleichzeitig in den Hort strömen – natürlich haben sie heute keine Hausaufgaben auf. Die Gruppe ist im Laufe des Jahres recht gut zusammengewachsen, es gibt jedoch in letzter Zeit Probleme mit den „Großen", die sich schon allmählich von der Gruppe ablösen. Ihre Kollegin, die Kinderpflegerin Susanne, hat sich für heute schon auf eine Malaktion vorbereitet, die sie nun mit den fünf angemeldeten Kindern durchführen will. Die übrigen 20 Kinder bleiben also Ihnen überlassen.

Jetzt liegt es an Ihnen: Was wird passieren? Wie gehen Sie mit den Kindern um und was bieten Sie an? Wie könnten Sie den Tag für alle positiv gestalten? Diskutieren Sie verschiedene Möglichkeiten in der Kleingruppe.

1.6.4 Einrichtungen der offenen Kinder- und Jugendarbeit

1. Einrichtungen der offenen Kinder- und Jugendarbeit

Lesen Sie die unten stehenden Beispiele aufmerksam durch.

▶ *Beispiel 1*

Marie hat Lust zu töpfern. Sie geht hinüber zur Schule und trägt sich im Werkraum in eine Liste ein. Nachdem sie die Betreuerin begrüßt hat, nimmt sie sich Ton und fängt an, etwas herzustellen.

Beispiel 2

Melanie besucht mittwochs den Flötenkurs. Sie hat sich dafür zu Beginn des Schuljahres in eine Liste eingetragen und nimmt nun regelmäßig daran teil.

Beispiel 3

Frau Günzell arbeitet endlich wieder Vollzeit. Ihr Mann ist nur zwei ganze Tage außer Haus, sodass der Sohn, Marco, nur montags und dienstags außer Haus betreut werden muss. Für diese Zeit melden die Eltern Marco in der Ganztagsschule an. Marco möchte nun aber am Donnerstag zum Schachclub gehen – leider wird das von der Schule aber nur erlaubt, wenn er für den Tag angemeldet ist.

Beispiel 4

Erkan (16 Jahre) spielt leidenschaftlich gerne Tischtennis. Dafür trainiert er regelmäßig. Manchmal fährt er Mittwochnachmittag, manchmal auch erst am Freitagabend in den Nachbarort, um mit den Freunden zu üben.

▲ Persönliche Vorerfahrung ■ Fachkenntnisse

> *Die Kinder hämmern und nageln wie besessen. Das Lager ist fast fertig. Der Erzieher, Ludwig, fragt: „Wo ist eigentlich Leon, der war doch für heute angemeldet?"*

- Um welche Institutionen handelt es sich in den Beispielen? Ordnen Sie die Institutionen aus den Beispielen in eine Tabelle nach folgendem Muster ein:

Geschlossen/nicht offen	Teiloffen/halboffen	Offen

- Ergänzen Sie die Tabelle mit weiteren Institutionen.

2. Offene Freizeiteinrichtungen

Abenteuerspielplätze und andere offene Freizeiteinrichtungen benötigen spezielles Fachpersonal.

- Welche offenen sozialpädagogisch betreuten Freizeiteinrichtungen für Kinder und Jugendliche kennen Sie?

- Welche Eigenschaften muss eine sozialpädagogische Fachkraft besitzen, wenn sie dort arbeiten will?

3. Jugendarbeit

Die Arbeit mit Jugendlichen ist vielfältig – so auch die sozialpädagogischen Institutionen.

- Nennen Sie mögliche sozialpädagogische Institutionen für die Jugendarbeit.

- Überlegen Sie sich eine konkrete Aktion, die Sie mit Jugendlichen veranstalten bzw. durchführen möchten und bedenken Sie folgende Kriterien:

  - Welche Aktion?

  - Wo findet sie statt?

  - Was ist das Ziel der Aktion?

  - Wer finanziert die Aktion?

  - Wie motiviere ich die Jugendlichen, mitzumachen?

1.6.5 Stationäre Einrichtungen der Kinder- und Jugendhilfe

1. Formen von Heimen

- Welche Formen von Heimen gibt es?

- Worin liegen die Aufgaben der sozialpädagogischen Fachkräfte in den jeweiligen Heimen?

- Welche Eigenschaften muss eine sozialpädagogische Fachkraft besitzen, die in einem der Heime arbeiten will?

2. Arbeiten im Heim

Besuchen Sie ein Heim oder rufen Sie dort an oder recherchieren Sie im Bekanntenkreis oder im Internet:

- Warum leben Kinder und Jugendliche in den Heimen?

- Wie lange leben die Kinder und Jugendlichen durchschnittlich im Heim?

- Wer betreut die Kinder und Jugendlichen, welches Personal ist dort eingestellt?

- Welche Aufgabenbereiche übernehmen die sozialpädagogischen Fachkräfte?

- Wie funktioniert der Kontakt zu den leiblichen Eltern?

- Werden Kinder in andere Familien vermittelt? Als Pflegekinder oder Adoptivkinder?

- Wie kooperieren die verschiedenen Fachkräfte miteinander? Wie wird die Teamarbeit gestaltet?

- Wie sieht beispielhaft ein Tagesablauf in einem Kinderheim aus?

- Wie sieht beispielhaft eine Arbeitswoche einer sozialpädagogischen Fachkraft im Heim aus?

- Worin liegt die besondere Herausforderung für sozialpädagogische Fachkräfte in dieser Arbeit?

3. Erziehungsheime

Auch geschlossene oder teilweise geschlossene Heime zur Erziehung von Jugendlichen, die straffällig wurden, bieten Arbeitsplätze für sozialpädagogische Fachkräfte.
Stellen Sie Kontakt zu einer solchen Einrichtung her und versuchen Sie dort zu hospitieren.

- Welche Erfahrungen bringen die Jugendlichen mit?

- Welche besonderen Fähigkeiten und Eigenschaften muss die sozialpädagogische Fachkraft für die Arbeit in einem Erziehungsheim mitbringen?

- Wie ist es möglich, ein vertrauensvolles Verhältnis zu Heimkindern aufzubauen, die meist nur negative Erfahrungen mit „Vertrauen" machen mussten?

- Wie ist es möglich, Vertrauen aufzubauen, aber nicht gleichzeitig eine „Freundin" zu sein, sondern die Erzieherin zu bleiben?

- Welche Möglichkeiten der psychologischen und therapeutischen Unterstützung gibt es für die Heimkinder, aber auch für die sozialpädagogischen Fachkräfte?

- Wie sieht ein Arbeitstag in solch einer Einrichtung aus?

- Überlegen Sie, ob dieser Bereich ein zukünftiger Arbeitsplatz für Sie wäre, und begründen Sie das.

4. Mutter-Kind-Heime und Frauenhäuser

Mutter-Kind-Heime und Frauenhäuser bieten Frauen eine geschützte, betreute Wohnmöglichkeit für sich selbst und ihr Kind.

- Informieren Sie sich über diese Institutionen: Arbeitsmöglichkeiten, Aufgabenfeld, Alltagssituationen, besondere Schwerpunkte und Schwierigkeiten.

- In beiden Einrichtungsformen kann die sozialpädagogische Fachkraft sowohl als Erzieherin der Kinder als auch als Betreuerin und Unterstützung für die Frauen eingesetzt werden. Wie sehen die Arbeitsbereiche aus?

- Überlegen Sie, ob dieser Bereich ein zukünftiger Arbeitsplatz für Sie wäre, und begründen Sie das.

Kapitelübergreifende Aufgabe

Die eigene sozialpädagogische Einrichtung

Sie und einige Ihrer Studienkolleginnen oder Mitschülerinnen sind sich einig: Sie wollen eine eigene sozialpädagogische Einrichtung ins Leben rufen.

- *Überlegen Sie sich in einer Interessengruppe, welche Einrichtung das sein soll (Sie können auch eine vollkommen neue Form erfinden).*

- *Welche gesetzlichen Bestimmungen müssen erfüllt werden?*

- *Wer übernimmt die Trägerschaft der Einrichtung?*

- *Wie wird die Einrichtung finanziert?*

- *Welches Personal soll dort arbeiten?*

- *Welche Zielgruppe hat die Einrichtung?*
- *Welche Öffnungszeiten gibt es?*
- *Wie sieht das pädagogische Konzept der Einrichtung aus?*
- *Welche Räumlichkeiten wird es geben (innen und außen)?*
- *Wo könnte die Institution sein?*

1.7 Normen und Werte

1. Gebote – Verbote

- Erläutern Sie, was konkret unter Geboten und Verboten zu verstehen ist.

- Erstellen Sie eine Tabelle (nach folgendem Muster), in die Sie die aus Ihrer Sicht fünf wichtigsten Verhalten**sgebote** eintragen können, und füllen Sie sie anschließend aus. Lassen Sie sich dabei genügend Zeit (pro Bereich ca. 15 Minuten). Fertigen Sie die Tabellenfelder so groß an, dass Sie auch jeweils die dazugehörige kurze Begründung eintragen können.

- Erstellen Sie eine weitere Tabelle, in die Sie die aus Ihrer Sicht fünf wichtigsten Verhalten**sverbote** eintragen können und verfahren Sie anschließend wie in der ersten Tabelle.

Wichtige Gebote (bzw. wichtige Verbote)			
Im familiären Bereich darf ich nicht …, weil …	Im gesellschaftlichen (Politik, Freizeit, Kirchengemeinde o. a.) Bereich darf ich nicht …, weil …	In meinem gewählten Berufsbereich darf ich nicht …, weil …	In der Schule/Fachhochschule/Fachakademie darf ich nicht …, weil …
1.			
2.			
3.			

2. Informelle Normen

- Was verstehen Sie unter „informellen Normen"?

- Erstellen Sie zur Frage, welche informellen Normen aus Ihrer Sicht besonders wichtig und welche unwesentlich bzw. nicht beachtenswert sind, ein großes Plakat nach folgendem Muster:

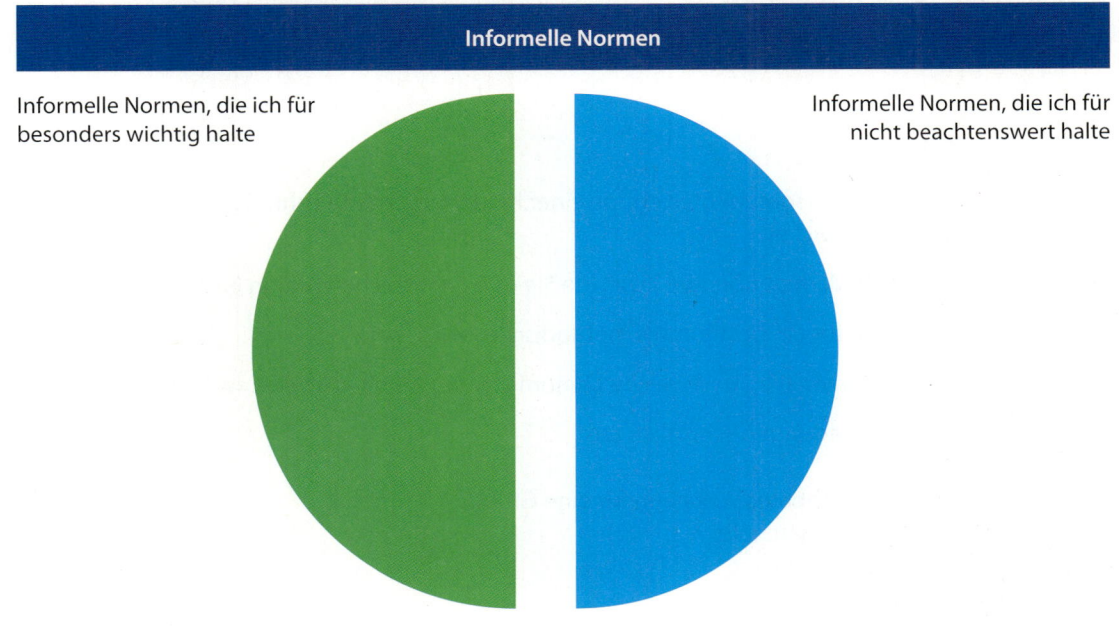

Informelle Normen

Informelle Normen, die ich für besonders wichtig halte

Informelle Normen, die ich für nicht beachtenswert halte

- Erstellen Sie eine Tabelle nach folgendem Muster, in die Sie die aus Ihrer Sicht fünf wichtigsten informellen Normen eintragen können, und füllen Sie sie anschließend aus. Lassen Sie sich dabei genügend Zeit (pro Bereich ca. 15 Minuten). Fertigen Sie die Tabellenfelder so groß an, dass Sie auch jeweils die dazugehörige kurze Begründung eintragen können.

Informelle Normen			
Im familiären Bereich ist besonders wichtig …, weil …	Im gesellschaftlichen (Politik, Freizeit, Kirchengemeinde o. a.) Bereich ist besonders wichtig …, weil …	In meinem gewählten Berufsbereich ist besonders wichtig …, weil …	In der Schule/ Fachhochschule/ Fachakademie ist besonders wichtig …, weil …
1.			
2.			
3.			

3. Formelle Normen

- Was verstehen Sie unter „formellen Normen"?

- Erstellen Sie zur Frage, welche formellen Normen aus Ihrer Sicht besonders wichtig und welche unwesentlich bzw. nicht beachtenswert sind, ein großes Plakat nach ähnlichem Muster wie in Aufgabe 2.

- Erstellen Sie eine Tabelle nach ähnlichem Muster wie in Aufgabe 2, in die Sie die aus Ihrer Sicht fünf wichtigsten formellen Normen eintragen können, und füllen Sie sie anschließend aus. Lassen Sie sich dabei genügend Zeit (pro Bereich ca. 15 Minuten). Fertigen Sie die Tabellenfelder so groß an, dass Sie auch jeweils die dazugehörige kurze Begründung eintragen können.

4. Soziale Normen

Was verstehen Sie unter „sozialen Normen"?
Erstellen Sie zur Frage, welche sozialen Normen aus Ihrer Sicht besonders wichtig und welche unwesentlich bzw. nicht beachtenswert sind, ein großes Plakat nach ähnlichem Muster wie in Aufgabe 2.

- Erstellen Sie eine ähnliche Tabelle wie in Aufgabe 2, in die Sie die aus Ihrer Sicht fünf wichtigsten sozialen Normen eintragen können, und füllen Sie sie anschließend aus. Lassen Sie sich dabei genügend Zeit (pro Bereich ca. 15 Minuten). Fertigen Sie die Tabellenfelder so groß an, dass Sie auch jeweils die dazugehörige kurze Begründung eintragen können.

5. Unsere Regeln

Sie möchten, dass eine altersgemischte Gruppe einer Kindertagesstätte zehn Gebote für das gemeinsame Zusammenleben entwickelt:

- Verschaffen Sie sich Klarheit über die Ziele, die Sie mit einer solchen Aktion erreichen wollen.

- Entscheiden Sie sich für ein bestimmtes methodisches Vorgehen.

- Klären Sie, welche Materialien und welche Lernumgebung sie bereitstellen wollen.

- Führen Sie Ihre Überlegungen schriftlich aus.

Entwickeln sie ein vergleichbares Vorhaben für eine Gruppe
- in einer offenen Ganztagsschule,
- auf einem Abenteuerspielplatz,
- in einem Kinderhort.

6. Normverstöße

Finden Sie eine Lösung für folgendes Problem:

> **Beispiel**
>
> *Eine Gruppe einer offenen Ganztagsschule. Ein Mädchen (7 Jahre) in einer Kindertagesstätte hat einem Jungen (8 Jahre) 50 Cent geliehen und versprochen, das Geld zu Beginn der nächsten Woche zurückzugeben. Der Junge bringt die 50 Cent allerdings nicht mit und vertröstet das Mädchen mehrere Tage lang. Als sie schließlich weinend ihr Geld zurückverlangt, erhält sie von dem Jungen eine schallende Ohrfeige. Sie kommen genau in diesem Moment dazu …*

Entwickeln Sie eine kurz- und eine langfristige Handlungsstrategie und beachten Sie dabei folgende Fragen:

• Welche kurz- und welche langfristigen Ziele wollen Sie erreichen im Hinblick auf das Mädchen, den Jungen und die Gruppe, die das Geschehen aufmerksam verfolgt hat?

• Welche pädagogischen Schritte wollen Sie unternehmen – kurzfristig und langfristig?

Erstellen Sie zu Beantwortung Ihrer Fragen eine Tabelle nach folgendem Muster und füllen Sie sie entsprechend aus:

Kurzfristige Ziele	In Bezug auf das Mädchen	In Bezug auf den Jungen	In Bezug auf die Gruppe

Langfristige Ziele	In Bezug auf das Mädchen	In Bezug auf den Jungen	In Bezug auf die Gruppe

Pädagogische Schritte	In Bezug auf das Mädchen	In Bezug auf den Jungen	In Bezug auf die Gruppe

7. Die persönliche Wertehierarchie

Klären Sie zunächst in kleineren Gruppen, was Sie unter kulturellen, ästhetischen, sittlichen und politischen Werten verstehen, und erstellen Sie anschließend einzeln eine persönliche Wertehierarchie. Tragen sie den jeweils wichtigsten Wert unter 1 und darunter die jeweils weniger wichtigen Werte ein (vgl. Niedersächsisches Kultusministerium, 2009).

Bedeutsamkeit	Kulturelle Werte	Ästhetische Werte	Sittliche Werte	Politische Werte
1				
2				
3				
4				
5				
6				

● **8. Die persönliche Wertehierarchie**

Ordnen Sie die folgenden Werte in eine persönliche Rangfolge – den wichtigsten Wert an erste Stelle, den zweitwichtigsten an zweite Stelle etc.
- Individualität
- Rücksichtnahme und Mitgefühl
- Achtung vor den Mitmenschen
- Leistungsfähigkeit
- Konsum
- Besitz
- soziales Ansehen
- Vergnügen, Abwechslung und Nervenkitzel

Begründen Sie die von Ihnen erstellte Rangordnung.

■ **9. Wertewandel – Befragung**

Werte wandeln sich mit den allgemeinen gesellschaftlichen Veränderungen, zu denen auch der Wechsel der Generationen gehört. Wertewandel bedeutet dabei Verschiebung der Wertehierarchie, Verfall alter und Entstehung neuer Werte. Dabei sind so elementare Grundwerte, wie sie mit der Unantastbarkeit der Menschenwürde im Grundgesetz der Bundesrepublik Deutschland festgehalten wurden, vergleichsweise konstant und stabil. Dennoch zeigt die Geschichte, dass auch die mit solchen Grundwerten verbundenen Normen geachtet, geschützt und durchgesetzt werden müssen.

Befragen Sie Ihre Eltern, wenn möglich auch Ihre Großeltern oder andere Verwandte, Nachbarn oder Bekannte der Eltern- und Großelterngeneration: Welche gesellschaftlichen Werte haben sich in den vergangenen 40 Jahren spürbar verändert? Tragen Sie Ihre Ergebnisse nach folgendem Muster zusammen:

Elterngeneration	Werte, die sich verändert haben

Großelterngeneration	Werte, die sich verändert haben

1.8 Sozialpädagogische Grundkompetenzen

1.8.1 Erkennen, Beobachten, Dokumentieren

■ ● **1. Wahrnehmen und Denken**

Die folgende Aufgabe zeigt, wie eng Wahrnehmen und Denken miteinander verknüpft sind und wie schwierig es sein kann, Denkaufgaben zu lösen, wenn einen die Wahrnehmung daran hindert.

- Zeichnen Sie neun Punkte nach folgendem Schema auf ein Blatt.

- Verbinden Sie diese neun Punkte durch nicht mehr als vier gerade Linien, ohne abzusetzen. Die Linie ist dreimal gebrochen. Jeder Punkt darf nur einmal berührt werden. Auf derselben Linie darf nicht zurückgegangen werden.

Beantworten Sie die folgenden Fragen, sobald Sie die Lösung herausgefunden haben (oder wenn Sie diese Aufgabe schon kannten und die Lösung sofort wussten):

- Nennen und erklären Sie die wichtigsten Ihnen bekannten Wahrnehmungsgesetze.

- Erklären Sie wahrnehmungspsychologisch, was die Lösung dieses Problems schwierig gemacht hat.

- Erklären Sie, wie Sie die Lösung gefunden haben.

2. Wahrnehmung und Informationsübermittlung

Mit der folgenden Übung (in Anlehnung an Antons, 1976, S. 84 f.) können Sie erfahren, wie die Wahrnehmung Informationen bei akustischer Übermittlung verändert bzw. beeinflusst. Bilden Sie dazu eine Gruppe von acht Teilnehmern, die das Experiment durchführen. Die übrigen Studierenden sind Beobachter.

- Die Experimentalgruppe verlässt den Raum und die Beobachter erhalten eine Erläuterung des Experiments und genaue Anweisungen für Ihre Beobachtungstätigkeit.

- Die erste Teilnehmerin der Experimentalgruppe wird hereingebeten.

- Sie erhält das Foto und hat drei Minuten Zeit, es zu betrachten und sich die Aussagen zum Bild einzuprägen.

- Dann gibt sie das Bild zurück und wird gebeten, der nächsten Teilnehmerin, die hereingeholt wird, den Inhalt des Bildes zu berichten.

- Die zweite Teilnehmerin erzählt danach der dritten, die dritte der vierten usw. den Inhalt des Bildes.

Die Beobachter haben ein Formular erhalten, auf dem sie ankreuzen sollen, welche Inhalte verändert und welche von welcher Teilnehmerin vergessen wurden. Es gibt einige Extraspalten, falls eine Teilnehmerin der Experimentalgruppe etwas hinzufügt, was gar nicht auf dem Bild zu sehen war. Die Materialien für diese Übung:

Das Foto

Die Aussagen über das Foto für die erste Teilnehmerin der Experimentalgruppe

Aussagen über das Foto
1. Auf dem Bild sind fünf Personen zu sehen.
2. Alle stehen in einem Außengelände, auf hellem Kiesboden.
3. Vier der Personen sind Jungs, eine ist ein Mädchen.
4. Einer der Jungen ist blond, alle anderen Kinder haben braunes Haar.
5. Im Vordergrund rangelt der blonde mit einem zweiten Jungen.
6. Der linke der beiden rangelnden Jungen drückt dem blonden die Faust in die Wange.
7. Links neben den beiden Gegnern steht ein dritter Junge mit kariertem Hemd, der mit geöffnetem Mund zusieht.
8. Von den rangelnden Jungs halb verdeckt stehen ein vierter Junge und das Mädchen.
9. Der vierte Junge trägt ein blaues T-Shirt und kehrt der Szene den Rücken zu.
10. Der Kopf des Mädchens wird von dem blonden Jungen halb verdeckt, man sieht ihre Augen.

Die Protokollbögen für die Beobachter

Beobachtungsbogen								
Aussagen über das Foto	1.	2.	3.	4.	5.	6.	7.	8.
1. Auf dem Bild sind fünf Personen zu sehen.								
2. Alle stehen in einem Außengelände, auf hellem Kiesboden.								
3. Vier der Personen sind Jungs, eine ist ein Mädchen.								
4. Einer der Jungen ist blond, alle anderen Kinder haben braunes Haar.								
5. Im Vordergrund rangelt der blonde mit einem zweiten Jungen.								
6. Der linke der beiden rangelnden Jungen drückt dem blonden die Faust in die Wange.								
7. Links neben den beiden Gegnern steht ein dritter Junge mit kariertem Hemd, der mit geöffnetem Mund zusieht.								
8. Von den rangelnden Jungs halb verdeckt stehen ein vierter Junge und das Mädchen.								
9. Der vierte Junge trägt ein blaues T-Shirt und kehrt der Szene den Rücken zu.								
10. Der Kopf des Mädchens wird von dem blonden Jungen halb verdeckt, man sieht ihre Augen.								

Nr.	Hinzugefügt wurde
1	
2	
3	
4	
5	
8	
9	
etc.	

3. Aufmerksamkeitsübungen

Der Mensch achtet im Wachzustand auf das, was die von der Umwelt aktivierten Sinneszellen ihm signalisieren. Sobald die Signale nicht mit seinen Erwartungen übereinstimmen, wendet er sich ihnen besonders zu. Diesen Prozess bezeichnet man als Aufmerksamkeit. Wird die Aufmerksamkeit bewusst auf etwas ganz Bestimmtes gerichtet, spricht man von willkürlicher Aufmerksamkeit. Es gibt aber auch Ereignisse, bei denen man unwillkürlich aufmerksam wird. Dies ist besonders dann der Fall, wenn die Reize, die auf die Sinnesorgane einwirken, besonders stark sind. Man kann seine Aufmerksamkeitsfähigkeit durch kleine alltägliche Übungen verbessern, die sich leicht selbst entwickeln lassen. Ein paar Beispiele hierzu:

- **Memory spielen**: Spielen Sie längere Zeit regelmäßig Memory – wenn möglich mit Kindern, die hier für Erwachsene eine ernsthafte Herausforderung sind.

- **Buchstaben finden**: Streichen Sie in einem langen Zeitungsartikel so schnell wie möglich alle kleinen Buchstaben „d" und „p" durch. Falls Ihnen das zunächst zu schwer erscheint, beginnen Sie mit dem Buchstaben „d" und wählen Sie dann erst beide Buchstaben, wenn Sie einige Übung haben.

- **Ablenkung vermeiden**: Setzen Sie sich zu Hause auf einen gemütlichen Platz. Entspannen Sie sich, denken Sie möglichst an nichts und schauen Sie dabei auf einen Gegenstand oder ein Bild in Ihrer Nähe.

- **Genau zuhören**: Stellen Sie Ihr Radio so leise an, dass Sie es gerade noch hören können, hören Sie genau zu und fassen Sie nach einigen Minuten zusammen, was Sie gehört haben.

4. Beobachtungsübung

Diese Übung wird mit allen Studierenden Ihrer Ausbildungsgruppe durchgeführt. Nacheinander beschreiben einige Gruppenmitglieder ein anderes Gruppenmitglied mit geschlossenen Augen, wobei die übrigen Gruppenmitglieder die vorgetragenen Beschreibungsmerkmale notieren. Anschließend wird die Beschreibung mit den Merkmalen der beschriebenen Person verglichen.

5. Die Subjektivität der Wahrnehmung

Erläutern Sie, warum die Wahrnehmung der Menschen immer subjektiv ist, und gehen Sie dabei ausführlich ein auf
- die Beschaffenheit der Sinnesorgane am Beispiel der optischen Wahrnehmung,
- Wahrnehmungsgesetze, die bei allen Menschen gleich wirksam sind,
- Faktoren, durch deren Wirkung sich die Wahrnehmung aller Menschen unterscheidet.

6. Empfindung, Wahrnehmung, Vorstellung

Erläutern Sie den Prozess, der sich von der Erregung sensibler Nervenendigungen in den Sinnesorganen bis hin zu Wahrnehmungsinhalten und Vorstellungen abspielt.

7. Besonderheiten verschiedener Wahrnehmungsarten

Beschreiben und erläutern Sie die Besonderheiten
- des Gesichtssinns (der optischen Wahrnehmung) und
- des Gehörsinns.

8. Gesetzmäßigkeiten der Wahrnehmung

Viele Wahrnehmungsgesetze spielen auch im erzieherischen Alltag eine bedeutende Rolle. Erläutern Sie dies an den folgenden Beispielen:
- das Gesetz der Gleichartigkeit
- das Gesetz der Nähe
- das Gesetz des durchgehenden Verlaufs
- das Gesetz der guten Gestalt
- das Figur-Grund-Gesetz

9. Beobachtung – immer und überall

Erläutern Sie, worin die Probleme laienhafter Alltagsbeobachtungen liegen und worin sie sich von professionellen Beobachtungen von Fachkräften in sozialpädagogischen Berufsfeldern unterscheiden.

10. Ethische Anforderungen an Beobachtungen in der sozialpädagogischen Praxis

Einerseits ist ein kontinuierliches und sorgfältiges Beobachten für eine erfolgreiche erzieherische Arbeit unabdingbar. Andererseits gilt es, dabei wichtige ethische und moralische Grundsätze zu beachten. Verhaltensbeobachtungen um der Beobachtung willen sind ethisch nicht vertretbar. Erläutern und begründen Sie dies ausführlich.

11. Beobachtung als pädagogische Herausforderung

Erläutern Sie die
- rechtlichen,
- psychologischen und
- pädagogischen

Voraussetzungen und Erfordernisse professionellen Beobachtens in sozialpädagogischen Einrichtungen.

12. Beobachtungsmethoden

- Erläutern Sie die wesentlichen Unterschiede zwischen naiven und systematischen Beobachtungen.

- Beschreiben und erläutern Sie die wichtigsten Beobachtungsmethoden.

13. Planung, Durchführung und Dokumentation einer Beobachtung in der sozialpädagogischen Praxis

- Entwickeln Sie einen differenzierten Beobachtungsplan für die Beobachtung eines einzelnen Kindes in der sozialpädagogischen Praxis.

- Entwickeln Sie einen differenzierten Beobachtungsplan für die Beobachtung einer kleineren Gruppe von Kindern in einer sozialpädagogischen Einrichtung.

- Führen Sie die vorbereiteten Beobachtungen in der Praxis durch, dokumentieren Sie den Beobachtungsprozess und die Beobachtungsergebnisse und besprechen Sie sie mit Ihrer Praxisanleiterin.

- Wiederholen Sie die Beobachtungen auf der Grundlage weiterentwickelter Beobachtungspläne.

14. Beobachtung, Dokumentation und Datenschutz

Erarbeiten Sie einen Katalog von Verhaltensregeln für die Beobachtung unter datenschutzrechtlichen und ethischen Aspekten.

1.8.2 Pädagogische Gespräche führen

1. Erlebte Kommunikation

- Erinnern Sie sich an Gesprächssituationen, die Sie als besonders befriedigend erlebt haben. Versuchen Sie zu benennen, was alles dazu beigetragen hat, dass das Gespräch für Sie so positiv war.

- Erinnern Sie sich dann an Gesprächssituationen, die Sie als sehr belastend erlebt haben. Was alles hat bewirkt, dass Sie sich belastet gefühlt haben?

- Versuchen Sie von diesen Erfahrungen Kriterien abzuleiten, die Sie für das Gelingen von Gesprächen für wichtig halten, und tragen Sie diese in eine Tabelle nach folgendem Muster ein:

Was trägt zum Gelingen von Gesprächen bei?	Was erschwert die Möglichkeit, sich in Gesprächen zu verstehen und zu verständigen?

• Überprüfen Sie Ihr Wissen über

– die unterschiedlichen Perspektiven, aus denen heraus man sich mit Kommunikation beschäftigen kann,

– die Definition der Begriffe Kommunikation und soziale Interaktion.

Fertigen Sie dazu einen „Spickzettel" an.

• Lesen Sie den folgenden Textauszug aus einer Kindergeschichte von Peter Bichsel („Ein Tisch ist ein Tisch"). Welchen wichtigen Aspekt von Kommunikation können Sie damit erklären? Führen Sie dies kurz schriftlich aus.

„[…] Er stand also auf, zog sich an, setzte sich auf den Wecker und stützte die Arme auf den Tisch. Aber der Tisch hieß jetzt nicht mehr Tisch, er hieß jetzt Teppich. Am Morgen verließ also der Mann das Bild, zog sich an, setzte sich an den Teppich auf den Wecker und überlegte, wem er wie sagen könnte. Dem Bett sagte er Bild. Dem Tisch sagte er Teppich. Dem Stuhl sagte er Wecker. Der Zeitung sagte er Bett. Dem Spiegel sagte er Stuhl. Dem Wecker sagte er Fotoalbum. Dem Schrank sagte er Zeitung. Dem Teppich sagte er Schrank. Dem Bild sagte er Tisch. Und dem Fotoalbum sagte er Spiegel. Also: Am Morgen blieb der alte Mann lange im Bild liegen, um neun läutete das Fotoalbum, der Mann stand auf und stellte sich auf den Schrank, damit er nicht an den Füßen fror, dann nahm er seine Kleider aus der Zeitung, zog sich an, schaute in den Stuhl an der Wand, setzte sich dann auf den Wecker an den Teppich, und blätterte den Spiegel durch, bis er den Tisch seiner Mutter fand […]."
(Bichsel, 1979, S. 22 f.)

■ 3. Die unterschiedlichen Mitteilungsebenen

Legen Sie eine Mindmap an, in der Sie die unterschiedlichen Mitteilungsebenen auf den Hauptästen notieren. Halten Sie auf den Unterästen Beispiele fest.

■ ● 4. Grundsätze der Kommunikation nach Paul Watzlawick

• Welches sind die Kernaussagen der Axiome Watzlawicks?

• Veranschaulichen Sie jedes Axiom durch ein konkretes Beispiel, das Sie persönlich oder beruflich erlebt haben.

• Welche Schlussfolgerungen für Ihr professionelles Handeln ziehen Sie daraus?

• Gehen Sie davon aus, dass Sie die fünf Axiome Watzlawicks mit anderen dem Team einer sozialpädagogischen Einrichtung vorstellen sollen. Sie können bei Ihrer Präsentation ganz unterschiedliche

Methoden zum Einsatz bringen: Folien, Rollenspiele, Bilder, Skulpturen etc. Was Sie erarbeiten, führen Sie anderen Studierenden vor. Reflektieren Sie dann gemeinsam, wie klar, präzise und inhaltlich vollständig die Präsentation war.

5. Die vier Seiten einer Nachricht

- Suchen Sie sich eine Partnerin/einen Partner. Klären Sie zunächst gemeinsam, was eine implizite Nachricht von einer expliziten unterscheidet. Tauschen Sie sich dann zu folgender Frage aus: Was ist die Kernaussage jeder Seite des Kommunikationsquadrats? Unterscheiden Sie dabei die Seite des Sprechers und die des Hörers. Bilden Sie zu jeder Quadratseite drei Beispiele, die die jeweilige Seite des Quadrats erst explizit und dann implizit verdeutlichen.

Ein Jugendlicher sagt zur Erzieherin in der Freizeitstätte: „Ich hab keinen Bock, den Discoabend mitzuorganisieren. Das soll jemand anderes machen."

- Legen Sie eine Tabelle nach folgendem Muster an und tragen Sie jeweils die unterschiedlichen Aspekte ein. Denken Sie sich weitere Sätze aus, die in Ihrer Praxis so gesagt werden könnten, und halten Sie dazu auch jeweils die „vier Seiten einer Nachricht" in Bezug auf Sprecher und Hörer fest.

	Sprecher sagt explizit	Sprecher meint	Hörer hört	Hörer versteht
Selbstkundgabe				
Beziehungsseite				
Sachinhalt				
Appell				

6. Die vier Ohren

Viele Kommunikationsprobleme treten dadurch auf, dass eines der „vier Ohren" besonders ausgeprägt ist.

- Legen Sie eine Mindmap an, in der es vier Hauptäste entsprechend den „vier Ohren" gibt. Halten Sie auf den Unterästen jeweils fest, wodurch sich die besondere Ausprägung des jeweiligen „Ohres" zeigen könnte (also z. B. wehren Menschen, die ein ausgeprägtes „Sachohr" haben, oft Beziehungsprobleme ab).

- Nehmen Sie sich ein DIN-A3-Blatt und malen Sie darauf Ihren Kopf mit vier Ohren, und zwar in jeweils unterschiedlicher Größe, je nachdem, für wie ausgeprägt Sie das jeweilige Ohr für sich einschätzen. Suchen Sie sich dann eine Partnerin, mit der Sie sich darüber austauschen.

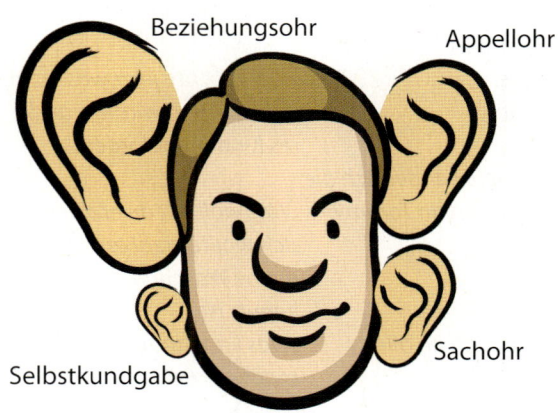

So könnte Ihre Zeichnung aussehen.

7. Vergleich der Kommunikationsmodelle

Überlegen Sie:

- In welchen Kernaussagen ähneln sich das „Kommunikationsquadrat" von Schulz von Thun und die fünf Axiome von Watzlawick, in welchen unterscheiden sie sich?

- Welche praktischen Hilfen können Ihnen die beiden Modelle für Gespräche in Ihrer pädagogischen Praxis geben?

Halten Sie Ihre Ergebnisse schriftlich fest.

8. Die Einflüsse der Kommunikationssituation

Erinnern Sie sich an ein längeres Gespräch, das Sie während eines Ihrer bisherigen Praktika mit einem Kind oder Jugendlichen geführt haben. Bestimmen Sie für jeden einzelnen Faktor dieser Gesprächssituation, welche Einflüsse es gegeben hat. Fertigen Sie dazu ein Schaubild an.

9. Gesprächsstörer

- Machen Sie sich eine Liste der Gesprächsstörer, die im Studienbuch (Kap. 1.8.2) aufgezählt sind, und finden Sie zu jedem ein Beispiel.

- Welche Gesprächsstörer kennen Sie in der Rolle des Zuhörers aus Ihrem eigenen Leben und wie haben sich diese auf Sie ausgewirkt?

- Gibt es Gesprächsstörer, die Sie spontan leicht benutzen, ohne es zu wollen? Wie können Sie dies verändern?

10. Grundhaltungen in der Gesprächsführung

- Haben Sie ein Gespräch mit einer Lehrkraft, einer Anleiterin in positiver Erinnerung? Wenn ja, inwiefern konnten Sie dabei Einfühlungsvermögen, Echtheit und Wertschätzung erleben? Woran ließ sich diese Erfahrung „festmachen"? Formulieren Sie dann für sich persönlich ein entsprechendes Lernziel.

- Die folgende Passage dokumentiert die Beobachtung eines Gesprächs in einer Tageseinrichtung für Kinder. Gehen Sie den Text im Einzelnen durch und beschreiben Sie, welche Grundhaltung Sie bei der Erzieherin in ihrer Gesprächsführung beobachten können:

▶ Beispiel

Tommy (6 Jahre alt) nimmt mit anderen Kindern am Morgenkreis teil. In seinen Händen hält er Korken und Eisstiele.

Die Erzieherin fragt:	*„Wo ist Paul?"*
Tommy:	*„Im Urlaub."*
Erzieherin:	*„Wer möchte was erzählen?"*
Tommy:	*„Ich." (Er wird nicht drangenommen, bleibt still und legt zwei Eisstiele zur Seite.)*
Erzieherin:	*„Wer von euch war schon mal am Strand?"*
Tommy:	*„Ich, in Ghana." (Seine Bemerkung geht unter.)*
Erzieherin nach einer Weile:	*„Wer möchte jetzt was erzählen?"*
Tommy:	*„Ich." (Erneut wird ein anderes Kind aufgefordert.)*

Danach wendet sich die Erzieherin an Tommy:	*„Was wolltest du erzählen?"*
Tommy:	*„Ich wollte erzählen, dass meine Waschmaschine kaputt ist."*
Erzieherin an alle:	*„Was kann man denn da machen, wenn die Waschmaschine kaputt ist?"*
Tommy:	*„Reparieren."*

Die Erzieherin fasst die bisherigen „Ergebnisse" des Morgenkreises zusammen.

Tommy:	*„Mein Onkel wollte die reparieren, aber unser Schraubenzieher war nicht so gut."*

(Kazemi-Veisari, 2008, S. 5)

- Lesen Sie das nachfolgende Gespräch und überlegen Sie, wie es der Philosophin Barbara gelingt, Natascha zum Philosophieren anzuregen:

▶ **Beispiel**

Gespräch zwischen der Philosophin Barbara und der 6-jährigen Natascha aus Moskau:

Barbara: „Warum siehst du denn immer auf die Chips dort? Möchtest du welche essen?"

Natascha: „Ich weiß gar nicht, wie die schmecken. Schmecken die gut?"

Barbara „Ich mag sie überhaupt nicht!"

Natascha: „Also, dann ess ich sie auch nicht, wenn sie nicht gut schmecken!"

Barbara: „Freddi findet sie unheimlich gut; er würde sie beutelweise essen, wenn ich ihn nicht davon abhielte."

Natascha (nach einer Weile): „Es ist merkwürdig, dass du diese Chips nicht gut findest, während Freddi sie gut findet."

Barbara: „Und wieso ist das merkwürdig? Ich verstehe unter gut eben etwas anderes als Freddi."

Natascha: „Ich glaube nicht, dass du unter gut etwas anderes verstehst als Freddi. Gut ist doch, wenn man eine Sache mag, wenn einem irgendetwas gefällt, wenn man eine Sache unbedingt haben will. Du findest die Chips nicht gut, weil du einen anderen Geschmack hast als Freddi."

Barbara: „Stimmt, diese Chips sind mir zu süß."

Natascha: „Wieso haben die Menschen eigentlich einen unterschiedlichen Geschmack? Dem einen sind die Chips zu süß, dem anderen sind sie zu sauer, wieso eigentlich?"

Barbara: „Nun, stell dir mal vor, wir hätten alle den gleichen Geschmack! Dann würden wir alle Chips mögen. Die wären doch im Nu ausverkauft, und außerdem fände ich das auch langweilig."

Natascha: „Langweilig vielleicht, aber doch irgendwie einfacher."

Barbara: „Einfacher schon. Dann müssten wir nur die Nahrungsmittel herstellen, die alle Menschen gern haben."

Natascha: „Genau! Und nichts bliebe herumliegen und würde weggeschmissen, nur weil es die Menschen nicht gern essen. Aber du hast recht, das wäre langweilig."

Barbara: „Wir müssten nach immer neuen Möglichkeiten suchen, den Geschmack der Leute zu treffen; ich bin eigentlich nicht mehr der Meinung, dass dies langweilig ist."

Natascha: „Es wäre zumindest einfacher für die Menschen. Die würden nämlich nicht mehr versuchen, anderen ihren Geschmack aufzuzwingen. Dann müsste ich nicht Fleisch essen, nur weil das meine Eltern wollen. Dann gäbe es auch weniger Streit. Derjenige, der sich die Menschen ausgedacht hat, vor hundert Millionen Jahren, der hat das nicht bedacht. Wir haben alle eine Nase, Augen und Beine, alle gleich, nur einen verschiedenen Geschmack."

Barbara: „Ich habe aber längere Beine als du."

Natascha: „Aber es sind Beine! Und dein Geschmack wäre dann eben größer, aber gleich. Du würdest dann Chips mögen wie wir alle, aber der eine eben mehr und der andere nicht so."

(Kazemi-Veisari, 2008, S. 4)

11. Grundkenntnisse in der Gesprächsführung

Als sozialpädagogische Fachkraft führen Sie pädagogische Gespräche mit Kindern und Jugendlichen. Worauf kommt es an, wenn Sie dies professionell tun wollen?

Notieren Sie alle Punkte, die dafür wichtig sind. Bringen Sie diese dann in eine übersichtliche Form, die Sie sich gut einprägen können – sozusagen als „Spickzettel im Kopf" für die entsprechenden Gesprächssituationen.

12. Türöffner

• Denken Sie sich eine Situation in einer Praxiseinrichtung aus, in der es darum geht, mit einem Kind in einen Dialog zu treten. Formulieren Sie mögliche Sätze, die ein Kind sagen könnte, und formulieren Sie dann dazu drei Türöffner-Sätze.

• Variieren Sie dann das Arbeitsfeld und denken Sie sich fünf weitere Türöffner-Sätze aus.

• Inwiefern könnten manche Türöffner-Sätze sich für ein bestimmtes Kind eignen, für ein anderes aber eher nicht?

13. Ich-Botschaften

Welche Ich- oder Du-Botschaften von sozialpädagogischen Fachkräften kennen Sie aus Ihrer Praxis? Tragen Sie jeweils eine ungeeignete Variante sowie einen konstruktiven Beitrag in eine Tabelle nach folgendem Muster ein und begründen Sie kurz den Störcharakter der Du-Botschaft:

Situationsbeschreibung	Ich-Botschaft	Du-Botschaft
Elsa kommt zu spät zum Treffen des Organisationskomitees im Jugendhaus.	„Mich stört, wenn zu Beginn unseres Treffens nicht alle da sind, weil ich dann Wichtiges zwei Mal sagen muss."	„Na, du kommst mal wieder zu spät. Glaub aber nicht, dass ich für dich alles noch mal wiederhole."
	Äußerung des eigenen Gefühls, Begründung des Ärgers	Angabe des eigenen Gefühls fehlt, verallgemeinerndes „mal wieder", persönliche Abwertung

14. Aktives Zuhören

- Suchen Sie sich zwei Lernpartnerinnen. Legen Sie grob eine Situation fest, um die es gehen soll. Erproben Sie im Rollenspiel das aktive Zuhören. Jeweils zwei von Ihnen führen den Dialog, die Dritte ist die Beobachterin. Nach fünf Minuten gibt die Beobachterin eine Rückmeldung und Sie werten dann alle drei das Gespräch gemeinsam aus.

- Notieren Sie sich im Anschluss eine persönliche Lernerfahrung und ein persönliches Lernziel.

15. Erweiterte Ich-Botschaften

> **Beispiel**
> *Horst, 16 Jahre alt, hat der Erzieherin in der Jugendfreizeitstätte zugesagt, dass er vorbeikommt, um die Einladung für den Tag der offenen Tür am PC zu entwerfen. Zur vereinbarten Zeit ist er nicht da. Er kommt erst einen Tag später, ohne irgendeine Erklärung abzugeben.*

- Üben Sie erweiterte Ich-Botschaften: Was würden Sie als Erzieherin zu Horst sagen?

- Notieren Sie Ihren Satz und überprüfen Sie ihn dann im Blick auf die folgenden Vorgaben (vgl. Koeberle-Petzschner, 2008, S. 41):

Vorgehen	Ungeeignetes Vorgehen	Geeignetes Vorgehen
Beschreibung des Verhaltens/ der Situation	„Du kommst nie wie vereinbart." Ungeeignet: verallgemeinernde Rückmeldung „nie"	„Gestern bist du trotz unserer Vereinbarung nicht gekommen."
Beschreibung der dadurch ausgelösten Gefühle	„Ich finde das unmöglich von dir." Ungeeignet: Die Gefühle werden nicht benannt. Die Person wird abgewertet.	„Das hat mich geärgert, weil es mir wichtig ist, die Einladung bis zum Wochenende zu verschicken."
Auswirkungen auf die Situation, erwünschte Ziele benennen	„So schaffen wir es nie!" Ungeeignet: Es wird nicht konkret gesagt, was erreicht werden soll.	„Ich bitte dich daher, jetzt gleich anzufangen und die Einladung heute fertig zu machen."

16. Dialoge durch Fragen unterstützen

- Tauschen Sie sich mit einer anderen Studierenden über Ihre Erfahrungen aus, selbst Fragen zu stellen oder Fragen gestellt zu bekommen.

- Wählen Sie ein Bilderbuch aus und stellen Sie sich vor, Sie wollten darüber einen Dialog mit einem Kind führen bzw. setzen Sie dies in Ihrer Praxisstelle um. Welche Fragen können Sie zu welchem Bild stellen? Achten Sie darauf, dass es keine geschlossenen Fragen sind.

- Lassen Sie sich dabei von einer Mitstudierenden oder Ihrer Anleiterin beobachten, mit der Sie den Dialog anschließend reflektieren.

17. Grenzen setzen

Fassen Sie schriftlich zusammen, worauf es ankommt, wenn Sie als Erzieherin Grenzen setzen wollen.

▲ Persönliche Vorerfahrung ■ Fachkenntnisse

1.8.3 Organisieren

■ **1. Den privaten Alltag organisieren**

Rufen Sie sich Ihre vergangene Woche in Gedächtnis zurück und versuchen Sie, eine möglichst genaue und detaillierte Übersicht über Ihre Organisation in dieser Woche zu erstellen. Berücksichtigen Sie dabei organisatorische Vorgänge,

- die Sie erledigen mussten, weil andere (Personen oder Institutionen) sie verlangten,
- die Sie im Zusammenhang mit Ihrer Ausbildung erledigen konnten,
- für die Sie sich in Ihrem Privatleben entschieden haben.

Reflektieren Sie Ihre organisatorischen Entscheidungen dabei kritisch. Was hat sich bewährt, was nicht? Erstellen Sie zur Lösung dieser Aufgabe eine Tabelle nach folgendem Muster:

Organisatorische Aktivitäten	Detaillierte Beschreibung der organisatorischen Aktivitäten	Bewährt hat sich …	Nicht bewährt hat sich …	Verbessern würde ich …
…, die andere Personen oder Institutionen verlangten.				
…, die ich für meine Ausbildung erledigen konnte.				
…, für die ich mich in meinem Privatleben entschieden habe.				

● ◆ **2. Den beruflichen Alltag organisieren**

Führen Sie in einer Gruppe in der sozialpädagogischen Praxis ein einwöchiges Tagebuch, in dem Sie von Montag bis Freitag die Arbeitsabläufe und alle wichtigen organisatorischen Entscheidungen benennen und festhalten. Erstellen Sie dafür eine Tabelle nach folgendem Muster:

	Arbeitsabläufe einer Woche		
	Arbeitsabläufe	Begründung für die organisatorische Entscheidung	Was sich bewährt hat …	Was weiterentwickelt werden könnte …
Montag				
Dienstag				
Mittwoch				
Donnerstag				
Freitag				

■ **3. Die hierarchischen Organisationsstrukturen**

Erarbeiten Sie einen Überblick die personelle Organisation innerhalb einer sozialpädagogischen Einrichtung und über die Verwaltungsorganisation, in die die Einrichtung eingebettet ist. Entwickeln Sie dazu eine grafische Übersicht, die sowohl die hierarchischen Zusammenhänge als auch die wichtigsten Aufgaben der jeweiligen Entscheidungsträger bzw. -instanzen aufzeigt.

■ ● **4. Die lernende Organisation**

Nach Senge sind es fünf grundlegende Aufgaben, die in einer erfolgreichen Organisation zu erfüllen sind. Er bezeichnet diese Aufgaben als „Disziplinen":

- Personal Mastery
- Mentale Modelle
- Gemeinsame Visionen
- Team-Lernen
- Systemdenken

Erläutern Sie diese fünf Disziplinen einer Organisation und verdeutlichen Sie dabei, welche eigenen Beiträge ein Teammitglied in die Entwicklung des Gesamtteams einbringen sollte.

1.8.4 Erziehungs- und Bildungsprozesse planen

■ **1. Erziehungsplanung**

Beschreiben und erläutern Sie Sinn und Funktion sowie den Aufbau von Erziehungsplänen.

◆ **2. Einen Erziehungsplan erstellen**

Erinnern Sie sich an eine kritische pädagogische Situation, in der sich Ihre Eltern mit Ihnen als Kind oder Jugendlicher befanden. Entwickeln Sie die Skizze eines Erziehungsplans, der es Ihren Eltern erleichtert hätte, die Situation gemeinsam mit Ihnen zu bewältigen.

Erstellen Sie dazu eine Tabelle nach folgendem Muster und füllen Sie die Felder aus, die Ihnen im Rückblick wichtig erscheinen.

„Mein" Erziehungsplan			
	Aus meiner Sicht	Aus der Sicht meiner Eltern	Von meinen Eltern gewünschte Veränderungen	Von mir gewünschte Veränderungen
Typische Besonderheiten in meinem Verhalten				
Meine damaligen Stärken, Kompetenzen und Begabungen				
Besondere Ereignisse in meinem damaligen Lebenslauf				

▲ Persönliche Vorerfahrung ■ Fachkenntnisse

„Mein" Erziehungsplan				
	Aus meiner Sicht	Aus der Sicht meiner Eltern	Von meinen Eltern gewünschte Veränderungen	Von mir gewünschte Veränderungen
Besonderheiten in meinem Lebensraum				
Typisches Erziehungsverhalten meiner Eltern				
Die wichtigsten Erziehungsziele meiner Eltern				
Methoden, mit denen meine Eltern ihre Ziele zu erreichen versuchten				
Methoden, mit denen meine Eltern ihre Ziele wahrscheinlicher hätten erreichen können				

3. Bildungsplanung

Beschreiben und erläutern Sie Sinn und Funktion sowie den Aufbau von Bildungsplänen.

2 Kinder und Jugendliche im Blick

2.1 Lebenswelten von Kindern und Jugendlichen

2.1.1 Der Alltag

1. Bestimmungsfaktoren des Alltags

Sozialpädagogische Fachkräfte müssen die Kinder und Jugendlichen, für die sie verantwortlich sind, verstehen, um sie auf dieser Grundlage bestmöglich stärken und fördern zu können.

Beschreiben und erläutern Sie ausführlich, was den Alltag der Kinder und Jugendlichen wesentlich bestimmt.

2.1.2 Lebensweltorientierung

1. Lebensweltorientierte sozialpädagogische Praxis

- Erklären Sie, was unter Lebensweltorientierung zu verstehen ist und welche Bedeutung sie für die konkrete sozialpädagogische Arbeit hat.

- Erläutern Sie, was unter den Dimensionen lebensweltorientierter sozialpädagogischer Praxis zu verstehen ist und nennen bzw. erklären Sie diese.

2. Ziele lebensweltorientierter sozialpädagogischer Praxis

Eine an den Lebenswelten der Kinder und Jugendlichen orientierte sozialpädagogische Praxis verfolgt wesentliche Ziele, die für die Lebensbewältigung der Kinder und Jugendlichen aktuell und zukünftig von großer Bedeutung sind:
- Vorbeugung
- Integration
- Teilhabe

Erläutern Sie diese Ziele und vergleichen Sie sie mit den Aufgaben, die sich für die sozialpädagogische Praxis aus dem KJHG und aus der UN-Kinderrechtskonvention ergeben.

2.1.3 Die Kinder- und Jugendberichte der Bundesregierung

1. Die Analyse des 11. Kinder- und Jugendberichts

In allen Gesellschaften entstehen – immer wieder aufs Neue – soziale Unterschiede und Ungleichheiten. Die Mitglieder der Gesellschaften unterscheiden sich nach Gruppen, Milieus und sozialen Schichten, denen sie jeweils angehören. Die Lebenswelten sind vielfältiger und individualisierter geworden. Die Menschen verfügen allerdings zunehmend über zum Teil gravierend unterschiedliche Chancen. Dafür spielen unter anderem die große Zahl an Arbeitslosen, eine zunehmende Armut in bestimmten Bevölkerungskreisen sowie die nach wie vor bestehenden Unterschiede im Lebensstandard Ost- und Westdeutschlands eine wesentliche Rolle.

Erläutern Sie die Bedeutung der folgenden Faktoren für die Lebenssituationen von Kindern und Jugendlichen:
- das Geschlecht (Junge oder Mädchen)
- die Bildung
- die Familie
- die Region
- die Migration
- das Lebensalter
- der Medienkonsum

2. Konzeptionelle Antworten

Entwickeln Sie 15 Thesen zur Frage, was in den verschiedenen sozialpädagogischen Arbeitsfeldern geschehen müsste, um die Lebenssituationen vieler Kinder, Jugendlicher und Familien zu erleichtern. Beziehen Sie Ihre Überlegungen sowohl auf die notwendige Bildung als auch auf die Stärkung ihrer Persönlichkeiten.

2.2 Entwicklung und Sozialisation

▲ ■ **1. Entwicklung**

Stellen Sie sich folgende Situation vor:

> **Beispiel**
> *Sie sind heute Abend auf einer Grillparty eingeladen und dort fragt Sie jemand: „Sag mal, es heißt doch immer, der Mensch entwickelt sich ein Leben lang. Was heißt das in eurem Fach Psychologie eigentlich genau: Entwicklung des Menschen?"*
> *Was sagen Sie dann? Sie, Erzieherin oder Erzieher im ersten Jahr der Ausbildung, denken schnell an verschiedene Dinge, die Sie zum Begriff Entwicklung gelesen oder gehört haben, aber es bereitet Ihnen Schwierigkeiten, spontan und angemessen auf diese Frage zu reagieren. „Ist doch eigentlich leicht", dachten Sie noch im ersten Moment. Und jetzt?*

- Notieren Sie in drei Minuten alles, was Ihnen zum Wort *Entwicklung* einfällt. Beziehen Sie sich dabei auch auf die Begriffe *Vererbung*, *Reifung*, *Lernen* und *Sozialisation*.

- Formulieren Sie mithilfe Ihrer Notizen eine kurze Definition: *Entwicklung* ist für mich …

- Legen Sie nun in Ihrer Gruppe alle Definitionen nebeneinander oder hängen Sie sie an eine Wand im Klassenraum. Die Definitionen werden nacheinander unkommentiert vorgelesen. Besprechen Sie anschließend in der Gruppe, welche Gemeinsamkeiten zu finden sind und welche Inhalte ggf. vermisst werden.

- Vergleichen Sie Ihre Definition und die anderen der Lerngruppe anschließend mit der, die Sie im Studienbuch finden, und recherchieren Sie nach weiteren Definitionen.

2.2.1 Zusammenspiel von Anlage und Umwelt

▲ ■ **1. „Ganz der Papa!?"**

Kinder ähneln ihren Eltern (mal mehr, mal weniger) sowohl in Bezug auf äußere Merkmale als auch auf Persönlichkeitsmerkmale.

- Welche Merkmale, Eigenschaften, Verhaltensweisen, die Sie an Ihren Eltern bzw. auch anderen wichtigen Bezugspersonen beobachten, erkennen Sie bei sich selbst wieder?

- Worauf führen Sie die Ähnlichkeiten jeweils zurück?

- Betrachten Sie das folgende Schaubild. Überlegen Sie: Welcher Mensch, welche erlebte Situation hat Sie nachhaltig negativ oder positiv geprägt? Was bedeutet Prägung im Unterschied zu Vererbung?

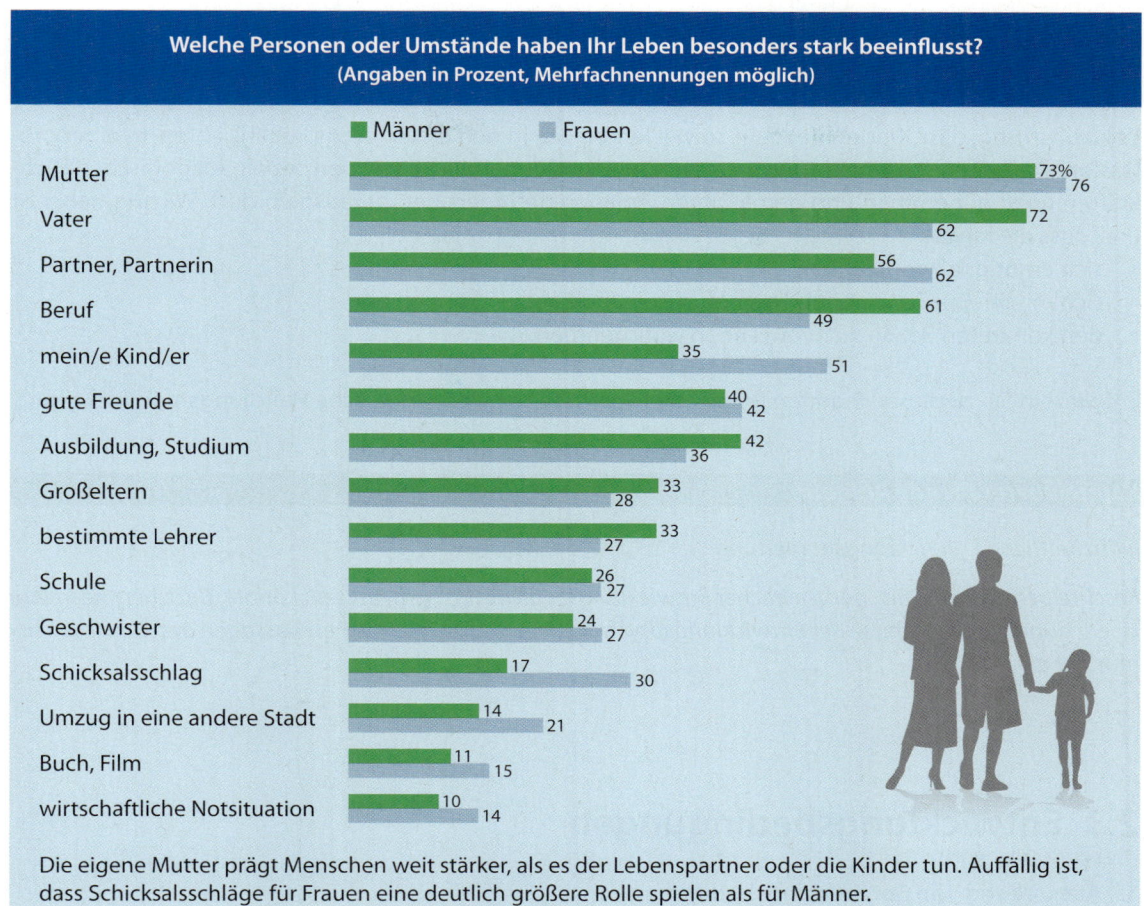

Welche Personen oder Umstände haben Ihr Leben besonders stark beeinflusst?
(Angaben in Prozent, Mehrfachnennungen möglich)

■ Männer   ■ Frauen

	Männer	Frauen
Mutter	73%	76
Vater	72	62
Partner, Partnerin	56	62
Beruf	61	49
mein/e Kind/er	35	51
gute Freunde	40	42
Ausbildung, Studium	42	36
Großeltern	33	28
bestimmte Lehrer	33	27
Schule	26	27
Geschwister	24	27
Schicksalsschlag	17	30
Umzug in eine andere Stadt	14	21
Buch, Film	11	15
wirtschaftliche Notsituation	10	14

Die eigene Mutter prägt Menschen weit stärker, als es der Lebenspartner oder die Kinder tun. Auffällig ist, dass Schicksalsschläge für Frauen eine deutlich größere Rolle spielen als für Männer.

(GEO WISSEN, Nr. 43/2, 2009, S. 29)

◆ 2. Einen Leserbrief schreiben

Setzen Sie sich mit den folgenden Zitaten aus GEO WISSEN (Heft 43, 2009) auseinander und formulieren Sie einen eigenen Standpunkt in Form eines Leserbriefs. Gehen Sie dabei darauf ein, inwiefern es sich bei dem Einfluss von Anlage und Umwelt auf die Entwicklung des Menschen um ein komplexes Wechselspiel handelt.

„Wer sich Muskeln antrainiert, bekommt nicht unbedingt starke Kinder."

„Unser Schicksal ist in den Buchstaben des Erbguts festgeschrieben. Diese These über die Allmacht des DNS steckt in vielen Köpfen. Sie ist aber falsch. Gene lassen mehr Variationen zu, als gemeinhin angenommen."

▲ 3. Eine Zeitreise

Und früher? Hätten Wissenschaftler wie Remo Largo, Donata Elschenbroich und Gerald Hüther zu jeder Zeit ungeteilte Zustimmung bekommen?

Begeben Sie sich einmal auf eine Art „Zeitreise" in die Geschichte der Entwicklungspsychologie und recherchieren Sie gegenteilige Positionen zum Stellenwert des Einflusses von Anlage und Umwelt auf die Entwicklung des Menschen. Berücksichtigen Sie dabei die Stichworte „Sozial-Darwinismus" und „Nationalsozialismus". Sie können auf Ihrer „Zeitreise" auch Erkenntnisse aus benachbarten Lernbereichen (z. B. Biologie, Politik oder Religion) hinzuziehen.

Gruppe der Hitlerjugend „Berliner Pimpfe" (10- bis 14-Jährige)

2.2.2 Sozialpädagogische Herausforderung Kindertagesstätte

◆ **1. Praktische sozialpädagogische Maßnahmen**

Es ist unstrittig, dass Kinder nie mehr so viel lernen wie in den ersten sechs Lebensjahren. In einer professionell arbeitenden Einrichtung werden Kinder und Jugendliche von den sozialpädagogischen Fachkräften ernst genommen und gemäß ihren Anlagen gefördert und herausgefordert. Wichtig dabei ist u. a., dass die Kinder

- sich emotional wohl fühlen,
- sich mit ihren momentanen Themen auseinandersetzen können und
- den konkreten Bezug zu ihrem Leben wahrnehmen.

Entwickeln Sie zu diesen Punkten jeweils drei konkrete sozialpädagogische Handlungsmöglichkeiten.

Kapitelübergreifende Aufgabe

Ganzheitliche Entwicklungsbegleitung

Beschreiben Sie, was mit „ganzheitlicher Entwicklungsbegleitung" gemeint sein könnte. Beziehen Sie in Ihre Überlegungen Erkenntnisse der Entwicklungspsychologie und die wesentlichen Aussagen des Konstruktivismus mit ein.

2.3 Entwicklungsbedingungen

■ **1. Auswirkung von Entwicklungsbedingungen**

- Welche drei Faktoren beeinflussen die Entwicklung des Menschen? Konkretisieren Sie den Faktor „Umwelteinflüsse".

- Zeigen Sie an konkreten Beispielen, wie sich die verschiedenen Entwicklungsbedingen auswirken. Nennen Sie dabei mindestens ein Beispiel zu jedem der drei Faktoren.

■ **2. Phasen der Entwicklung**

Erläutern Sie anhand von Beispielen, was mit kritischen und sensiblen Phasen der Entwicklung gemeint ist.

● **3. Wechselwirkung von Entwicklungsbedingungen**

▶ *Beispiel*
Tom, 17 Jahre alt, spielt seit acht Jahren Schlagzeug. Schon früh wurde er von seinen Eltern dazu motiviert, ein Instrument zu lernen. Die Eltern waren der Ansicht, dass er sehr begabt sei. Als erstes Instrument wählte Tom die Gitarre aus, aber nach einem Jahr gab er das Gitarrespielen auf, da es ihm keinen Spaß machte. Die Eltern waren darüber sehr enttäuscht, akzeptierten die Entscheidung von Tom jedoch. Sie wollten ihn zu nichts zwingen. Toms Interesse für Musik blieb aber und seine Eltern bemerkten, dass er sich für das Schlagzeugspielen interessierte. Der Vater schlug vor, ein Schlagzeug zunächst zu leihen, und organisierte einen Musiklehrer. Mittlerweile hat Tom ein eigenes Schlagzeug und spielt in der Schulband, mit der er auch am Wochenende schon mal einen Auftritt hat.

- Beschreiben Sie, welche Entwicklungsbedingungen Tom beeinflusst haben.

- Zeigen Sie die Wechselwirkung von Entwicklungsbedingungen auf.

2.4 Kinder im Alter von 0 bis 3 Jahren

2.4.1 Vorgeburtliche Entwicklung

1. Entwicklung im Mutterleib

- Ab der wievielten Schwangerschaftswoche spricht man nicht mehr vom Embryo, sondern vom Fötus?
- Wann beginnen sich Arme und Beine zu bewegen?
- Ab wann hört das Ungeborene?
- Wann wird hell und dunkel unterschieden?
- Wie groß und wie schwer ist das ungeborene Leben in der 8., 25. und 36. Schwangerschaftswoche?
- Welchen Risikofaktoren ist der Fötus vor der Geburt ausgesetzt?

2.4.2 Erste Entwicklungsaufgaben

1. Was ist eine Entwicklungsaufgabe?

- Beschreiben Sie mit eigenen Worten, was eine Entwicklungsaufgabe ist.
- Reflektieren Sie die Bedeutung einiger wichtiger Entwicklungsaufgaben und Ihrer Lösungen in Ihrem bisherigen Lebenslauf.

2.4.3 Das erste Lebensjahr (0 bis 1 Jahr)

1. Das erste Lebensjahr

Die folgenden Wissensfragen beziehen sich unmittelbar auf das Kapitel des Studienbuches. Dieses Kapitel hat die Aufgabe, Ihnen einen Überblick über die Entwicklung des Kindes im ersten Lebensjahr zu geben. Mit der Beantwortung der Fragen erhalten Sie die Möglichkeit, sich den für die vertiefende Arbeit erforderlichen Überblick zu verschaffen. Was wissen Sie über …

- die Entwicklung des Säuglings in den ersten drei Monaten? Beziehen Sie sich bei Ihrer Antwort auf die verschiedenen Sinne und die Motorik.
- die kognitive Entwicklung nach Jean Piaget?
- die Begrifflichkeiten der „Assimilation", „Akkommodation", „Adaption" und „Äquilibration"?
- die sensomotorischen Stadien nach Piaget?
- Kritikpunkte zu Piagets kognitiver Theorie?
- Bindungsverhalten zu Bezugspersonen?
- Bindungstypen?
- Resilienz?
- das Fremdeln von Kindern?
- die emotionale Entwicklung?
- die Sprachentwicklung im ersten Lebensjahr?
- die Definition von Spiel?

Fertigen Sie dazu eine Tabelle nach folgendem Muster an und halten Sie darin Ihr Wissen in Stichworten fest.

Nr.	Thematik	Meine Kenntnisse
1		
2		
3		

Achten Sie darauf, dass die einzelnen Zeilen groß genug für Ihre Antworten sind. Überprüfen Sie Ihre Antworten mithilfe Ihres Studienbuches.

2. Was kann der Säugling?

Erstellen Sie eine Mindmap, die den Entwicklungsstand eines ca. 12 Monate alten Säuglings darstellt.

3. Beispiel eines kognitiven Schemas

Beispiel

Ein ca. zweijähriges Kind hat bereits erste Erfahrungen mit einem Hund gesammelt (z. B. aus Büchern, durch Spaziergänge oder Besuche bei anderen Menschen, die einen Hund haben). Nun trifft es auf andere Hunde.

Die folgende Grafik zeigt, wie das Kind sein bisheriges Schema verändert bzw. neue Erfahrungen in ein bereits vorhandenes Schema integriert werden:

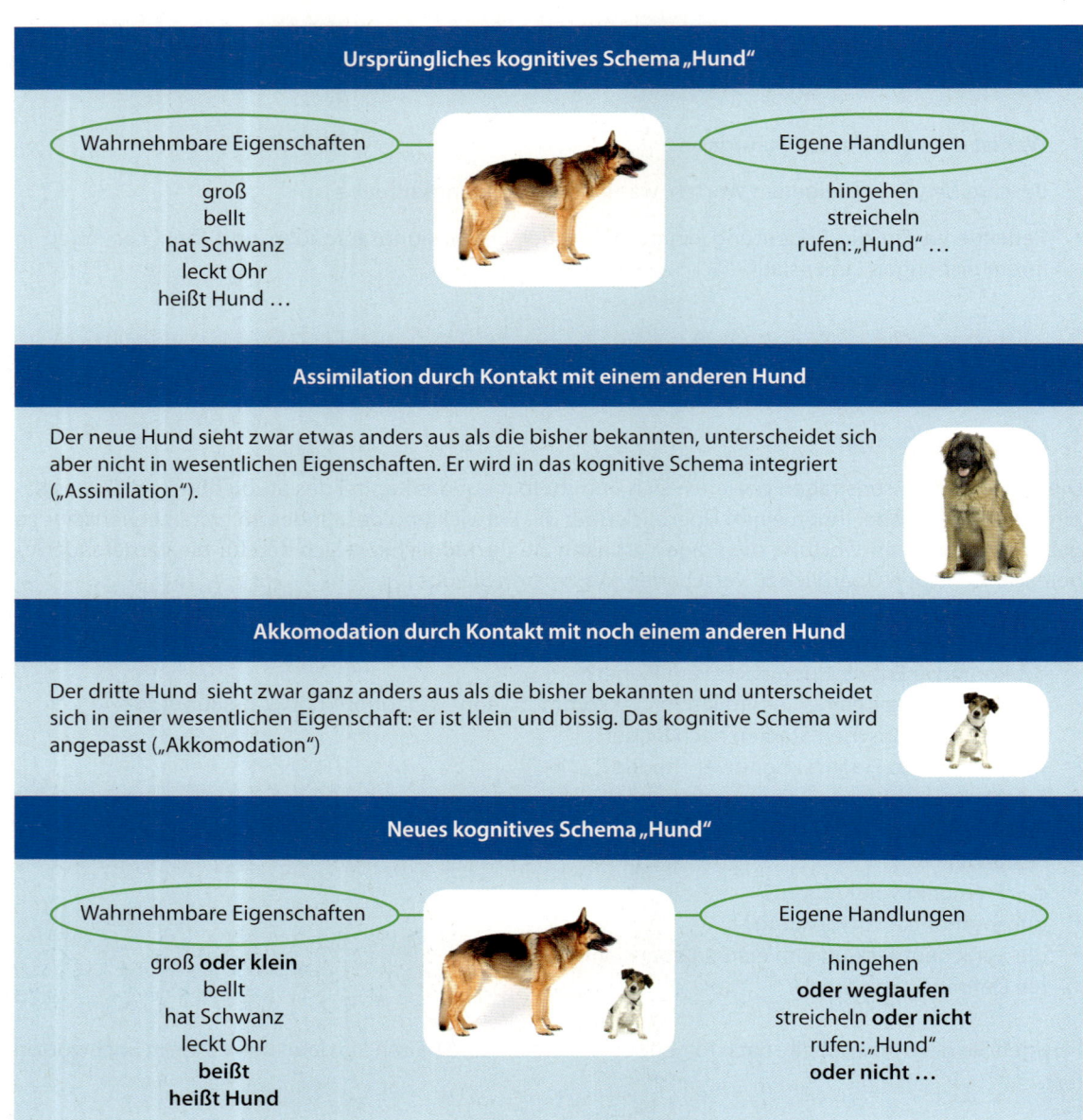

(Jaszus u. a., 2008, S. 279, geändert)

- Erklären Sie anhand der Abbildung den Aufbau eines Schemas nach Piaget mit eigenen Worten.

- Erstellen Sie im Team ein anderes typisches Schema eines Kindes.

- Präsentieren Sie dies vor der Lerngruppe.

▲ Persönliche Vorerfahrung ■ Fachkenntnisse

● **4. Welcher Bindungstyp liegt vor?**

Lesen Sie die folgende Schilderung einer Videosequenz und entscheiden Sie, welcher Bindungstyp jeweils vorliegt. Begründen Sie Ihre Entscheidung.

▶ *Beispiel 1:*
Ein zwölf Monate altes Kind nimmt einen Spielzeugkran vom Boden auf und zeigt ihn seiner Mutter. Die Mutter schaut auf, das Kind krabbelt auf sie zu, sie lächelt, das Kind strahlt und krabbelt zurück zum unbekannten Spielzeugkran mit dem sicheren Gefühl von Anteilnahme im Rücken. Dann verlässt die Mutter den Raum und eine fremde Person kommt in das Zimmer. Das Kind beginnt zu weinen, unruhig krabbelt es umher, bis die Mutter zurückkommt. Erst nachdem es die Hand der Mutter berührt hat, wendet es sich wieder dem Spielzeugkran zu.

Beispiel 2:
Ein anderes zwölf Monate altes Kind sitzt ebenfalls auf dem Boden und spielt mit dem Spielzeugkran. Dieses Kind schaut nicht einmal auf, als die Mutter den Raum verlässt und die Fremde den Raum betritt. Das Spiel ist nicht sehr intensiv, aber das Kind beschäftigt sich weiter mit dem Spielzeug. Als die Mutter den Raum wieder betritt, wirkt das Kind ebenso unbeteiligt. Das Herz des Kindes schlägt allerdings schneller als das des Kindes im ersten Beispiel.

■ **5. Bindung und Resilienz**

- Zählen Sie Aspekte auf, die eine gute Mutter-Kind-Bindung entstehen lassen.

- Wie können Erzieherinnen die Resilienz von kleinen Kindern im Alltag stärken? Veranschaulichen Sie Ihre Ideen.

2.4.4 Das zweite Lebensjahr (1 bis 2 Jahre)

■ **1. Das zweite Lebensjahr**

Die folgenden Wissensfragen beziehen sich unmittelbar auf das Kapitel des Studienbuches. Dieses Kapitel hat die Aufgabe, Ihnen einen Überblick über die Entwicklung des Kindes im zweiten Lebensjahr zu geben. Mit der Beantwortung der Fragen erhalten Sie die Möglichkeit, sich den für die vertiefende Arbeit erforderlichen Überblick zu verschaffen. Was wissen Sie über …
- die körperliche und motorische Entwicklung im zweiten Lebensjahr?
- die kognitive Entwicklung?
- die Sprachentwicklung?
- soziale Beziehungen und die „Compliance"?
- die Trotzphase?
- das Spielverhalten?

Fertigen Sie dazu eine Tabelle nach folgendem Muster an und halten Sie darin Ihr Wissen in Stichworten fest.

Nr.	Thematik	Meine Kenntnisse
1		
2		
3		

Achten Sie darauf, dass die einzelnen Zeilen groß genug für Ihre Antworten sind. Überprüfen Sie Ihre Antworten mithilfe Ihres Studienbuches.

● ◆ **2. Das ist meins – wenn Kinder besitzen wollen**

Mit 18 bis 24 Monaten beginnt die Entwicklung des Selbstkonzepts. Das Kind erlebt sich selbst als Person und versucht, sich von anderen abzugrenzen. Im Alter ab ca. 10 Monaten werden Gegenstände häufig zur Kontaktaufnahme mit Gleichaltrigen und Erwachsenen benutzt, mit zunehmendem Alter werden diese Mechanismen komplexer (z. B. Geben, Zeigen, Vorführen, Teilen, Zuwerfen etc.). Über den Besitz von begehrten Gegenständen entzünden sich auch im zweiten Lebensjahr bereits Konflikte. Kleinstkinder verhalten sich meist schon nach der Regel: Wer den Gegenstand zuerst hat, darf ihn auch (vorübergehend) behalten. Kinder, die einen Gegenstand „klauen", wirken unsicher und gestresst. Meist legen sie den Gegenstand irgendwo ab, ohne damit gespielt zu haben. Kleinstkinder lassen sich nichts einfach wegnehmen,

men, sie protestieren oft sehr erfolgreich. Allerdings beschwert sich nicht jedes Kind gegen ungerechte Behandlung und Übergriffe. Besonders schüchterne Kinder lassen sich Gegenstände wegnehmen und werden in ihrem Spiel unterbrochen. Der Wunsch, etwas zu besitzen, wird um den zweiten Geburtstag herum immer stärker. Die Kinder halten den Gegenstand fest, umklammern ihn oder setzen sich darauf. Auffällig ist, dass ein Kind sich meist schon mit dem Erhalten oder Behalten eines Gegenstandes zufriedengibt, ohne überhaupt damit zu spielen. Es geht um das Haben. Es geht jetzt aber auch darum, inwiefern ein Gegenstand erfolgreich verteidigt werden kann, wer den Gegenstand zuvor hatte, wer ihn danach bekommt und wer ihn keinesfalls erhalten soll. Das Erleben und Erkennen der eigenen Wirksamkeit und Durchsetzungskraft steht im Vordergrund. Körperliche und massive verbale Aggressionen sollten an dieser Stelle allerdings nicht zur Selbstverständlichkeit werden. Kinder müssen die Möglichkeit haben, komplexe Handlungen wie das Teilen, Tauschen, Leihen und Schenken zu üben und brauchen verständnisvolle und sensible, aber auch konsequente Erzieherinnen, die diese Prozesse unterstützen und faires Handeln auch vorleben (vgl. Haug-Schnabel/Bensel, 2009, S. 42 ff.).

- Lesen Sie den Text und fassen Sie die zentralen Aussagen zusammen.

- Entwickeln Sie ein Rollenspiel, in dem zunächst ein typischer Konflikt zwischen Kindern zu dem Thema „Geben und Nehmen" dargestellt wird (ohne aktive Beteiligung einer Erzieherin).

- Wie könnte eine Erzieherin sich nun verhalten? Spielen Sie die Szene diesmal mit Erzieherin und entwickeln Sie Lösungsansätze unter Berücksichtigung entwicklungspsychologischer Erkenntnisse.

- Reflektieren Sie Ihre Ergebnisse kritisch im Plenum.

3. Immer diese Wutanfälle …

▶ *Beispiel*

Sie arbeiten als Erzieherin in der Kindertagesstätte „Kleine Flöhe". Morgens bekommen Sie folgenden Gesprächsauschnitt zwischen zwei Müttern mit:

„Sagen Sie mal, ist Ihre Tochter im Moment auch schwierig?", fragt Frau Maier.

Frau Kluge: „Wieso? Was meinen Sie?"

Frau Maier: „Der Lukas treibt mich in den Wahnsinn, er ist immer so bockig und bekommt unglaubliche Wutanfälle, wenn es nicht nach seinen Wünschen geht. Gestern hat er sich in der Küche auf den Boden geworfen, weil ich ihm einen kaputten Butterkeks geben wollte. Die Packung war ganz neu und mir sind die ersten Kekse zerbrochen. Er ist blau angelaufen vor Wut. Ich hab ihm dann erstmal mit einem kalten Waschlappen durchs Gesicht gewischt und bin raus auf die Terrasse. Ich konnte das Geschrei nicht ertragen. Wie kann man sich nur so aufregen?"

Frau Kluge: „Das kenne ich von meiner Tochter auch, ich habe sie letztens deswegen sehr laut angeschrien, aber geholfen hat das auch nicht wirklich. Ich bemühe mich jetzt, noch strenger zu sein."

Frau Maier: „Meinen Sie, das hilft? Ich frage später mal die Erzieherin, wie sie mit den Wutanfällen umgeht."

Der zweijährige Lucas besucht erst seit Kurzem Ihre Kindertageseinrichtung und bisher haben Sie noch keinen Wutanfall miterlebt. Sie kommen dennoch ins Grübeln.

Entwerfen Sie einen möglichen Gesprächsleitfaden. Was könnten Sie der Mutter antworten? Gehen Sie dabei auf entwicklungspsychologische Aspekte und unterschiedliche Handlungsmöglichkeiten ein.

2.4.5 Das dritte Lebensjahr (2 bis 3 Jahre)

1. Das dritte Lebensjahr

Die folgenden Wissensfragen beziehen sich unmittelbar auf das Kapitel des Studienbuches. Dieses Kapitel hat die Aufgabe, Ihnen einen Überblick über die Entwicklung des Kindes im dritten Lebensjahr zu geben. Mit der Beantwortung der Fragen erhalten Sie die Möglichkeit, sich den für die vertiefende Arbeit erforderlichen Überblick zu verschaffen. Was wissen Sie über …

- die Motorik eines Kindes im dritten Lebensjahr?
- die Sauberkeitserziehung?
- die kognitive und soziale Entwicklung?
- die Fortschritte in der Sprachentwicklung?
- die emotionale Entwicklung?
- die Spielentwicklung?

Fertigen Sie dazu eine Tabelle nach folgendem Muster an und halten Sie darin Ihr Wissen in Stichworten fest.

Nr.	Thematik	Meine Kenntnisse
1		
2		
3		

Achten Sie darauf, dass die einzelnen Zeilen groß genug für Ihre Antworten sind. Überprüfen Sie Ihre Antworten mithilfe Ihres Studienbuches.

2. Sauberkeitserziehung

▶ *Beispiel*

Sie arbeiten in der Kindertageseinrichtung „Flinke Mäuschen" in einer Gruppe, in der zehn Kinder im Alter von 0 bis 3 Jahren betreut werden. Lisas Mutter hat sich in den Kopf gesetzt, dass Lisa (21 Monate alt) an ihrem dritten Geburtstag keine Windel mehr tragen soll. Die Mutter erzählt Ihnen morgens beim Bringen, dass ihre Tochter am Wochenende bereits tagsüber einige Stunden ohne Windel ausgehalten hat. Sie werde immer zu bestimmten Zeiten auf die Toilette gesetzt und das klappe prima. Sie wollen gerade erläutern, dass das in der Einrichtung nur bedingt möglich ist, da zupft Lisa ihre Mutter am Arm: „Mama, ich habe gerade Pipi ge-

macht!" Ein kleiner See hat sich auf dem Boden des Flurs gebildet. Die Mutter beginnt zu schimpfen: „Mensch Lisa, was soll das denn jetzt? Das kannst du aber besser. Jetzt muss ich dich hier noch umziehen, so ein Ärger! Jetzt kriegst du erstmal wieder eine Windel." Sie hören angespannt zu. Und weil Lisa schon fast weint, bieten Sie der Mutter an, dass Sie das Mädchen umziehen: „Gehen Sie mal zur Arbeit, Frau Schnell, ich mach das hier schon!"
Die Mutter macht schnaubend kehrt und geht, ohne sich richtig zu verabschieden. Lisa schaut beschämt zu Boden. Sie trösten zunächst die kleine Lisa und bereiten sich auf ein Gespräch mit der Mutter vor.

- Erläutern Sie in eigenen Worten die wichtigsten Aspekte der Sauberkeitserziehung.

- Entwickeln Sie eine Handlungsstrategie für den Umgang zu Hause und in der Kindertageseinrichtung zum Thema Sauberkeitserziehung.

- Bereiten Sie ein Beratungsgespräch mit Lisas Mutter vor.

Beziehen Sie das Kap. 2.5.2 im Studienbuch ebenfalls mit ein, um Lösungswege zu finden.

2.5 Kinder im Alter von 3 bis 6 Jahren

2.5.1 Entwicklungsaufgaben in der frühen Kindheit

▲ 1. Entwicklungsaufgaben

- Erstellen Sie eine Grafik oder eine Mindmap, in der zentrale Entwicklungsaufgaben von Kindern im Alter von 3 bis 6 Jahren deutlich werden.

- Präsentieren Sie Ihre Ergebnisse im Plenum und begründen Sie Ihre Auswahl.

2.5.2 Das vierte Lebensjahr (3 bis 4 Jahre)

■ 1. Das vierte Lebensjahr

Die folgenden Wissensfragen beziehen sich unmittelbar auf das Kapitel des Studienbuches. Dieses Kapitel hat die Aufgabe, Ihnen einen Überblick über die Entwicklung des Kindes im vierten Lebensjahr zu geben. Mit der Beantwortung der Fragen erhalten Sie die Möglichkeit, sich den für die vertiefende Arbeit erforderlichen Überblick zu verschaffen. Was wissen Sie über …

- das Berliner Modell?
- die motorischen Fähigkeiten des Kindes?
- Sauberkeitserziehung?
- Perspektivübernahme?
- die Phasen der Eingewöhnung in eine Gruppe?
- die Entwicklung der Sprache?
- Funktionen des Spiels?
- Symbolspiele?
- Konstruktionsspiele?
- Rollenspiele?
- Regelspiele?

Fertigen Sie dazu eine Tabelle nach folgendem Muster an und halten Sie darin Ihr Wissen in Stichworten fest. Zu den Spielformen beziehen Sie auch die Erläuterungen in Kap. 2.4.5 im Studienbuch mit ein.

Nr.	Thematik	Meine Kenntnisse
1		
2		
3		

● 2. „Mama geht, ich bleibe" – erste Trennungsversuche während der Eingewöhnung

„Wenn das Kind bereits ein Stück weit zur Bezugserzieherin orientiert ist, wird – meist nach drei Tagen – ein erster Trennungsversuch unternommen, um zu testen, wie tragfähig die Beziehung zwischen Erzieherin und Kind bereits ist. Hierfür verlässt die Mutter für eine halbe Stunde den Gruppenraum, nicht ohne sich zuvor bewusst und deutlich vom Kind verabschiedet zu haben, keinesfalls sollte sie sich davonschleichen. Der Abschied sollte kurz und klar sein, ohne doppeldeutige Botschaften, in denen Zweifel mitschwingen, ob das Kind auch ohne seine Mutter zurechtkommen wird. Tut sich die abgebende Mutter schwer damit, sollte sie die Eingewöhnung vielleicht eher ihrem Mann oder einer anderen dem Kind vertrauten Familienperson oder seiner bisherigen Tagesmutter überlassen. In dieser Hinsicht sollte die Bezugserzieherin hellhörig sein und notfalls beratend eingreifen. Die Reaktion des Kindes entscheidet dann, ob es für eine längere Trennung noch zu früh ist oder man die Zeit ohne Mutter in den nächsten Tagen schrittweise ausdehnen kann."
(Haug-Schnabel/Bensel, 2008, S. 43)

- Geben Sie die Kernaussagen des Textes mit eigenen Worten wieder.

- Begründen Sie entwicklungspsychologisch, inwiefern die Eingewöhnung eine Entwicklungsaufgabe für Kinder darstellt.

◆ ### 3. Unterstützung bei der Eingewöhnung

- Recherchieren Sie zu dem Thema „Eingewöhnung in der Kindertageseinrichtung" und erstellen Sie eine Liste, die die wichtigsten Aspekte einer guten Eingewöhnung beinhaltet.

- Besuchen Sie eine Kindertageseinrichtung und hospitieren Sie während der Eingewöhnungsphase (August bis September). Beobachten Sie im Flur und/oder in der Gruppe Abschiedsszenen von Eltern und Kindern:

  – Welche Verhaltensweisen können Sie bei Eltern, Kindern und Erzieherinnen beobachten?

  – Welche Handlungsweisen der Erzieherinnen unterstützen die Kinder beim Bewältigen des Trennungsschmerzes bzw. Abschiednehmen?

- Wo erkennen Sie Gemeinsamkeiten und Unterschiede?

- Unter Umständen sind Hospitationen in der Phase der Eingewöhnung nicht erwünscht; interviewen Sie eine Erzieherin zu den zentralen Aspekten der Eingewöhnungsphase.

- Werten Sie Ihre Beobachtungen und Interviews kritisch im Plenum aus.

2.5.3 Das fünfte Lebensjahr (4 bis 5 Jahre)

■ ### 1. Das fünfte Lebensjahr

Die folgenden Wissensfragen beziehen sich unmittelbar auf das Kapitel des Studienbuches. Dieses Kapitel hat die Aufgabe, Ihnen einen Überblick über die Entwicklung des Kindes im fünften Lebensjahr zu geben. Mit der Beantwortung der Fragen erhalten Sie die Möglichkeit, sich den für die vertiefende Arbeit erforderlichen Überblick zu verschaffen. Was wissen Sie über ...

- die motorischen Fähigkeiten des Kindes?
- die Entwicklung von Moral und die Orientierung an Normen?
- soziale Kompetenzen?
- die psychosexuelle Entwicklung?
- den Umgang mit sexuellen Themen in der pädagogischen Praxis?
- Literacy?
- die Entwicklung des Spiels im fünften Lebensjahr?

Fertigen Sie dazu eine Tabelle nach folgendem Muster an und halten Sie darin Ihr Wissen in Stichworten fest.

Nr.	Thematik	Meine Kenntnisse
1		
2		

◆ ### 2. Eine Leseecke einrichten

▶ **Beispiel**
Sie arbeiten in der Kindertagesstätte „Michaelisplatz" in der Gruppe „Sonnenkäfer". Hier werden 25 Kinder im Alter von 3 bis 6 Jahren betreut. Ihnen ist aufgefallen, dass die Bücher in der Leseecke nicht mehr genutzt werden, sondern häufig lieblos in der Ecke liegen oder als Sprungschanze für Autos dienen. Ihre Kollegin und Sie wollen das nicht mehr mit ansehen und beschließen, die Leseecke für die Kinder wieder attraktiv zu machen (Literacy-Erziehung).

- Entwickeln Sie Kriterien für eine geeignete Bilderbuchauswahl. Berücksichtigen Sie dabei auch die unterschiedlichen sprachlichen Kompetenzen der Altersspanne 3 bis 6 Jahre.

- Welche Aspekte sind darüber hinaus zu berücksichtigen, um die Leseecke wieder für Kinder attraktiv zu gestalten?

- Stellen Sie Ihre Ergebnisse im Team vor.

■ ● **3. Was ist normal? – Doktorspiele im Kindergarten**

▶ *Beispiel*

Eine Mutter berichtet ihren beiden Freundinnen Folgendes:

„Meine Tochter (4;7 Jahre) hat mit erzählt, dass sie sich fast täglich mit drei anderen Jungs (zwischen 4 und 5 Jahren alt) im Kindergarten hinter einem Schuppen auszieht. Einer schaut immer, dass die Luft rein ist, dann zieht sich einer nach dem anderen aus und jeder schaut den anderen genau an. Anschließend sagen sie sich, dass sie nichts erzählen dürfen. Das geht seit einigen Monaten schon. Meine Tochter sagt, dass sie erst nicht wollte, dann durch ihren besten Freund überredet wurde. Sie macht dies nur, wenn er dabei ist. Mit den anderen beiden hat sie weniger Kontakt, es sind keine sehr guten Spielfreunde. Alleine mit denen zieht sie sich nicht aus.

Ich mache mir Sorgen, ob das alles so in Ordnung ist. Sind Doktorspiele nicht nur etwas für zwei? Muss sie sich denn jeden Tag ausziehen? Was meint ihr denn dazu?"

Freundin 1:„Ich finde das nicht normal und würde mal das Gespräch mit den Erzieherinnen und den anderen Eltern suchen."

Freundin 2:„Das ist nur so eine Phase und gehört zum Erwachsenwerden dazu – aber sprich mal mit den Erzieherinnen."

- Wie ordnen Sie das Verhalten der Kinder aus entwicklungspsychologischer Sicht ein?

- Bereiten Sie in Zweiergruppen das Gespräch mit der Mutter vor und präsentieren Sie dieses in einem Rollenspiel.

- Entwickeln Sie Handlungsmöglichkeiten, wie Sie als Erzieherin im sozialpädagogischen Alltag mit dieser oder einer ähnlichen Situation in Zukunft umgehen.

◆ **4. Spielen verstehen – Impulsmöglichkeiten**

▶ *Beispiel*

Drei Mädchen (1;7, 4;2 und 4;5 Jahre alt) und zwei Jungen (3;8 und 4;0 Jahre alt) spielen „Großfamilie". Die Älteren haben die Rollen verteilt, dem körperlich kleinsten und jüngsten Mädchen wird die Rolle des Babys zugewiesen. Ein älteres Mädchen unterstreicht dies mit den Worten: „Du bist jetzt das Baby, leg' dich in die Wiege und schlafe." Nach kurzer Zeit kommt es zum Streit. Das „Baby" wird immer wieder zurück in die Wiege gebracht, was es mit Schreien und körperlicher Gegenwehr versucht zu verweigern. Es ist den anderen aber körperlich unterlegen.

- Analysieren Sie unter entwicklungspsychologischen Aspekten, warum es beim Zusammenspiel der Kinder zu Schwierigkeiten kommt.

- Entwickeln Sie Handlungsalternativen, wie Sie sich in einer solchen Situation als Erwachsene verhalten können.

- Präsentieren Sie Ihre Ergebnisse in einem kurzen Rollenspiel.

2.5.4 Das sechste Lebensjahr (5 bis 6 Jahre)

■ **1. Das sechste Lebensjahr**

Die folgenden Wissensfragen beziehen sich unmittelbar auf das Kapitel des Studienbuches. Dieses Kapitel hat die Aufgabe, Ihnen einen Überblick über die Entwicklung des Kindes im sechsten Lebensjahr zu geben. Mit der Beantwortung der Fragen erhalten Sie die Möglichkeit, sich den für die vertiefende Arbeit erforderlichen Überblick zu verschaffen. Was wissen Sie über …

- die motorischen Kompetenzen?
- „Theory of mind"?
- naive Theorien in unterschiedlichen Bereichen?
- Freundschaften?
- Sprachentwicklung?
- Schulfähigkeit?

▲ Persönliche Vorerfahrung ■ Fachkenntnisse

Fertigen Sie dazu eine Tabelle nach folgendem Muster an und halten Sie darin Ihr Wissen in Stichworten fest.

Nr.	Thematik	Meine Kenntnisse
1		
2		

2. Freundschaften

Lesen Sie die folgenden Zitate zum Thema „Freundschaft" (Frick, 2004):

„Die Erfahrung von Versöhnung nach einem Streit bedeutet für ein Kind einen wichtigen, aber auch anspruchsvollen Lernprozess […]."
„Viele Fünf- oder Sechsjährige helfen einander schon, wechseln sich ab und vermögen sich über viele Dinge zu einigen."
„Interaktionen in Kindertagesstätten bieten Vorschulkindern zudem ein reichhaltiges Feld, um Fertigkeiten des sozialen Austausches sowie Kommunikationsformen zu verbessern […]."
„Die Welt der Kinder ist eine eigene Kultur mit eigenen Werten, Sitten und Traditionen."

- Diskutieren Sie darüber, inwiefern Sie die Aussagen unterstützen, und begründen Sie Ihre Meinung.

- Erstellen Sie eine Liste, die Merkmale und Bedeutung von Freundschaften im Vorschulalter aufzeigt.

3. Regelspiele – wenn die Spielsteine fliegen

Besonders beim Spielen von Regelspielen zeigt sich, wenn Kinder nicht verlieren können und eine niedrige Frustrationstoleranz haben. Mitunter wird gemogelt oder die Regeln werden spontan umformuliert. Dies führt schnell zu Streitigkeiten und die sozialpädagogische Fachkraft wird um Hilfe gerufen. Wie geht man mit solchen Situationen um? Erwachsene sollten die Spielsituationen der Kinder beobachten, um sinnvoll unterstützen zu können. Mit Kindern, die hartnäckig versuchen, das Spiel zu ihren Gunsten zu steuern, sollten offene Gespräche geführt werden. Dabei dürfen die Äußerungen der sozialpädagogischen Fachkraft niemals beschämend oder diskriminierend sein. Gemeinsam mit den anderen Spielteilnehmern müssen eventuelle Regeländerungen besprochen werden. Für manche Kinder ist es einfacher, Regeln einzuhalten oder anzunehmen, wenn eine Handpuppe dies mit den Teilnehmern bespricht. Mithilfe der Handpuppe, die z. B. „schlechte" Karten oder „Würfelaugen" frisst, können Regeln abgewandelt werden. Sollte der Zauber von den Kindern dabei überstrapaziert werden, kann die Handpuppe zurückmelden, dass sie nun sehr satt sei und nichts mehr essen könne.
Den Stärken und Schwächen von Menschen auf den Grund zu gehen, kann ein interessantes Thema für die Gesamtgruppe werden. Wichtig dabei ist es, nicht nur „gut" und „nicht gut" zu unterscheiden, sondern auch Zwischennuancen erfahrbar zu machen. Vorlieben und Schwächen des Einzelnen können so verdeutlicht werden und Gemeinsamkeiten und Unterschiede werden sichtbar, indem z. B. Lieblingstätigkeiten und weniger geliebte Tätigkeiten auf Fotos ausgestellt werden. Zentral bleibt, dass Erzieherinnen Kindern Frustgefühle und Wut über Schwächen und Misserfolge zugestehen und als etwas ganz Normales betrachten. Sie gehören zum Leben dazu (vgl. Subellok/Bahrfeck-Wichitill, 2005, S. 25).

- Geben Sie wesentliche Aussagen des Textes in eigenen Worten wieder.

- Tauschen Sie sich im Team über Spiel- und Streitsituationen aus, die Sie in einer Kindertageseinrichtung bereits beobachten konnten.

- Entwickeln Sie weitere Ideen, wie Erzieherinnen die Frustrationstoleranz der Kinder im Spiel (auch Rollenspiel) fördern können.

4. Umgang mit Gewinnern und Verlierern

> ### Beispiel
> *Sie sitzen mit vier Kindern (4 bis 6;3 Jahre) am Tisch und spielen Memory. Es liegen nur noch vier Karten auf dem Tisch, aber ein Mädchen beginnt bereits stolz seinen hohen Stapel neben den eines anderen Kindes (M.) zu schieben, welches deutlich weniger Karten hat. Es sagt stolz in die Runde: „Seht mal, ich habe gewonnen*

und keiner hat so viele Pärchen wie ich." M. guckt traurig und zugleich frustriert drein und antwortet: „Wenn ich jetzt kein Pärchen finde, spiel ich nicht mehr mit!"

- Zeigen Sie anhand des Beispiels die Bedeutung von Regelspielen auf.
- Wie ist diese Situation entwicklungspsychologisch zu erklären?
- Entwickeln Sie Handlungsalternativen für diese Situation.
- Präsentieren Sie Ihr Ergebnis im Plenum.

2.6 Kinder im Alter von 6 bis 12 Jahren

2.6.1 Entwicklungsaufgaben in der Kindheit

▲ **1. Die eigene Grundschulzeit**

- Schließen Sie für einige Minuten die Augen und erinnern Sie sich an Ihre Einschulung und an Ihre Zeit in der Grundschule zurück.
- Schreiben Sie eine Minute lang Stichworte auf, die Ihnen in den Sinn kommen.
- Vervollständigen Sie nun folgende Sätze:
    - Mein Einschulungstag war sehr aufregend, weil …
    - Mein/e Klassenlehrer/-in war …
    - Ich saß neben …, das war …
    - Meine Lieblingsfächer waren …
    - Gar nicht mochte ich …
    - Meine Eltern fanden …
    - Hausaufgaben habe ich …
    - Meine erste Note bekam ich …
    - Zeugnisse fand ich …
    - Meine weiterführende Schule …
- Tauschen Sie sich in Kleingruppen über die unterschiedlichen Erinnerungen aus. Spekulieren Sie darüber, ob Schulkinder von heute ähnliche Erlebnisse haben.

■ **2. Entwicklungsaufgaben von Schulkindern**

Stellen Sie wesentliche Entwicklungsaufgaben von Schulkindern in einer Grafik oder Mindmap dar.

2.6.2 Entwicklung von Schulkindern

■ **1. Entwicklung von Schulkindern**

Die folgenden Wissensfragen beziehen sich unmittelbar auf das Kapitel des Studienbuches. Dieses Kapitel hat die Aufgabe, Ihnen einen Überblick über die Entwicklung des Kindes im Schulkindalter zu geben. Mit der Beantwortung der Fragen erhalten Sie die Möglichkeit, sich den für die vertiefende Arbeit erforderlichen Überblick zu verschaffen. Was wissen Sie über …
- die Körperkoordination von Jungen und Mädchen?
- die Denkleistungen eines Schulkindes?
- die Entwicklung des Selbstwertgefühls?
- die Entstehung von Leistungsmotivation?
- die Bedeutung von Freundschaften?
- das Interesse am anderen Geschlecht?
- sprachliche Ausdrucksformen?
- das Spielverhalten?

▲ Persönliche Vorerfahrung ■ Fachkenntnisse

Fertigen Sie dazu eine Tabelle nach folgendem Muster an und halten Sie darin Ihr Wissen in Stichworten fest.

Nr.	Thematik	Meine Kenntnisse
1		
2		

2. „Wenn der Tim dabei ist, wollen wir nicht mitspielen" – Konkurrenz- und Leistungsverhalten

▶ Beispiel

Sie arbeiten als Erzieherin an der „Städtischen Grundschule Hochtal" und sind für die Freizeitgestaltung der Kinder im Alter von 6 bis 10 Jahren zuständig. Sie bieten zusammen mit einen Team von Kolleginnen Arbeits- und Projektgruppen an, nachdem die Kinder ihre Hausaufgaben erledigt haben. Zurzeit leiten Sie die Bewegungs-AG. Hier werden viele Wettkampfspiele angeboten, da die Kinder diese gerne spielen. In Ihrer Gruppe sind viele Jungen, aber auch vier eng befreundete Mädchen kommen regelmäßig und nehmen gerne teil. Seit Kurzem besucht auch Tim regelmäßig die Bewegungsgruppe. Er ist sehr sportlich, verliert selten und gibt mit seinem Können gerne an. Letzte Woche beim Wettrennen gab es großen Unmut in der Gruppe.
Zwei Jungen beschwerten sich klar und deutlich: „Wir haben keine Lust, immer gegen Tim zu verlieren. Seit er dabei ist, macht es keinen Spaß mehr."
Ein Mädchen sagte: „Der Tim ist ein Angeber."
Ein anderes Kind hatte angefangen zu weinen, nachdem Tim mehrmals betont hatte, dass er der bessere Läufer sei. Zwei andere Mädchen kamen nach der AG zu Ihnen und sagten: „Der Tim und der Thorsten ärgern uns immer, wir wollen nicht mehr mitspielen, können wir eine andere AG wählen?"

- Analysieren Sie die Situation unter entwicklungspsychologischen Gesichtspunkten.
- Entwickeln Sie Handlungsstrategien, wie Sie die Gruppe motivieren können, ohne Tim zu isolieren.
- Präsentieren Sie Ihre Ergebnisse im Plenum.

2.6.3 Konsequenzen für die Praxis

▲ 1. Selbstreflexion

Um Kinder in ihrer sozialen Entwicklung optimal fördern zu können, ist es hilfreich, die eigenen Erfahrungen zu reflektieren. Überlegen Sie, welche sozialen Erfahrungen Sie mit anderen Kindern/Jugendlichen in Ihrer Kindheit gemacht haben:

- Was hat Sie Gleichaltrigen nähergebracht?
- Was hat Sie von Gleichaltrigen entfernt?
- Welche Folgerungen haben Sie aus Ihren Freundschaftsbeziehungen in der Kindheit gezogen?
- Wie beeinfluss(t)en diese Freundschaftsbeziehungen Sie (vielleicht noch heute)?

■ ● 2. Bedürfnisse von Schulkindern

- Welche Bedürfnisse haben Grundschulkinder? Wo erkennen Sie Unterschiede zu den Bedürfnissen von Kindern im Alter von 0 bis 6 Jahren?
- Stellen Sie Ihre Ergebnisse grafisch dar.

● 3. Prosoziales Verhalten unterstützen

- Lesen Sie den folgenden Text und geben Sie die zentralen Aussagen mit eigenen Worten wieder.

„Kinder mit engen Freunden – das zeigen verschiedene Studien – haben tendenziell ein positives Selbstbild und sind altruistischer als Kinder ohne enge Freunde. Sie zeigen zudem mehr Optimismus und Vertrauen und

weniger Ängstlichkeit und Misstrauen. [...] Hier bieten sich für Erwachsene (Eltern, ErzieherInnen, Lehrpersonen usw.) viele Möglichkeiten, die häufig übersehen werden. [...]

Als grundlegend für die Entwicklung von Kindern gilt in der Psychologie seit langem ein gutes frühes Vorbild, ein Modell, das als Identifikationsobjekt dient (z. B. die Bewunderung der selbstsicheren, gelassenen und humorvollen Erzieherin). Eine Erzieherin, die selbst soziales Verhalten vorlebt, authentisch handelt, in Beziehung tritt, Konflikte annimmt und verhandelt, wirkt als attraktives und überzeugendes Modell auf die Kinder, die mit der Zeit zumindest teilweise beginnen, einige dieser Verhaltensweisen zu übernehmen. Auch eine dem jeweiligen Kind angepasste emotionale Zuwendung und Feinfühligkeit [...] stellt einen wesentlichen Faktor für die Entwicklung freundschaftlichen Verhaltens dar.

Wichtig ist auch eine ‚opferzentrierte' Reaktion der Erwachsenen auf Ungerechtigkeiten gegenüber einem Kind oder anderen Personen: Wird beispielsweise ein Kind offenkundig und unverschuldet von zwei anderen Kindern wiederholt geärgert, gilt es, dieses Kind zu trösten, zu stärken sowie die aggressive Handlung der anderen als unangemessen und inakzeptabel zu benennen. Ein warmes Familienklima bildet eine wesentliche Basis, um sich selbst und andere Menschen akzeptieren zu können. Die Ermutigung und Bekräftigung prosozialen Verhaltens wirkt modellhaft für Kinder und lässt sie entsprechende Verhaltensweisen verinnerlichen."

(Frick, 2004, S. 5 f.)

- Entwickeln Sie zu viert ein Rollenspiel, in dem
  - ein typischer Konflikt zwischen Grundschulkindern dargestellt wird und
  - eine angemessene Lösung von einer sozialpädagogischen Fachkraft gefunden wird, die prosoziales Verhalten fördert.

4. Hausaufgaben – fordern und fördern

Neben den Freizeitangeboten nimmt in vielen sozialpädagogischen Institutionen die Betreuung der Hausaufgaben einen erheblichen Stundenumfang pro Woche ein. Im Studienbuch wird darauf hingewiesen, dass sozialpädagogische Fachkräfte wichtige Ansprechpartner für Schulkinder sind, die Lernumgebung der Schulkinder mitgestalten und eine Zusammenarbeit mit der Grundschule anstreben sollten.

- Lesen Sie den folgenden Text zum Thema Hausaufgabenbetreuung aufmerksam durch und fassen sie wesentliche Aussagen in eigenen Worten zusammen.

Hausaufgaben sind von der Schule gestellte Aufgaben, die außerhalb der Unterrichtszeit erledigt werden. Befragt man Schüler unterschiedlichen Alters zu ihren Hausaufgaben, wird schnell deutlich, dass es viele Faktoren gibt, die Schüler und Schülerinnen bei der Erledigung der Hausaufgaben beeinflussen:

– Arbeitsverhalten	– Zeitpunkt
– Art des Faches (Relevanz, Interesse)	– Umfang
– Wohlbefinden	– Tagesform
– Raum	– Pausen

Es gibt verschiedene Aufgabentypen von Hausaufgaben: Übungen, Anwendungen, Vertiefungen, Vorbereitungen für die kommenden Unterrichtsstunden. Schüler erledigen ihre Hausaufgaben gerne und gewissenhaft, wenn sie sich kompetent fühlen und die Bearbeitung der Hausaufgaben als nützlich empfinden. In der alltäglichen Praxis stoßen Hausaufgaben aber häufig auf Ablehnung.

Hausaufgaben können richtig gestellt mehrere positive Auswirkungen haben:
- Lernzuwachs
- strukturiertes, ordentliches Arbeitsverhalten
- Selbstständigkeit

Ulrich Trautwein, Mitarbeiter im Max-Planck-Institut, erforscht die Einflüsse von Hausaufgaben auf die Schülerleistung und kommt zu folgenden Erkenntnissen:

- Hausaufgaben sollten von Lehrern häufig aufgegeben werden anstatt selten. Eine Untersuchung hat gezeigt, dass die Lehrer, die häufig Hausaufgaben aufgeben, längerfristig erfolgreicher sind als Lehrer, die selten Hausaufgaben aufgeben.

- Die Menge der Hausaufgaben sollte unbedingt angemessen sein, d. h. nicht zu lange Zeit in Anspruch nehmen. Denn je länger Schüler an den Hausaufgaben sitzen, desto ineffizienter werden diese bearbeitet.

- Eltern sollten ein Vorbild sein, also selbst viel lesen, vielfältige Interessen verfolgen und aktuelle Themen mit den Kindern besprechen. Das Bekunden von Interesse an den Hausaufgaben ist wichtig und hat laut Trautwein „positive Effekte". Die aktive Hilfe an den Hausaufgaben sollte dennoch die absolute Ausnahme bleiben.

- Hausaufgaben sollten individualisiert werden. Das Leistungsniveau insgesamt steigt, wenn jeder Schüler die Hausaufgaben erledigt, die seinem Leistungsstand entsprechen, auch wenn die Leistungsschere innerhalb einer Klasse sich erweitert (vgl. Böcher, 2008, S.156 f.).

Erzieherinnen in der Praxis haben meist wenig Probleme mit den Kindern und Jugendlichen, die ihre Hausaufgaben kompetent und gewissenhaft erledigen. Vielmehr ist die Frage, wie man mit den Kindern umgeht, die die Hausaufgabenzeit immer ganz in Anspruch nehmen, also mitunter täglich zwei Stunden im Hausaufgabenraum verbringen, wobei sie aber auch häufig mit andern Dingen beschäftigt sind (z. B. an die Decke starren, Suchen von Materialien und Pflegen von Stiften, Heften, etc.). Bedürfnisse nach Bewegung, Stille, Ablenkung werden häufig nicht ernst genommen, sodass viele Kinder wenig leistungsstark in die Hausaufgabensituation gehen. Diese Kinder werden doppelt bestraft: Durch ihre niedrige Motivation sitzen sie länger an ihren Hausaufgaben als ihre Mitschüler, wobei ihre Ergebnisse oft qualitative Mängel aufweisen, weil die Konzentration je nach Alter und Entwicklungsstand nachlässt. Hier sind die sozialpädagogischen Fachkräfte gefragt, um zu verhindern, dass sich diese Kinder irgendwann total verweigern. Die Umsetzung der Hausaufgabenbetreuung ist demnach ein sensibles Thema, welches an die Gegebenheiten der Kinder angepasst werden muss.

Folgende Konsequenzen kann man daraus für die Betreuung von Schulkindern in der sozialpädagogischen Praxis ziehen:

- Die Hausaufgabenzeit sollte möglichst selbstständig von den Kindern besucht werden; die sozialpädagogischen Fachkräfte sollten individuelle Entscheidungs- und Organisationsfreiräume schaffen.

- Individuelle Bedürfnisse der Kinder sollten nach Möglichkeit berücksichtigt werden.

- Die sozialpädagogischen Fachkräfte sollten ihr Interesse an den Hausaufgaben bekunden und eventuelle Themen z. B. durch ein Gespräch aufgreifen.

- Die Erzieherinnen oder Eltern sollten sich nicht einmischen bzw. nicht helfen.

- Pausen und individuelle Freiräume sollten geschaffen werden.

- Eine ruhige und wertschätzende Atmosphäre sollte vorhanden sein.

- Statt Kontrolle als Disziplinierung sollte die Erziehern als Anlaufstelle zur Verfügung stehen, z. B. bei Fragen und Unklarheiten (Anschub von Interessen).

- Erzieherinnen, Lehrkräfte und Eltern sollten miteinander im Austausch stehen, um individuelles Fördern früh untereinander abzustimmen.

Erzieherinnen sollten Kinder bei der selbstständigen Erledigung ihrer Hausaufgaben auch durch die Raumgestaltung unterstützen. Für einige Kinder kann das Arbeiten in einer kleinen Gruppe einen hohen Anreiz haben (gegenseitiges Helfen), andere möchten alleine arbeiten; die Sitzanordnung ist dahingehend zu überprüfen. Die Raumgestaltung ist zusammen mit den Kindern vorzunehmen. Der Hausaufgabenraum sollte eine positive Lernatmosphäre unterstützen, z. B. durch genügend natürliches Licht, Pflanzen etc. Hilfsmittel, die bei der Erledigung der Hausaufgaben helfen können, sollten in einem Regal für jedes Kind erreichbar sein (Rechenschieber, Nachschlagewerke u. a.). Jedes Kind sollte ausreichend Platz und Ruhe haben (vgl. Böcher, 2008, S. 158 f.).

- Welche entwicklungspsychologischen Konsequenzen müssen bei der Hausaufgabenbetreuung von 6- bis 10-Jährigen bedacht werden?

- Diskutieren Sie Ihre Ergebnisse im Plenum, berücksichtigen Sie ggf. eigene Erfahrungen aus der beruflichen Praxis.

- Wie könnte die Hausaufgabenbetreuung Ihrer Meinung nach optimiert werden? Überlegen Sie in Kleingruppen.

● ◆ 5. Umgang mit Leistungsdruck

▶ *Beispiel*

Sie arbeiten in der offenen Ganztagsschule „Bogenweg" und betreuen die Fußball-AG. In Ihrem Kurs sind vornehmlich die älteren Jungen, da sie gerne und gut Fußball spielen. In Ihrer Gruppe von 18 Kindern ist auch der 10-jährige Christian. Er ist sportlich, hat viele Freunde und ist sehr angesehen in der Fußball-AG. Auch auf dem Pausenhof ist er nie alleine. Einige Mädchen schwärmen sehr für ihn, er hat auch schon einen Liebesbrief erhalten, auf den er aber nicht geantwortet hat. In seiner Klasse kommt er nicht so gut zurecht, da er Probleme in Mathematik und Deutsch hat. Die Lehrerin hat bereits mit Ihnen und den Eltern gesprochen. Christian quatscht viel mit seinem besten Freund und erledigt die Aufgaben nicht konzentriert. Auch die Hausaufgaben vernachlässigt er, darum ist er schon mehrfach von der Lehrerin ermahnt worden, sie regelmäßiger zu machen.

Seine Mutter ist sehr besorgt, denn Christian soll unbedingt auf das Gymnasium. Der Vater ist dafür, dass der Junge die Realschule besucht, um später eine Lehre zu machen. Er findet, etwas Praktisches sei immer sinnvoll. Die Eltern bauen Leistungsdruck auf. Erst gestern war die Mutter noch mal bei Ihnen und wollte wissen, wie ihr Sohn sich mache: „Was halten Sie denn von meinem Sohn? Meinen Sie nicht, er kann auf das Schiller-Gymnasium? Ihre Meinung wäre mir sehr wichtig! Mit meinem Mann kann man da nicht ernsthaft drüber reden."

- Analysieren Sie die Situation von Christian. Welche Probleme und Krisen muss er aus entwicklungspsychologischer Sicht bewältigen?

- Durch welches Verhalten (zu Hause und in der Schule) könnte Christian seine Situation verbessern?

- Was könnten die Eltern besser machen?

- Wie könnten Sie mit der Lehrerin und den Eltern kooperieren, um Christian in seiner Entwicklung besser zu unterstützen?

- Was könnten Sie der Mutter antworten?

2.7 Kinder im Alter über 12 Jahren

2.7.1 Entwicklungsaufgaben im Jugendalter

■ 1. Entwicklung im Jugendalter

Die folgenden Wissensfragen beziehen sich auf das Kapitel 2.7 des Studienbuches. Dieses Kapitel hat die Aufgabe, Ihnen einen Überblick über die Entwicklung von Jugendlichen zu geben. Die Entwicklungsaufgaben werden in den einzelnen Abschnitten (2.7.2 bis 2.7.5) vertieft. Mit der Beantwortung der Fragen erhalten Sie die Möglichkeit, sich den für die vertiefende Arbeit erforderlichen Überblick zu verschaffen. Was wissen Sie über …

- die Entwicklungsaufgaben im Jugendalter?
- die Pubertät?
- die Adoleszenz?
- körperliche Veränderungen bei Mädchen und Jungen?
- die motorischen Fähigkeiten von Jugendlichen?
- Früh- und Spätentwickler?
- den Begriff der Identität und ihre Entwicklung im Jugendalter?
- Einflussfaktoren der Identitätsentwicklung?
- die Bedeutung der Familie in Jugendalter?
- die Bedeutung und Funktion der Peergruppe?
- schulische Einflussfaktoren?
- die Zukunftsorientierung von Jugendlichen?
- den Übergang von Schule zur Berufsausbildung?
- moralische Entwicklung im Jugendalter?
- das Stufenmodell von Lawrence Kohlberg?
- Werte von Jugendlichen in der heutigen Gesellschaft?

Fertigen Sie dazu eine Tabelle noch folgendem Muster an und halten Sie darin Ihr Wissen in Stichworten fest.

Nr.	Thematik	Meine Kenntnisse
1		
2		

2.7.2 Pubertät und Adoleszenz

 1. Die eigene Biografie

Die Pubertät ist eine Phase einschneidender körperlicher, psychischer und sozialer Veränderungen. Die folgende Aufgabe soll Sie durch das Nachspüren der eigenen Jugendphase für die Situation von Kindern und Jugendlichen sensibilisieren.

- Um sich die schönen und schwierigen Momente, Situationen und Gefühle während der Pubertät noch einmal vor Augen zu führen, bringen Sie einige Fotos aus dieser Zeit mit, z. B. jeweils ein Foto, was Sie mit 11, 13, 15 und 17 Jahren zeigt.

- Achten Sie nun beim Betrachten auf das körperliche Erscheinungsbild, Kleidung, Freunde, etc. Notieren Sie sich zu jedem Foto einige Stichwörter.

- Bilden Sie eine Kleingruppe von vier bis sechs Personen. Eine Person legt ihre Fotos in die Mitte. Die anderen Gruppenmitglieder sollen Zeit bekommen, die Fotos zu betrachten, ohne dass die Bilder kommentiert werden. Folgende Fragen sollten die Betrachtenden für sich beantworten:

  - Welche Gefühle wecken die Fotos in mir?

  - Was denke ich über die Person auf dem Bild? Wie schaut sie? Wie steht sie? Wie fühlt sie sich?

  - Wie ist sie gekleidet?

  - Wie steht sie zu anderen Personen? (Nähe – Distanz)

  - Wie sieht die Umgebung aus?

Die betreffende Person hört zunächst nur zu; erst wenn die anderen alles geäußert haben, erzählt sie etwas zu den Bildern (pro Person ca. 30 min).

- Besprechen Sie die Fotos aller Mitglieder Ihrer Gruppe.

- Beantworten Sie folgende Fragen:
  - Gibt es Erfahrungen, die bei allen Gruppenmitgliedern gleich oder ähnlich sind?
  - Gibt es Dinge, die peinlich sind, bzw. solche, die gerne präsentiert werden?
- Stellen Sie Ihre Ergebnisse im Plenum vor.
- Setzen Sie sich kritisch mit der Phase der Pubertät auseinander, in dem Sie die folgenden Fragen bearbeiten:
  - Welche Entwicklungsaufgaben empfanden oder empfinden Sie als schwierig?
  - Was konnte oder kann die Bewältigung erleichtern?
  - Was sollten Sie in Ihrer zukünftigen Berufsrolle im Umgang mit Jugendlichen berücksichtigen?

Variation: Sie können bei der Auswahl der Fotos auch ganz bestimmte Schwerpunkte setzen, wie z.B. Eltern-Kind-Beziehung, körperliche Reife, erste Liebe, Kleidung, etc.

2.7.3 Identitätsentwicklung

1. Wer bin ich wirklich?

- Lesen Sie den folgenden Liedtext von Annett Louisan und analysieren Sie, welche Schwierigkeiten der Jugendphase angesprochen werden.
- Entwickeln Sie auf der Grundlage Ihres entwicklungspsychologischen Wissens Ideen, wie Sie die Entwicklung von Jugendlichen in der Lebensphase unterstützen können.

Annett Louisan: Wer bin ich wirklich
ich weiß nicht genau was ich will
das Leben gibt so viel her
wo fang ich an
das Rad in mir steht niemals still
ich treibe durchs Häusermeer
ich such mich um weiter zu kommen hm hm
ich such mich und lauf mir davon

wer bin ich wirklich
und wer bist Du
mein Herz kennt den Weg nicht
es kommt nicht zur Ruh
wenn ich mich zweifelnd verrenn
mich selber nicht kenn
sag wofür liebst Du mich dann
wer bin ich wirklich
für Dich

Was läuft für ein Film tief in Dir
Ist in deinem Drehbuch noch
´ne Rolle frei?
Was hast du für Bilder von mir
Erkennt man die Liebe noch
Als zweitausendteiliges Spiel? hm hm
ein Puzzle aus wirrem Gefühl?

(Refrain)
wer bin ich wirklich
und wer bist Du [...]
Was ist das genau was ich von Dir will
Was ist das genau was du für mich fühlst

2.7.4 Jugendliche und ihre Umwelt

● **1. Jugend – Zeit der Ablösung**

• Lesen Sie den folgenden Liedtext und stellen Sie das Problem heraus.

• Wie ordnen Sie dies aus entwicklungspsychologischer Sicht ein?

• Schreiben Sie einen „Gegensong", der den Jugendlichen mit seinen Sorgen und Nöten in den Vordergrund stellt.

• Inwiefern ist der Einsatz von Liedtexten in der sozialpädagogischen Praxis möglich? Entwickeln Sie Projektideen.

Die Ärzte: Junge

Junge,
warum hast du nichts gelernt?
Guck' dir den Dieter an,
der hat sogar ein Auto.
Warum gehst du nicht zu Onkel Werner in die Werkstatt?
Der gibt dir 'ne Festanstellung (wenn du ihn darum bittest)
Junge ...

Und wie du wieder aussiehst
Löcher in der Hose
Und ständig dieser Lärm
(Was sollen die Nachbarn sagen?)
Und dann noch deine Haare
Da fehlen mir die Worte
Musst du die denn färben?
(Was sollen die Nachbarn sagen?)
Nie kommst du nach Hause
Wir wissen nicht mehr weiter...

Junge,
Brich deiner Mutter nicht das Herz
Es ist noch nicht zu spät
Dich an der Uni einzuschreiben
Du hast dich doch früher so für Tiere interessiert
Wäre das nichts für dich?
Eine eigene Praxis
Junge...

Und wie du wieder aussiehst
Löcher in der Nase
Und ständig dieser Lärm
(Was sollen die Nachbarn sagen?)
Elektrische Gitarren
Und immer diese Texte
Das will doch keiner hören
(Was sollen die Nachbarn sagen?)
Nie kommst du nach Hause
So viel schlechter Umgang
Wir werden dich enterben
(Was soll das Finanzamt sagen?)
Wo soll das alles enden?
Wir machen uns doch Sorgen...

Und du warst so ein süßes Kind (x3)
Du warst so süß...

Und immer deine Freunde
Ihr nehmt doch alle Drogen
Und ständig dieser Lärm
(Was sollen die Nachbarn sagen?)
Denk an deine Zukunft
Denk an deine Eltern
Willst du, dass wir sterben?

Jugendliche „zwischen den Stühlen"

Beispiel

Sie arbeiten im Haus „Einstein", ein Jugendzentrum, das für Kinder im Alter von 8 bis 17 Jahren täglich von Montag bis Freitag geöffnet ist. Es gibt je nach Wochentag verschiedene Angebote für verschiedene Altersgruppen, z. B. findet montags immer die Mädchengruppe für Mädchen ab 13 Jahren statt (von 16 bis 17 Uhr) und freitags ist immer Disko für Jugendliche ab 14 Jahren (von 19.30 Uhr bis 22 Uhr). Viele Jugendliche kommen täglich und ihre Schulleistungen sind oft nicht gut. Die meisten Eltern sind berufstätig und froh, dass ihre Kinder im Jugendzentrum sind. Eine kleine Gruppe Jugendlicher im Alter zwischen 15 und 17 Jahren verbringt im Moment sehr viel Zeit miteinander. Mitunter wird auch die Schule geschwänzt, um miteinander „abhängen" zu können. Sara und Timo, beide 15 Jahre alt, sind seit einigen Tagen ein Paar und tauschen erste Zärtlichkeiten aus. Beide besuchen die 9. Klasse der Gesamtschule und haben noch keine klare Zukunftsperspektive. Saras Mutter erinnert immer wieder daran, dass dringend Bewerbungen geschrieben werden müssen, aber Sara hat keine Ahnung, was sie überhaupt werden soll. Timo könnte bei seinem Onkel eine Lehre zum Tischler anfangen, wenn er den Schulabschluss schafft.

Alle Versuche der Mutter, mit Sara über die berufliche Zukunft zu reden, scheitern: „Ach, ich habe keine Lust, heute darüber nachzudenken, was ich nächstes Jahr im Sommer mache!" antwortet sie. „Ich muss jetzt zu Timo, wir sind verabredet!"

- *Analysieren Sie die Situation und stellen Sie dar, inwieweit Sie als Erzieherin unterstützen, begleiten und erziehen können oder auch sollten.*

- *Entwickeln Sie Möglichkeiten, das Interesse der Jugendlichen für ihre zukünftige Berufswahl zu wecken.*

2.7.5 Moral und Werte im Jugendalter

1. Meinungsumfrage bei Jugendlichen

- Machen Sie eine Umfrage zum Thema „Moral und Werte" bei Jugendlichen. Befragen Sie dazu Jugendliche im Alter zwischen 12 und 18 Jahren (in einem Jugendzentrum, in einer Schule, auf der Straße etc.) und vergleichen Sie die Aussagen der Jugendlichen mit den Inhalten im Studienbuch.

Ideen zu einer Befragung von Jugendlichen	Weitere Umsetzungsideen
– Was verstehst du unter dem Begriff „Moral"? – Was verstehst du unter „Werten"? – Welche Werte haben deine Eltern dir vermittelt? – Nenne drei Werte, die dir wichtig sind. – Welchen Berufswunsch verfolgst du? – Wie wichtig ist es dir, eine Familie zu gründen? – Wie wichtig ist dir eine Ehe? – Was sind häufige Streitthemen zwischen dir und deinen Eltern?	– Vergleichen Sie die Ergebnisse mit der aktuellen Shell-Jugendstudie zum Thema Werteorientierung. – Besuchen Sie ein Jugendzentrum und befragen Sie die Mitarbeiter und Jugendlichen. – Stellen Sie den Jugendlichen eine Dilemma-Frage (Heinz-Dilemma) und dokumentieren Sie die Antwort-Begründungen. Überprüfen sie, inwieweit Ihre Ergebnisse mit denen von Kohlberg übereinstimmen.

- Präsentieren Sie Ihre Ergebnisse im Plenum.

2.8 Menschliche Entwicklung von 0 bis 18 Jahren im Überblick

1. Fördermaßnahmen in unterschiedlichen Entwicklungsbereichen

Zeigen Sie Möglichkeiten in den unterschiedlichen Entwicklungsbereichen (Motorik, Sprache, Denken, Gefühle, Sozialverhalten etc.) auf, die die Entwicklung von Kindern und Jugendlichen in unterschiedlichen Altersgruppen fördern, und verdeutlichen Sie dies jeweils an einem konkreten Beispiel.

▲ Persönliche Vorerfahrung   ■ Fachkenntnisse

2.9 Umgang mit Verhaltensauffälligkeiten

2.9.1 Verhalten

▲ ■ **1. Wahrnehmung von Verhalten**

Wahrnehmung ist ein aktiver Prozess, bei dem Eindrücke (Empfindungen, die von den Sinnesorganen an das Großhirn weitergeleitet werden) ausgewählt, geordnet und mit Bedeutung versehen werden. Wahrnehmung ist subjektiv und abhängig vom individuellen und soziokulturellen Hintergrund jedes Menschen (vgl. Barth/Bernitzke, 2007, S. 165 ff.).

- Was wissen Sie über die Wahrnehmung von Verhalten? Gehen Sie auf den Unterschied zwischen Verhalten und Erleben ein.

- Schauen Sie sich das Bild des Kindes an und beschreiben Sie, was Sie sehen. Erfassen Sie die emotionale Befindlichkeit des Kindes und notieren Sie dies.

- Vergleichen Sie Ihr Ergebnis mit denn anderen Studierenden.

  - Gibt es Übereinstimmungen in Ihrer Wahrnehmung?

  - Welche Differenzen gibt es in Ihrer Wahrnehmung?

- Überlegen Sie, ob es schon mal eine Situation gab, in der Sie aus der Wahrnehmung eines Kindes eine Bewertung abgeleitet haben (z. B. „Ist das Kind zu blöd dazu?" oder „Der hat doch keinen Grund zu jammern!")? Schreiben Sie einige der Erfahrungen auf, die Sie diesbezüglich gemacht haben. Seien Sie ganz offen und ehrlich.

- Beschreiben Sie, wodurch positive und negative Zuschreibungen entstehen.

2.9.2 Verhaltensauffälligkeiten

▲ ■ **1. Ist Pippi Langstrumpf verhaltensauffällig?**

Was hat dieses Mädchen mit Verhaltensauffälligkeiten zu tun?
Sie kennen sie sicherlich alle. Möglicherweise gehörte sie sogar zu den Lieblingsfiguren Ihrer Kindheit. Sie kann nicht schreiben, sie kann nicht rechnen. Schule ist ihr überhaupt ein Graus und sie hat immer verrückte Ideen.

- Welche Verhaltensweisen von Pippi würden Sie als auffällig bezeichnen?

- Kennen Sie weitere Figuren der Kinderliteratur mit auffälligem Verhalten? Mit welchem?

- Wie bewerten Sie das Verhalten der Kinderbuchfiguren?

- Welche realen Verhaltensauffälligkeiten haben Sie schon bei Kindern erlebt bzw. welche kennen Sie aus der Fachliteratur?

- Nennen Sie Gemeinsamkeiten und Unterschiede zu denen in der fiktionalen Literatur.

- Diskutieren Sie in der Klasse über Ihr Bild von verhaltensauffälligen Kindern.

2.9.3 Ursachen für Verhaltensauffälligkeiten

1. Ursachen für Verhaltensauffälligkeiten

Es gibt verschiedene Ursachen für Verhaltensauffälligkeiten. Geben Sie bei den folgenden Beispielen an, welche Ursachen möglicherweise zugrunde liegen, und begründen Sie Ihre Entscheidung fachlich.

Beispiel 1:
Lars, 8;2 Jahre alt, besucht seit 7 Monaten die OGS. Sein Vater hat sich um diesen Platz bemüht, nachdem Lars' Mutter nach zweijähriger Erkrankung an Krebs verstorben ist. Zum einen kann der Vater Lars nicht betreuen, weil er selbst berufstätig ist, aber er fühlte sich auch zunehmend durch Lars' oppositionelles Verhalten überfordert.

Beispiel 2:
Maja, 5;7 Jahre alt, war ein fröhliches und aufgewecktes Kind. Sie war gut in die Gruppe integriert. Seit geraumer Zeit nässt Maja im Verlauf des Vormittags mehrfach ein und zieht sich immer mehr zurück. Die sozialpädagogische Fachkraft Frau Stimel lädt die Eltern zu einem Gespräch ein und teilt ihnen ihre Beobachtungen mit. Die Mutter kommt alleine und berichtet Frau Stimel von zunehmenden Problemen in der Ehe. Teilweise streiten die Eltern auch in Gegenwart von Maja.

Beispiel 3:
Fabian, 2;8 Jahre alt, wird in der Tageseinrichtung für Kinder angemeldet. Im Anmeldegespräch berichtet die Mutter, wie froh sie ist, dass Fabian nun bald in den Kindergarten geht. Er sei seit seiner Geburt ein sehr anstrengendes Kind. Auf Nachfragen der Leiterin berichtet die Mutter, dass Fabian 5 Wochen zu früh per Kaiserschnitt geboren wurde. Er hat die ersten drei Wochen seines Lebens auf der Säuglingsstation verbracht.

Beispiel 4:
Einer neueren Studie zufolge, die sich mit der familiären Vorgeschichte von gewalttätigen Jugendlichen beschäftigt, haben ca. 14,6 % der Jungen und Mädchen Gewalterfahrungen durch die eigenen Eltern erlebt. Die Destruktivität die betroffene Jugendliche entwickeln, wird häufig durch kriminelle Handlungen in Form von Jugendgewalt abreagiert (vgl. Pfeiffer, 2/2010).

2.9.4 Formen auffälligen Verhaltens

1. Kategorisierung von Verhaltensauffälligkeiten

„Die Krankheit ADS/ADHS ist in Wahrheit eine Modeerscheinung. Nicht die Kinder haben sich verändert und brauchen Hilfe, sondern die besorgten und überforderten Eltern."

„Die Krankheit ADS/ADHS kann mit Medikamenten gut behandelt werden. Häufig wird sie jedoch verharmlost oder nicht erkannt und die Kinder leiden."

Diskutieren Sie diese beiden polarisierenden Aussagen. Beantworten Sie dabei folgende Fragen:

- Würden Sie einer der beiden Aussagen voll zustimmen? Begründen Sie Ihre Meinung.

- Wo liegen die Schwierigkeiten bei der Kategorisierung von Verhaltensauffälligkeiten?

- Welche Folgen haben falsche Zuschreibungen?

- Was passiert, wenn ADS/ADHS nicht diagnostiziert wird?

- Was passiert, wenn fälschlicherweise ADS/ADHS angenommen wird?

2. Einstellung zu ADS/ADHS

Kinder und Jugendliche, die von ADS/ADHS betroffen sind, erfahren selten positives Feedback, obschon sie darauf angewiesen sind. Umso wichtiger ist es, sich auch einmal die positiven Seiten bewusst zu machen.

- Welche positiven Eigenschaften sind häufig bei Kindern und Jugendlichen mit ADS/ADHS zu beobachten?

- Was folgern Sie daraus für den Umgang mit betroffenen Kindern?

◆ 3. Entwicklung eines Konzepts pädagogischen Handelns

▶ Beispiel

Hannes besucht seit einem Jahr und drei Monaten das Familienzentrum „Luftballon". Er ist 4;6 Jahre alt. Sobald er seine Mutter in der Abholphase sieht, wird er unfreundlich und schmeißt ihr die Kindergartentasche vor die Füße. Er zeigt einen unhöflichen Befehlston seiner Mutter gegenüber, den er auch zunehmend im Dialog mit anderen Kindern anwendet. Tisch- und Regelspiele findet er langweilig. Er beginnt ein Spiel, beendet es aber sehr rasch. Am liebsten hält er sich im Außengeländе auf. Stundenlang spielt er im Sandkasten und baut kreative Sandstraßen, Höhlen und Burgen. Am Kreativtisch sieht man Hannes aber nur selten. Er mag nicht malen und basteln. Wenn sich eine Kleingruppe mit der sozialpädagogischen Fachkraft Bilderbücher anschaut, ist er nur sehr kurz dabei. Er wird sehr schnell unruhig und zeigt einen hohen Bewegungsdrang. Dies führt dazu, dass er die Bilderbuchsituation schnell wieder verlässt. Bewegungsaktivitäten nimmt er gerne wahr.

Seine Mutter beobachtet ein ähnliches Verhalten zu Hause. Sie ist sehr beunruhigt und kann sich sein Verhalten nicht erklären. Hannes' Verhalten nimmt sie persönlich und reagiert sehr kalt und abweisend. Sie fühlt sich zunehmend überfordert, zumal sie noch zwei weitere Kinder hat.

Als Hannes ihr wieder einmal die Kindergartentasche vor die Füße schmeißt und laut sagt: „Kannst du nach Hause tragen", bricht sie in Tränen aus und sagt: „Du kannst auch hier bleiben."

Hannes schaut mit geweiteten Augen auf seine Mutter und sagt nichts. Er nimmt seine Tasche, die Hand der Mutter und sagt vorsichtig: „Komm, wir gehen nach Hause."

- Analysieren Sie, welche Ursache möglicherweise bei dem Kind die Verhaltensauffälligkeit ausgelöst hat.

- Überlegen Sie, in welchen Bereichen das Kind Unterstützungsbedarf hat und welche Angebote Sie dem Kind machen können. Was ist bei der Planung zu beachten?

- Welche Grundhaltung als Erzieherin möchten Sie diesem Kind gegenüber einnehmen und warum? Begründen Sie Ihre Aussagen. Halten Sie diese schriftlich fest. Beziehen Sie sich auch auf Seite 259 im Studienbuch.

2.9.5 Verhaltensauffälligkeiten und Selbstwertgefühl

■ 1. „Göttinger Aufruf" – Entwicklungschancen ermöglichen

Im November 2000 fand in Göttingen der 1. fachübergreifende Kongress zu Lern- und Verhaltensproblemen bei Kindern statt unter dem Motto: „Im Teufelskreis der Selbstbezogenheit – Kinder ohne Entwicklungschancen?"
Folgender Aufruf begleitete den Kongress:

„Für die Persönlichkeitsentwicklung von Kindern förderlich ist, wenn sie unter Bedingungen aufwachsen, die es ihnen ermöglichen,
- *sich selbst zu entdecken und sich selbst zu verwirklichen;*
- *Verantwortung zu übernehmen und den Nutzen von Disziplin zu erfahren;*
- *Selbstbewusstsein zu entwickeln und Einsatzbereitschaft zeigen zu dürfen;*
- *aufrichtig zu leben, bescheiden zu sein und sich in Arbeit erproben zu dürfen;*
- *eigenen Initiativen zu folgen, die natürlichen Lebensgrundlagen zu schützen und sich der Welt, in der sie aufwachsen, zugehörig zu fühlen;*

- *Entschlusskraft zu entwickeln, die dazu notwendige Umsicht und Anpassungsfähigkeit unter Beweis zu stellen und sich schwierigen Aufgaben mit Aufmerksamkeit zu widmen;*
- *sich und andere Menschen zu begeistern und mit kreativem Weitblick zu überraschen;*
- *scharfsinnig denken zu lernen, ihre Zeit bewusst einzuteilen und Rechenschaft abzulegen;*
- *den Sinn in ihrer Arbeit zu erkennen und Entschlüsse fassen zu können;*
- *Werte zu achten und den ‚common sense' zu verstehen;*
- *sich selbst und anderen Achtung entgegenzubringen;*
- *ein Gespür für Sprache, Musik, Naturwissenschaften, Kunst und Geschichte entfalten zu können;*
- *sich in ihrer Körperkraft messen und ihre geistige Wachheit trainieren zu können;*
- *ihrer Lust nach Abenteuer nachgeben und nachgehen zu dürfen;*
- *sich in Zusammenarbeit zu üben und sich auf ihr Selbst verlassen zu können;*
- *die eigene Nation verstehen zu lernen und internationales Bewusstsein auszubilden."*

- Diskutieren Sie in Kleingruppen, ob eine Einhaltung der genannten Prinzipien Verhaltensauffälligkeiten verhindert, und begründen Sie Ihre Ansicht.

- Entwickeln Sie ein persönliches Erzieherprofil, welches Kindern die dargestellten Entwicklungschancen ermöglicht.

3 Pädagogische Konzepte und ihre Grundlagen

3.1 Erziehen

▲ **1. Mein Erziehungsbegriff**

Lesen Sie die folgenden Behauptungen:

1. Erziehen heißt Formen.

2. Politik und Erziehung sollten nichts miteinander zu tun haben.

3. Der Apfel fällt nicht weit vom Stamm – wie die Eltern, so die Kinder.

4. Gegen den Einfluss von Internet und Fernsehen kann eine Erzieherin nicht viel tun.

5. Erziehung muss ermutigen und aufrichten.

6. Drohungen haben in einer guten Erziehung nichts zu suchen.

7. Ein Klaps auf den Hintern hat noch niemandem geschadet.

Fertigen Sie eine Tabelle nach folgendem Muster an und halten Sie darin Ihre spontanen Gedanken zu diesen Behauptungen in Stichworten fest. Schließen Sie die Arbeit mit einer eigenen Definition von „Erziehung" ab.

Meine Gedanken zu Fragen von Erziehung und Bildung		
Nr.	Behauptung	Spontane Gedanken
1		a) b) c)
2		a) ….
3		

Achten Sie darauf, dass die einzelnen Zeilen groß genug für Ihre Gedanken sind.

Vergleichen Sie anschließend Ihre Gedanken mit denen Ihrer Nachbarin und markieren Sie die Gedanken, die sich inhaltlich gleichen bzw. unterscheiden. Erstellen Sie dazu in Partnerarbeit eine Mindmap, deren Hauptstamm die Erziehung ist. Verwenden Sie für Verzweigungen eine grüne Farbe, wenn Sie Inhalte einfügen, die sich gleichen, und blaue Farbe für unterschiedliche Gedanken.

Hängen Sie Ihre gemeinsam erstellte Mindmap an einer Pinwand oder Tafel auf und vergleichen Sie sie mit den Mindmaps der anderen Teams. Suchen und reflektieren Sie Gemeinsamkeiten und Unterschiede.

2. Erziehung und Bildung

Die folgenden Wissensfragen beziehen sich unmittelbar auf das einleitende Kapitel des Studienbuches. Dieses Kapitel hat die Aufgabe, Ihnen einen ersten Überblick und eine Hinführung zu wichtigen und grundlegenden Fragen, Inhalten und Theorien über Erziehung und Erziehen zu geben. Mit der Beantwortung der Fragen erhalten Sie die Möglichkeit, sich den für die vertiefende Arbeit erforderlichen Überblick zu verschaffen.

Was wissen Sie über …

- die fachlichen und wissenschaftlichen Gegenstände von Pädagogik und Erziehungswissenschaft?
- die Unterschiede und die Gemeinsamkeiten von Pädagogik und Erziehungswissenschaft?
- die Definierbarkeit von Erziehung bzw. Erziehen?
- unterschiedliche Verständnisse und Definitionen von Erziehung und Erziehungsprozessen?
- pädagogische Handlungsfelder bzw. zukünftige Arbeitsfelder einer professionellen Erzieherin?
- Bildung und Bildungsprozesse und unterschiedliche Definitionen von Bildung?
- Erziehung und Bildung und ihre Gemeinsamkeiten und Unterschiede?
- die Beziehung von Bildung, Kultur und Gesellschaft?
- die Bedeutung von Norm- und Wertvorstellungen im Rahmen von Erziehungsprozessen?
- den Einfluss politischer Systeme auf Erziehung und Bildung?
- den Einfluss der wirtschaftlichen Lage einer Gesellschaft auf Erziehung und Bildung?
- den Einfluss der psychosozialen Lage einer Familie auf Erziehung und Bildung?
- die Bedeutung persönlicher Bedürfnisse, Wünsche und Ängste der Erziehenden auf ihr Erziehungsverhalten?
- den Unterschied zwischen intentionaler und funktionaler Erziehung?
- funktionale Einflüsse auf die Entwicklung von Kindern und Jugendlichen?
- die Antipädagogik?
- das Verhältnis von Erziehung und Menschenwürde?
- die Notwendigkeit und die anthropologischen Grundlagen der Erziehung?
- die Kinder von Midnapore?

Fertigen Sie dazu eine Tabelle nach folgendem Muster an und halten Sie darin Ihr Wissen in Stichworten fest.

Nr.	Thematik	Meine Kenntnisse
1		
2		
3		

Achten Sie darauf, dass die einzelnen Zeilen groß genug für Ihre Antworten sind. Überprüfen Sie Ihre Antworten mithilfe Ihres Studienbuches.

3. Das „Glück des Kindes" im englischen Erziehungsgesetz

„Die Grundlage der Erziehung ist also das leidenschaftliche Verhältnis eines reifen Menschen zu einem werdenden Menschen, und zwar um seiner selbst willen, dass er zu seinem Leben und seiner Form komme. Dieses

erzieherische Verhältnis baut sich auf einer instinktiven Grundlage auf, die in den natürlichen Lebensbezügen der Menschen und ihrer Geschichtlichkeit verwurzelt ist."

(Nohl, 1963, S. 134)

„In England hat man den Mut gehabt, das ‚Glück des Kindes' als Forderung in das Erziehungsgesetz mit aufzunehmen; bei seiner starken utilitaristischen Bewegung ist die Anerkennung des Glücksgefühls eines berechtigten Lebensziels hier nie so vergessen worden wie in Deutschland, wo der Staat eine ganz andere Gewalt entwickelte. Hier hat der Pflichtgedanke alles andere überschattet. Wie die Leistungsforderung, so ist auch die Pflichtforderung eine Verobjektivierung des Lebens. […] Das Tief-Wahre an dieser Stellung ist die Ablehnung jedes bloßen Genusslebens, der tapfere Wille, die rechte Ordnung des Lebens zu verwirklichen und in verantwortlicher Hingabe von dem armen Ich loszukommen. Aber die Freude ist nicht egoistischer Genuss, sie ist die Quelle und Kennzeichnen jedes richtigen Seins und Lebens. […] Nietzsche [Friedrich Wilhelm Nietzsche, * 15. Oktober 1844, † 25. August 1900, deutscher Philosoph, Dichter und klassischer Philologe; Anm. d. Verf.] höhnte zeitlebens über das ‚englisch-demokratische' Glücksverlangen und meinte: ‚Strebe ich denn nach meinem Glück? Nein, ich strebe nach meinem Werk.' Aber das Werk als Lebensziel ist auch wieder nur eine Verobjektivierung der Seele, wenn es auch im Unterschied von der bloßen Leistung das schöpferische Moment enthält. Der Sinn des Lebens liegt im Leben selbst, die Leistung ist nur sein Maß, und das Werk darf den Menschen nicht vergessen lassen, um dessentwillen es schließlich da ist. Das gesunde Leben beruht auf dem frohen Tun, auf der Freude des Gelingens, und die Erziehung wird das ganz anders in den Vordergrund ihrer Arbeit stellen müssen, wenn sie ihrem echten Wesen folgt: die freie Bewegung der Seelen in Spiel und Arbeit und in dem Glück der Gemeinschaft."

(Nohl, 1967, S. 486 f.)

- Fassen Sie Herman Nohls Gedanken über Erziehung, Glück und Leistung in eigenen Worten zusammen.

- Beschreiben Sie an anschaulichen Beispielen den Stellenwert, den „das Glück des Kindes" als pädagogisches Grundanliegen nach Ihren Beobachtungen in Familien, in Kindertagesstätten und in Schulen hat.

- Erläutern Sie, was Sie persönlich unter dem „Glück des Kindes" als Erziehungs- und Lebensziel verstehen, welchen Stellenwert es für Sie hat und welche Konsequenzen Sie daraus für den pädagogischen Umgang mit Kindern ableiten.

4. Umweltbedingungen und Intelligenz

1994 wurde in den USA ein Buch veröffentlicht, in dem ein Zusammenhang zwischen Intelligenz und Rassen- sowie Sozialschichtzugehörigkeit hergestellt wird. In einem Satz: Eltern mit höherem sozioökonomischem Status verfügen über einen höheren Intelligenzquotienten und geben diesen an ihre Kinder weiter. Der Intelligenzquotient Weißer ist höher als der von Schwarzen (vgl. Krapp, 2001, S. 105).

„Politische Brisanz gewannen diese Thesen vor allem in Nordamerika. Sie heizten die öffentliche Diskussion in der multiethnischen US-Gesellschaft an. Allerdings sind diese politischen Debatten keineswegs neu. […] Quitzow (1990) weist aus wissenschaftshistorischer Perspektive auf ideologische Aspekte von Intelligenztheorien und Methoden der Intelligenzmessung hin, die vor allem im Zusammenhang mit politischen Auseinandersetzungen um Gleichheit oder Ungleichheit von Menschen sichtbar werden. Er zeigt, dass Ergebnisse aus Intelligenztests soziale Ungerechtigkeiten festigen können, die auf Grund ungleicher Behandlung von Geschlechtern, Schichten, Rassen usw. erst entstanden sind. Dass die Anlage-Umwelt-Diskussion auch politischen Zündstoff enthält, ist also kein neues Phänomen."

(Krapp, 2001, S. 105 f.)

- Analysieren Sie diesen Text und setzen Sie sich kritisch mit ihm auseinander.

- Wenn man Intelligenz in erster Linie als anlagebedingt versteht, dann hat dies völlig andere bildungspolitische Konsequenzen, als wenn man die Auffassung vertritt, Intelligenz entwickele sich vor allem unter dem Einfluss der Umwelt. Stellen Sie Ihre eigene Position im Hinblick auf „reich-arm", weiß-schwarz, männlich-weiblich dar.

5. Bildungsinhalte, die für mich wichtig sind

Reflektieren Sie, welche der folgenden Bildungsbereiche Ihre persönliche Entwicklung besonders beeinflusst haben und entsprechend wichtig für Sie waren:

- klassische Literatur
- klassische Musik
- moderne Literatur
- moderne Musik
- Geografie

- Geschichte
- Fremdsprachen
- andere Völker und Kulturen
- Politik
- … ergänzen Sie weitere Bereiche

Erstellen Sie dazu eine Tabelle nach folgendem Muster:

Rang (an erster Stelle steht der wichtigste Bildungsbereich)	Begründung
1.	
2.	
3.	

6. Strenge und Leistungsorientierung

> **Beispiel**
> *Zwei Mütter (Frau Hillert und Frau Brandner) streiten sich im Beisein der Erzieherin. Nach dem Austausch allgemeiner eher belangloser Höflichkeiten sagt Frau Hillert plötzlich: „Ich möchte eigentlich, dass mein Sohn hier in der Kindertagesstätte besser auf die Schule vorbereitet wird. Mit diesen albernen Spielen müsste jetzt langsam mal Schluss sein. Es sind ja nur noch ein paar Monate, bis er eingeschult wird." Frau Brandner zögert einen Augenblick und dann platzt ein „Um Gottes Willen" aus ihr heraus. Um dem noch Nachdruck zu verleihen, ergänzt sie dann: „Ich möchte, dass mein Kind so lange wie möglich das Leben genießen kann und frei zum Spielen ist." Im weiteren Verlauf stellt sich heraus, dass Frau Hillert sich eine sehr viel strengere, leistungsorientiertere Erziehung in der Kindertagesstätte vorstellt, während Frau Brandner der Auffassung ist, dass Strenge und Leistungsorientierung hier einer erfolgreichen pädagogischen Arbeit entgegenstehen.*

- Klären Sie zunächst, was Sie selbst unter Strenge und Leistungsorientierung verstehen und welchen Stellenwert beides in einer Kindertagesstätte haben sollte.

- Entwickeln Sie eine Strategie, um gemeinsam oder auch getrennt mit beiden Müttern über dieses Thema zu sprechen.

3.1.1 Pädagogische Grundhaltungen

1. Pädagogisches Handeln – pädagogische Grundhaltungen

- Was verstehen Sie unter einer pädagogischen Grundhaltung?

- Erstellen Sie eine Tabelle nach folgendem Muster, um sich mit pädagogischen Handlungsweisen und pädagogischen Grundhaltungen näher auseinanderzusetzen. Stellen Sie sich dazu erzieherisch schwierige Situationen vor, die Sie als Kind, als Jugendliche, als Erwachsene und evtl. als Praktikantin in einer sozialpädagogischen Einrichtung erlebt haben.

Nr.	Situationsbeschreibung	Erlebte pädagogische Handlungsweisen
1		
	Fassen Sie die zugrunde liegenden pädagogischen Grundhaltungen in eigene Worte	Entwickeln und begründen Sie alternative pädagogische Handlungsweisen
2	Situationsbeschreibung	Erlebte pädagogische Handlungsweisen
	Fassen Sie die zugrunde liegenden pädagogischen Grundhaltungen in eigene Worte	Entwickeln und begründen Sie alternative pädagogische Handlungsweisen

■ 2. Pädagogische Grundhaltungen – pädagogische Kompetenzen

Jede Erziehung setzt eine Beziehung zwischen Erziehenden und Zu-Erziehenden – also ein pädagogisches Verhältnis – voraus. Das pädagogische Verhältnis wird wesentlich durch pädagogische Grundhaltungen des Erziehenden geprägt. Wichtige pädagogische Grundhaltungen beziehen sich auf eine Reihe ganz spezifischer persönlicher Kompetenzen, die verschiedene Bereitschaften und Fähigkeiten umfassen. Erstellen Sie eine Tabelle nach folgendem Muster. Nennen und erläutern Sie solche Kompetenzen ausführlich und beschreiben Sie in Ihren Worten die zugrunde liegenden pädagogischen Grundhaltungen.

Pädagogische Grundhaltungen – pädagogische Kompetenzen	
Kompetenzen – Bereitschaften und Fähigkeiten	Grundhaltungen

■ 3. Pädagogische Grundhaltungen

Der folgende Textausschnitt stammt aus der Konzeption einer Kindertagesstätte unter dem Stichwort „Pädagogische Grundhaltungen". Analysieren Sie diesen Text im Hinblick auf folgende Fragen:

- Bei welchen Punkten handelt es sich nach Ihren Kenntnissen tatsächlich um Grundhaltungen der Erzieherinnen und bei welchen um ein Bild vom Kind?

- Welche erzieherischen, methodischen und didaktischen Konsequenzen leiten Sie aus den unten aufgeführten Punkten ab?

- Um welche Grundhaltungen können Sie die unten aufgeführten Punkte ergänzen?

- Welche der Punkte müssten nach Ihrer Vorstellung wie präzisiert werden?

„Zentraler Punkt unserer pädagogischen Grundhaltung ist die Wertschätzung und der Respekt vor dem einzelnen Kind.

Das Kind in seiner Einzigartigkeit ist die Basis unseres pädagogischen Handelns.

Von grundlegender Bedeutung ist, dass Kinder sich am besten in einer Umgebung entfalten, in der sie sich wohlfühlen.

Kinder brauchen für ihre Persönlichkeitsentwicklung genügend Zeit, Raum, Anreize und Impulse.

Kinder gelten bei uns als aktiv Lernende und als Forscher.

Kinder lernen und experimentieren im Spiel, sie gehen auf Entdeckungsreise.

Die Entwicklung verläuft bei jedem Kind anders und in aufeinanderfolgenden Phasen ab. In jeder dieser Phasen sammelt das Kind viele Erfahrungen, die wiederum Auswirkungen auf sein weiteres Leben haben.

Mit zunehmender Kompetenz werden den Kindern mehr Freiheiten zugestanden und mehr Pflichten übertragen; jedoch nur so viel, wie das Kind bewältigen kann.

Voraussetzungen für unsere Arbeit sind für uns:

- *eine feste Struktur und ein Rahmen*

- *fortlaufende Beobachtung und regelmäßige Dokumentation*

- *eine offene und konstruktive Kommunikation zwischen den Mitarbeiterinnen*

- *Elternarbeit*

Der Bayerische Erziehungs- und Bildungsplan dient uns zur Orientierung unserer Arbeit."
(LABOKALA, 2009, S. 8)

3.1.2 Erziehungsbedingungen

▪ 1. Erziehungsbedingungen in unterschiedlichen Lebensbereichen

Erziehung findet in unterschiedlichen Lebensbereichen statt.
Erstellen Sie eine möglichst umfangreiche und differenzierte Liste von Lebensbereichen auf der Grundlage Ihrer eigenen Erfahrungen

1. von Kindern und

2. von Jugendlichen,

die als Erziehungsbedingungen bedeutsam sind und das Verhalten und Erleben nachhaltig beeinflussen.
Stellen Sie die wechselseitigen Beziehungen dieser Lebensbereiche getrennt für Kinder und Jugendliche grafisch (z. B. als Mindmap) dar.

▪ 2. Erziehungsbedingungen in sozialen Systemen

Erläutern Sie die folgenden soziologischen Systeme allgemein und im Hinblick auf ihren jeweiligen erzieherischen Einfluss auf Kinder und Jugendliche:

- Mikrosystem
- Mesosystem
- Exosystem
- Makrosystem

3.1.3 Erziehungsziele

▲ 1. Das „ideale" Bild vom Kind und vom Jugendlichen

Erziehende haben Vorstellungen davon, wie Kinder bzw. Jugendliche sich in und außerhalb von pädagogischen Situationen ihrem Alter entsprechend verhalten und handeln „sollten". Letztere erfahren diese Vorstellungen als konkrete an sich gerichtete Erwartungen. Ziel der Erziehung ist es, dass die Kinder und Jugendlichen fähig und bereit werden, diesen Erwartungen – also einem „idealen" Bild – zu entsprechen. Diese Erwartungen können von Erziehendem zu Erziehendem durchaus sehr unterschiedlich sein, sie können sich aber in pädagogischen Teams auch angleichen. Daher ist es in der folgenden Aufgabe wichtig, dass sie sich sowohl einzeln als auch in kleinen Gruppen mit Ihren „Idealbildern" von Kindern und Jugendlichen auseinandersetzen.

Das Bild vom „idealen" Kind

1. In Einzelarbeit: Zeichnen Sie das Bild eines Kindes auf ein großes Blatt Papier (wenn möglich DIN A3) und beschriften Sie dieses Bild mit Stichworten, die Ihrer Vorstellung von einem „idealen" Kind entsprechen.

2. Im Team mit vier Studierenden: Nehmen Sie eine große Papierrolle (möglichst breiter als 1 m) und schneiden Sie einen 1,80 m langen Streifen ab, auf den Sie anschließend die Silhouette eines Kindes zeichnen. Erstellen Sie ein gemeinsames Bild vom „idealen" Kind auf der Grundlage Ihrer individuellen grafischen Darstellungen.

   Versuchen Sie sich im Falle von individuellen Unterschieden zu einigen und erstellen Sie eine schriftliche begründende Stellungnahme zu den „Idealeigenschaften", bei denen keine Einigung möglich ist.

3. Stellen Sie Ihr Arbeitsergebnis mit entsprechenden Begründungen im Plenum vor.

Das Bild vom „idealen" männlichen Jugendlichen (ca. 15 Jahre alt)

1. In Einzelarbeit: Zeichnen Sie das Bild eines Jugendlichen auf ein großes Blatt Papier (wenn möglich DIN A3) und beschriften Sie dieses Bild mit Stichworten, die Ihrer Vorstellung von einem „idealen" Jugendlichen entsprechen.

2. Im Team mit vier Studierenden: Nehmen Sie eine große Papierrolle (möglichst breiter als 1 m) und schneiden Sie einen 1,80 m langen Streifen ab, auf den Sie anschließend die Silhouette eines männlichen Jugendlichen zeichnen. Erstellen Sie ein gemeinsames Bild vom „idealen" männlichen Jugendlichen auf der Grundlage Ihrer individuellen grafischen Darstellungen.

   Versuchen Sie sich im Fall von individuellen Unterschieden zu einigen und erstellen Sie eine schriftliche begründende Stellungnahme zu den „Idealeigenschaften", bei denen keine Einigung möglich ist.

3. Stellen Sie Ihr Arbeitsergebnis mit entsprechenden Begründungen im Plenum vor.

Das Bild von der „idealen" weiblichen Jugendlichen (ca. 15 Jahre alt)

1. In Einzelarbeit: Zeichnen Sie das Bild einer Jugendlichen auf ein großes Blatt Papier (wenn möglich DIN A3) und beschriften Sie dieses Bild mit Stichworten, die Ihrer Vorstellung von einer „idealen" Jugendlichen entsprechen.

2. Im Team mit vier Studierenden: Nehmen Sie eine große Papierrolle (möglichst breiter als 1 m) und schneiden Sie einen 1,80 m langen Streifen ab, auf den Sie anschließend die Silhouette einer weiblichen Jugendlichen zeichnen. Erstellen Sie ein gemeinsames Bild von einer „idealen" weiblichen Jugendlichen auf der Grundlage Ihrer individuellen grafischen Darstellungen.

   Versuchen Sie sich im Fall von individuellen Unterschieden zu einigen und erstellen Sie eine schriftliche begründende Stellungnahme zu den „Idealeigenschaften", bei denen keine Einigung möglich ist.

3. Stellen Sie Ihr Arbeitsergebnis mit entsprechenden Begründungen im Plenum vor.

Vergleichen und diskutieren Sie die Unterschiede der „idealen" Bilder von weiblichen und männlichen Jugendlichen.

2. Erziehungsziel-Hierarchie

Erstellen Sie zwei Pyramiden Ihrer persönlichen Erziehungsziele. Die erste Pyramide soll einen Überblick über wichtige Erziehungsziele bei der Arbeit in einer Kindertagesstätte geben, die zweite bei der Arbeit in einer sozialpädagogischen Einrichtung für Jugendliche zwischen 10 und etwa 16 Jahren. In der Spitze der Pyramide soll jeweils das Ziel stehen, das Ihnen am wichtigsten ist, dann zwei oder drei Ziele, die weniger wichtig erscheinen, dann mehrere Ziele darunter. Über die Höhe der Pyramiden entscheiden Sie selbst.

3. Erziehungsziele – Begriffsklärung

- Erläutern Sie, was unter formellen Erziehungszielen zu verstehen ist, und erstellen Sie eine exemplarische Liste solcher Ziele.

- Erläutern Sie, was unter informellen Erziehungszielen zu verstehen ist, und erstellen Sie eine exemplarische Liste solcher Ziele.

- Erläutern Sie anhand der von Ihnen erarbeiteten Beispiele den Zusammenhang zwischen formellen und informellen Erziehungszielen.

4. Was sollen Kinder in Familie und Kindertagesstätte lernen?

Führen Sie eine Erhebung (z.B. in Ihrer Familie, bei Eltern einer sozialpädagogischen Einrichtung, bei Bürgern auf dem Wochenmarkt usw.) zu folgenden Fragen durch:

- Die acht wichtigsten Punkte in der Reihenfolge ihrer Bedeutsamkeit: Was sollten Kinder vor allem im Elternhaus lernen? (wichtigster Punkt an erster Stelle)

- Die acht wichtigsten Punkte in der Reihenfolge ihrer Bedeutsamkeit: Was sollten Kinder vor allem in einer Kindertagesstätte lernen? (wichtigster Punkt an erster Stelle)

- Die acht wichtigsten Punkte in der Reihenfolge ihrer Bedeutsamkeit: Was sollten Jugendliche vor allem im Rahmen einer Nachmittagsbetreuung lernen? (wichtigster Punkt an erster Stelle)

Fassen Sie zunächst Ihre eigenen und anschließend die Ergebnisse Ihrer Arbeitsgruppe anschaulich zusammen.

3.1.4 Erziehungsmittel

1. Wie Erziehungsmittel wirken

Viele Erwachsene sind der Auffassung, dass ihnen Strafen, evtl. sogar der „berühmte Klaps auf den Hintern" nicht geschadet habe und dass zu viel Lob und Belohnung zu sehr verwöhne. Andere wiederum meinen, Erziehung müsse grundsätzlich ohne Strafe auskommen, und wenn dies nicht möglich sei, dann jedenfalls ohne Körperstrafe. Immerhin könnten Kinder auch nicht ihre Eltern oder Erzieherinnen für all die erzieherischen Fehler, die sie begehen, bestrafen.

Erstellen Sie eine Tabelle nach folgendem Muster, in der Sie Ihre persönlichen Erfahrungen mit verschiedenen Erziehungsmitteln darstellen.

Eigene Erfahrungen mit Erziehungsmitteln			
Erziehungsmittel – Beispiele, an die Sie sich persönlich erinnern können	Unmittelbar ausgelöste Emotionen	Kurzfristige Wirkung bei Ihnen selbst	Langfristige Wirkung bei Ihnen selbst

2. Erziehungsmittel – Begriffsklärung

Klären Sie Erziehungsmittel definitorisch.
Beschreiben Sie die unterschiedlichen Erziehungsmittel und vergleichen Sie sie miteinander im Hinblick auf

- ihre kurzfristige Wirkung,

- ihre langfristige Wirkung und

- Vor- und Nachteile für die pädagogische Beziehung.

3.1.5 Erziehungsstile

1. Erziehungsstilkonzepte

- Definieren Sie den pädagogischen Fachbegriff „Erziehungsstil".

- Erläutern Sie ausführlich und vergleichend die Erziehungsstilkonzepte von Lewin sowie von Tausch/Tausch.

- Welche weiteren (elterlichen) Erziehungsstile werden in der Fachliteratur unterschieden?

2. Die Entstehung von Erziehungsstilen

Der Erziehungsstil einer Erzieherin entwickelt sich unter vielfältigen, z. T. sehr unterschiedlichen Einflussfaktoren. Erstellen Sie dazu eine Tabelle nach folgendem Muster:

Die Entstehung des Erziehungsstils einer Erzieherin – wichtige Einflussfaktoren –		
Einflussfaktor	Genaue Beschreibung	Zusammenhänge mit anderen Einflussfaktoren

3. Autorität und autoritär

▶ *Beispiel*
Eine Mutter kommt zu Ihnen und beklagt sich höflich: „Wenn ich am Morgen oder am Nachmittag komme, hab ich immer das Gefühl, dass in der Gruppe viel zu viel Unruhe herrscht. Als neulich der Kleine von Frau Meyer zu Ihnen sagte: ,Ich glaub, du spinnst!', da hätten Sie sich doch wirklich wehren müssen. So haben Sie nur gelacht und gesagt: ,Ich glaube, du findest nicht richtig, was ich hier mache', und ihm dann alles erklärt. Also ich finde wirklich, ein bisschen Autorität würde nicht schaden."

Erklären Sie dieser Mutter den Unterschied zwischen Autorität und autoritär und bereiten Sie einen Elternabend zu dieser Thematik, zu ihrem Erziehungsstil und zur Bedeutung einer entsprechenden Zusammenarbeit zwischen Ihnen und den Eltern vor.

3.1.6 Normen und Werte in der Erziehung

▲ ### 1. Ihre persönlichen Werte

Erstellen Sie eine Pyramide nach folgendem Muster und tragen Sie **allgemeine Werte** ein, die Ihnen besonders wichtig sind. Der für Sie wichtigste Wert steht in der Spitze, weniger wichtige folgen dann nach unten.

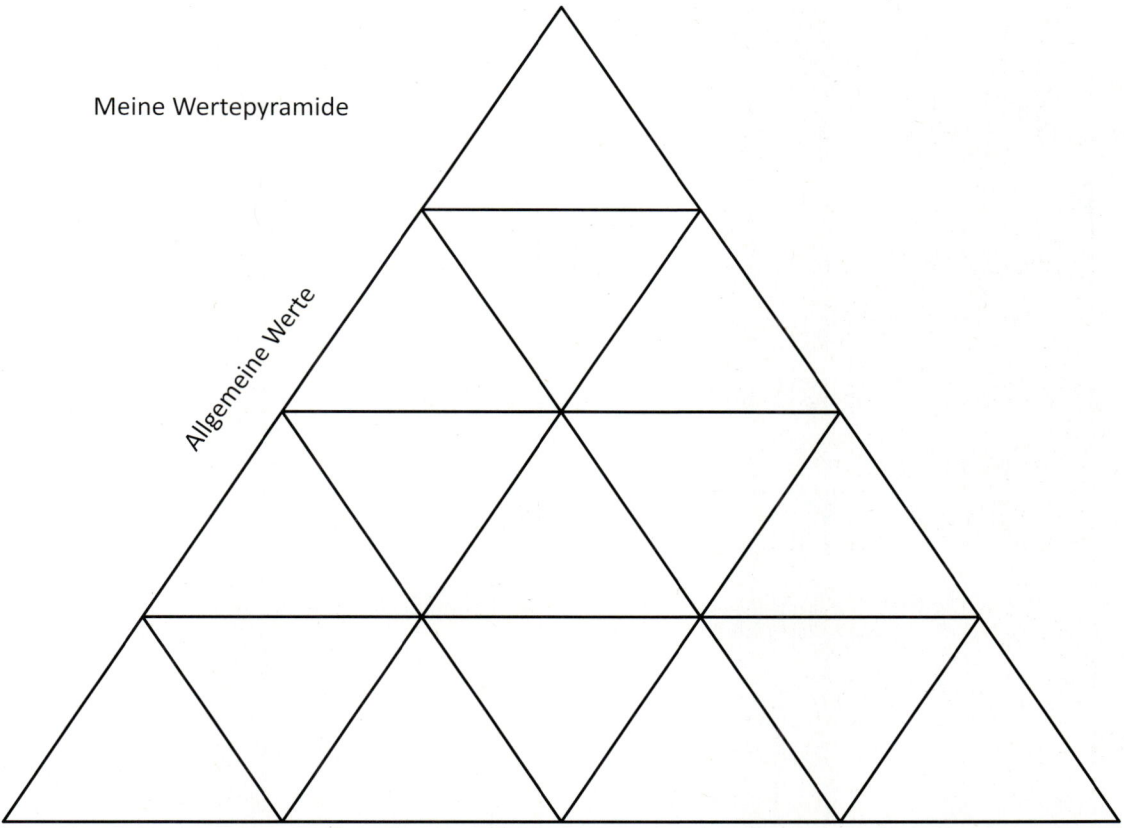

Meine Wertepyramide

Allgemeine Werte

▲ ### 2. Werte in der Erziehung

Erstellen Sie eine Pyramide nach obigem Muster (Aufgabe 1) und tragen Sie **Werte** ein, die Ihnen in der praktischen Arbeit besonders wichtig sind und **die Sie Kindern und Jugendlichen vermitteln möchten**. Der für Sie wichtigste Wert steht in der Spitze, weniger wichtige folgen dann nach unten.

3.1.7 Erziehungsprozesse planen

● **1. Bildungs- und Erziehungspläne der Bundesländer**

Besorgen Sie sich Bildungs- und Erziehungspläne verschiedener Bundesländer und vergleichen Sie sie im Hinblick auf:

- das Verständnis von Erziehung und Bildung in diesen Plänen,
- die dort formulierten Erziehungsziele,
- die dort formulierten Bildungsziele,
- den Stellenwert, der Einrichtungen für Kinder von 0 bis 6 Jahren insgesamt beigemessen wird.

3.1.8 Erziehungskonzeptionen

▲ **1. Das Bild vom Kind**

Es gibt Erziehungsvorstellungen seit Menschen bewusst darüber nachdenken, wie sie die Entwicklung ihrer Kinder in ihrem Sinne beeinflussen können. In sehr allgemeiner Form gehören die Antworten auf folgende Fragen zu diesen Überlegungen. Welche Antworten würden Sie zurzeit geben? Klären Sie Ihre persönlichen Vorstellungen, Ihr Bild vom Kind.
Erstellen Sie dazu eine Tabelle nach folgendem Muster:

Wie soll sich das Kind in naher und in ferner Zukunft verhalten?	
Welche überdauernden Eigenschaften soll das Kind entwickeln?	
Über welche Fähigkeiten und Fertigkeiten soll das Kind in naher und in ferner Zukunft verfügen?	
Welches Bild von der Welt soll das Kind haben?	
Woran soll das Kind glauben?	
Welches Bild von sich selbst soll das Kind haben?	
Was kann ich als Erzieherin tun, wie muss ich mich verhalten, um das Kind nachhaltig zu beeinflussen?	
Wie muss ich die Lebenswelt des Kindes gestalten, damit ich es nachhaltig beeinflussen kann?	
Wer soll sich an der erzieherischen Arbeit in welchem Rahmen beteiligen?	

▲ Persönliche Vorerfahrung ■ Fachkenntnisse

2. Menschenbilder in pädagogischen Konzeptionen

- Erklären Sie, was unter einer pädagogischen Konzeption zu verstehen ist.

- Bitten Sie eine Ihnen bekannte Kindertagesstätte, Ihnen ihre Konzeption zu geben. Sprechen Sie sich vorher im Unterricht so ab, dass möglichst keine Konzeption einer Einrichtung doppelt ist. Bilden Sie dann im Unterricht Gruppen mit je fünf Mitgliedern und untersuchen Sie, inwieweit sich die Konzeptionen in Bezug auf folgende Kriterien gleichen oder unterscheiden:

  1. Welches Menschenbild bzw. welches Bild vom Kind liegt den Konzeptionen zugrunde?

  2. Welche Erziehungs- und welche Bildungsziele werden in den Konzeptionen ausformuliert?

  3. Wie wird das erwünschte pädagogische Verhältnis zwischen Erzieherinnen und Kindern beschrieben?

  4. Welche Besonderheiten werden zur Raum- und Materialausstattung beschrieben?

  5. Welche methodischen und welche didaktischen Besonderheiten werden dargestellt?

  6. Welche Formen der Mitwirkung der Kinder gibt es, welche Rechte und Pflichten haben sie?

  7. Welchen Stellenwert haben die Kooperation im Team sowie die Weiter- und Fortbildung?

  8. Welche Bedeutung und welche Rolle hat der Träger der Einrichtung?

  9. Welchen Stellenwert hat die Arbeit mit den Erziehungspartnern und wie wird sie gestaltet?

  10. Welcher Stellenwert wird der Kooperation mit anderen Institutionen im Einzugsbereich der Einrichtung beigemessen?

3. Menschenbilder in Religionen und anderen Weltanschauungen

Entwickeln Sie einen möglichst differenzierten Überblick über die folgenden Menschenbilder:

- christliche Menschenbilder

- buddhistische Menschenbilder

- humanistische Menschenbilder

- das darwinistische Menschenbild

- islamische Menschenbilder

Wenden Sie sich dazu an entsprechende Fachleute, Ihre Lehrkräfte, Pfarrer, islamische Geistliche, Politiker etc. und recherchieren Sie im Internet.

4. Zurück zur Natur – Rousseau

Das Kind ist gut! Ist das Kind gut? – Hat Rousseau wirklich Recht? Um dies zu beurteilen, müssen Sie sich intensiver mit Rousseaus pädagogischen Vorstellungen auseinandersetzen. Vergleichen Sie seine Thesen mit Ihren eigenen Vorstellungen und arbeiten Sie diesen Vergleich schriftlich aus.

5. Pestalozzis Verständnis vom Menschen

Pestalozzi hatte ein durchaus ganzheitliches Verständnis vom Menschen. Seine Pädagogik lässt sich unter folgenden Stichworten zusammenfassen (vgl. Thesing, 1999, S. 30 f.):

- Menschenbildung

- Entwicklung einer neuen Schule

- Wohnstubenerziehung

- Lernen mit Kopf, Herz und Hand

- Armenerziehung

- Elementarbildung

Erläutern Sie diese Punkte ausführlich und überprüfen Sie sie hinsichtlich ihrer heutigen Aktualität.

6. Mit Kopf, Herz und Hand – Pestalozzi

Pestalozzi war der bis heute unbestrittenen Auffassung, dass jedes Kind von Natur aus über geistige (Kopf), emotionale (Herz) und motorische (Hand) Kräfte und Anlagen verfügt, die danach drängen, sich entfalten zu können. Zu diesen Kräften gehört die Fähigkeit, den eigenen Egoismus zu überwinden und wichtige soziale Kompetenzen zu entwickeln.

> **Beispiel**
> *Wie anders, meint die Leiterin der Einrichtung, könnte man diesem Anliegen einer ganzheitlichen Erziehung besser gerecht werden als mit einem von Kindern betreuten Garten, in dem Lebensmittel für den Alltag der Einrichtung wachsen? Ihnen fallen noch viele andere Beispiele ein, deren Realisierung einer sorgfältigen Planung bedarf.*

Entwickeln Sie einen Plan für die Durchführung eines solchen Vorhabens und begründen Sie die diesem Plan zugrunde liegenden Entscheidungen anhand der pädagogischen, methodischen und didaktischen Kernaussagen Pestalozzis.

7. Fröbels Bild vom Kind

Die Entwicklung des Kindes stellte sich Fröbel vor wie die Entfaltung der Pflanzen in einem Garten. So wie sich beispielsweise eine Blume aus einem Samenkorn entwickelt, wächst und schließlich eine wunderschöne Blüte hervorbringt. Je besser diese Blume vom Gärtner in ihrer Entwicklung unterstützt wird, indem er sie an den richtigen Orten sät, sie düngt und schützt, desto größer und kräftiger wird sie sein. Erläutern Sie Fröbels Bild vom Kind und seine Vorstellungen von der Entwicklung im Kindesalter und überprüfen Sie beides im Hinblick auf seine heutige Aktualität.

8. Die Erfindung des Kindergartens – Fröbel

Erziehung – das ist besonders bemerkenswert – war für Fröbel der Weg und nicht das Ziel. Die Erzieherin begleitet das Kind auf diesem Weg, sie bereitet seine Lern- und Entwicklungsumgebung vor und eröffnet ihm so die Möglichkeit, zu sich zu finden, sich selbst zu entdecken und sich seiner Welt gegenüber zu öffnen. Das Ziel war die starke, selbstbewusste Persönlichkeit, die den Aufgaben, die ihr das Leben stellt, gewachsen ist.
Fröbel entwickelte vier Gruppen von Spielgaben und Beschäftigungsmaterialien:

1. Gruppe
feste Körper (Bälle, Kugel, Würfel, Walze) und gegliederte Körper (Würfel aus acht Würfeln, Würfel aus acht Quadern)

2. Gruppe
Spielgaben: Flächen (Mosaik-Legetafeln), Linien (Stäbchen, Ringe), Punkte (Steinchen, Erbsen, Perlen), Beschäftigungsmaterial zum Darstellen von und mit Punkten und Linien

3. Gruppe
Beschäftigungsmaterial zum Darstellen von Flächen

4. Gruppe
Beschäftigungsmaterial, das noch formlos und ohne einengende Maße ist (Knete, Ton, Papier etc.)

Entdecken Sie die Möglichkeiten der Fröbel-Pädagogik „neu":

- Stellen Sie ein möglichst umfangreiches Sortiment an Fröbel-Materialien zusammen; berücksichtigen Sie dabei

  - fertige Materialien aus Ihrer Kinderzeit bzw. aus Praxiseinrichtungen,

  - von Ihnen selbst entsprechend den Vorgaben Fröbels erstellte Materialien.

- Ordnen Sie die Materialien nach ihrer Eignung für bestimmte Altersstufen und begründen Sie Ihre Zuordnung pädagogisch und psychologisch.

- Entwickeln Sie methodisch-didaktisch begründete Angebote für Kinder, in deren Mittelpunkt die Arbeit mit Fröbels Spielgaben steht.

Achten Sie besonders darauf, dass die Kinder die Möglichkeit haben, im Spiel mit den Fröbel-Materialien ihre Gedanken, Wünsche und Bedürfnisse nach außen darzustellen.

- Dokumentieren Sie Ihre Arbeit und tauschen Sie Ihre Arbeitsergebnisse mit Ihren Mitstudierenden aus.

- Bieten Sie – sofern möglich – Ihre Angebote Kindern in der Praxis an, dokumentieren Sie die Durchführung und reflektieren Sie Ihre Erfahrungen im Plenum.

9. Das Jahrhundert des Kindes – Key

Ellen Key wünschte sich, dass das zu ihrer Lebzeit beginnende und inzwischen vergangene 20. Jahrhundert ein „Jahrhundert des Kindes" werden möge.

- Was stellte sich Ellen Key darunter vor?

Vergleichen Sie Ellen Keys Vorstellungen mit der UN-Kinderrechtskonvention. Sie finden die 54 Artikel der Konvention im Internet z. B. unter folgender Adresse: http://nibis.ni.schule.de/~kiko/kiko-data/de/kk/kinkon.htm (26.06.2009)

- Welche Vorstellungen Keys haben sich in Deutschland im Allgemeinen erfüllt und welche nicht?

- Wie steht es um die Kindheit bei vielen Kindern der sogenannten Dritten Welt?

10. Die Achtung vor dem Kinde – Korczak

- Stellen Sie die wesentlichen Merkmale der pädagogischen Konzeption von Janusz Korczak dar.

- Lesen Sie eines der folgenden von Janusz Korczak veröffentlichten Bücher:

  - Kaitus oder Antons Geheimnis, übers. und bearb. v. Friedhelm, Frankfurt am Main, Fischer-Taschenbuch-Verl., 1994.

  - König Hänschen I, übers. v. Katja Weintraub, 5. Aufl., Göttingen, Vandenhoeck und Ruprecht, 1995.

  - König Hänschen auf der einsamen Insel, übers. v. Katja Weintraub, überarb. von Klaus Staemmler, 3. Aufl., Göttingen, Vandenhoeck und Ruprecht, 1993.

  - Der kleine König Macius: eine Geschichte in zwei Teilen für Kinder und Erwachsene, übers. v. Monika Heinker, 2. Aufl., Freiburg im Breisgau, Herder, 1995.

Janusz Korczak drückt in diesen Büchern in vielfältiger Weise seine Vorstellungen vom Wesen des Kindes und seine pädagogischen Anliegen aus. Fassen Sie zusammen, wo und in welcher Weise Korczak dies deutlich werden lässt.

11. Die Rechte des Kindes – Korczak

Janusz Korczak formuliert drei grundlegende Rechte des Kindes, die beim ersten oberflächlichen Lesen zunächst Erstaunen herrufen könnten. Bei genauerer Betrachtung lässt sich allerdings rasch die elementare Bedeutung dieser Rechte für die Entwicklung des Kindes feststellen:

- Das Recht des Kindes auf seinen Tod.

- Das Recht des Kindes auf den heutigen Tag.

- Das Recht des Kindes so zu sein, wie es ist.

Beschreiben Sie in Ihren eigenen Worten, was Korczak unter diesen Rechten verstand, und analysieren Sie Ihre bisherigen Praxiserfahrungen; entspricht die dortige Praxis den Forderungen Korczaks?

12. Erziehungsgrundsätze Alexander Sutherland Neills

Die Grundsätze, auf denen sich Neills System aufbaut, sind einfach und eindeutig:

„ 1. *Neill glaubt fest an das Gute im Kind. […]*
2. *Das Ziel der Erziehung […] besteht darin, mit Freude arbeiten und glücklich werden zu können. […]*
3. *[…] In der Erziehung müssen sowohl die intellektuellen wie die emotionalen Kräfte entwickelt werden. […]*
4. *Erziehung muss den psychischen Bedürfnissen und Fähigkeiten des Kindes angepasst sein. […]*
5. *Erzwungene Disziplin erregt ebenso wie Bestrafung Angst, und Angst erzeugt Feindseligkeit. […]*
6. *Freiheit ist nicht Zügellosigkeit. […]*
7. *In engem Zusammenhang hiermit steht die Forderung nach uneingeschränkter Aufrichtigkeit des Lehrers. […]*
8. *Wenn das Kind sich zu einem gesunden erwachsenen Menschen entwickeln soll, muss es eines Tages die ursprüngliche Bindung an die Eltern oder ihre späteren Stellvertreter in der Gesellschaft aufgeben und völlig selbständig werden. […]*
9. *Schuldgefühle haben vor allem die Funktion, das Kind an die Autorität zu binden. Schuldgefühle behindern die Entwicklung zur Selbständigkeit. […]*
10. *In Summerhill gibt es keinen Religionsunterricht. Das bedeutet jedoch nicht, dass in dieser Schule die humanistischen Werte im weitesten Sinne des Wortes keine Rolle spielten. Neill drückt das kurz und bündig so aus: Nicht Gläubige und Ungläubige im theologischen Sinne liegen miteinander im Kampf, sondern diejenigen, die an die Freiheit des Menschen glauben, und jene, die diese Freiheit unterdrücken wollen.“*

(Fromm, 1969, S. 14 ff.)

Setzen Sie sich kritisch mit den von Erich Fromm beschriebenen pädagogischen Grundsätzen Neills auseinander.
Was ist unter dem jeweiligen Zielen genau zu verstehen, was halten Sie in der Praxis für durchführbar, was nur bedingt und unter welchen Bedingungen und was halten Sie für unrealistisch?

13. Erziehung zum „Glücklich-Sein" – Neill

Ein Hauptanliegen Neills ist, dass Erziehung darauf abzielen muss, dass das Kind glücklich ist und bleiben kann sowie mit Freude arbeiten und sein Leben gestalten kann. Nehmen Sie begründend Stellung dazu und zu dem im Alltag verbreiteten Gedanken, dass Kinder früh genug den „Ernst des Lebens" kennen lernen und erfahren müssen, zwischen Arbeit und Freude und Spaß zu unterscheiden.

14. Die Arbeitsateliers – Freinet

Célestin Freinet vertrat die Auffassung, dass Erziehung in einer natürlichen, lebensnahen Umgebung stattfinden sollte, in der die Kinder grundlegende und direkte Lebenserfahrungen sammeln können, und nicht in einem mit unnützem Spielzeug und künstlichem, von der Spielindustrie geschäftstüchtig ausgeklügeltem Fördermaterial vollgestopften Raum.

Untersuchen Sie Gruppenräume und vorhandenen Arbeits- und Spielmaterialien exemplarisch in der Praxis sozialpädagogischer Einrichtungen und entwickeln für diese Einrichtungen alternative Konzepte für Raumausstattung und Materialangebote im Sinne Freinets.

15. Die Freinet-Druckerei

▶ *Beispiel*

Der Träger und die Lehrkräfte eines Ganztagsangebotes einer Grundschule regen in einer Konferenz an, gemeinsam mit den Kindern eine Freinet-Druckerei aufzubauen, in der eine monatlich erscheinende Schülerzeitung gedruckt wird. Eine Druckerei mit Setzkästen wird zwar bevorzugt, es wird aber auch für sinnvoll gehalten, alte PCs mit Druckern zu verwenden, falls keine Setzkästen mehr zu beschaffen sind. Ein Konferenzmitglied spricht von einem „kleinen Verlagshaus", das die Kinder aufbauen könnten.

Entwickeln Sie eine Konzeption für ein solches „Verlagshauses".

16. Freinet in einer offenen Ganztagsschule

Freinet war der Auffassung, dass die Lernumwelt der Kinder ansprechend und motivierend sein muss. Damit war nicht gemeint, dass die Sterilität eines Klassenraumes durch Bilder verschönert werden sollten. Es kam ihm in erster Linie darauf an, dass die Klassenräume den Charakter motivierender Arbeitsateliers erhielten. Raumschmuck lehnte er zwar nicht ab, aber entscheidend für ihn war die zu schaffende Arbeitsatmosphäre. Freinet schlug selbst einen strukturierten Raum mit folgenden Arbeitsbereichen vor für (vgl. Jörg, 1995, S. 102):

- Arbeitsplanung und den Wissenserwerb mit Quellen- und Dokumentensammlungen,

- naturwissenschaftliche Versuche,

- grafische Gestaltung, schriftlichen Ausdruck und Korrespondenz,

- technische Medien,

- Pflanzen- und Tierversuche und -beobachtungen,

- künstlerisches und musisches Gestalten und Schaffen mit Holz, Metall und Keramik,

- hauswirtschaftliche Arbeiten,

- Konstruktion, Mechanik, Handel.

Sie haben zwei Räume in der Größe durchschnittlicher Klassenräume zur Verfügung, die Sie nach Belieben mit Materialien, Möbeln und einfachen Werkzeugen ausstatten können. Sie sollen diese Räume für die Nachmittagsbetreuung einer offenen Ganztagsschule als Arbeitsateliers im Sinne Freinets einrichten. Fertigen Sie Pläne an und formulieren Sie ein ausführliches Konzept für die Gestaltung und Ausstattung dieser Räume.

17. Waldorf-Kindergärten – Steiner

In der täglichen pädagogischen Arbeit von Waldorf-Kindergärten werden besonders hervorgehoben (vgl. Saßmannshausen, 2009):

- das freie Spiel,

- die Gestaltung der Lern- und Entwicklungsumgebung durch die Erzieherinnen,

- eine geordnete, übersichtliche und stabile räumlich-sachliche Umgebung,

- eine von natürlichen Gegenständen geprägte Umgebung, die frei ist von künstlichen, unnatürlichen oder naturfremden Elementen,

- verlässliche Rituale und ein stabiler Rhythmus im Tages-, Wochen-, Monats- und Jahresablauf,

- die Wirkung von Vorbildern und die Funktion der Nachahmung,

- die Möglichkeit vielfältiger – aber immer natürlicher! – Sinneserfahrungen als Grundlage für jegliches Lernen,

- eine ruhige und fröhliche Atmosphäre,

- Freiheit in sozialer Verantwortung,

- gemeinsam und partnerschaftlich entwickelte und beachtete Regeln und Normen.

Besuchen Sie einen Waldorf-Kindergarten und klären Sie in Gesprächen mit dortigen Mitarbeiterinnen, wie diese Punkte vor Ort umgesetzt werden.

18. Montessori-Materialien

Maria Montessori sammelte ihre ersten pädagogischen Erfahrungen in der Arbeit mit Kindern mit geistiger Behinderung. Sie machte diese Erfahrungen während ihrer ärztlichen Tätigkeit in der psychiatrischen Klinik der Universität Rom. Diese waren Ausgangspunkt für ihre spätere pädagogische Arbeit. Die Kinder, denen sie dort begegnete, kamen aus sozial und materiell äußerst schwierigen Verhältnissen.

In dieser Zeit stieß Montessori auf die Arbeiten des französischen Arztes Séguin, der eine Reihe von Sinnesmaterialien zur Förderung solcher Kinder entwickelt hatte. Sie entwickelte diese Materialien allmählich immer weiter und fügte neue hinzu. Heute werden sie Montessori-Materialien genannt und in die ganze Welt geliefert. Im Laufe der Jahre gewann Maria Montessori die Überzeugung, dass die Arbeit mit diesen Materialien, die Kindern mit geistiger Behinderung so erfolgreich helfen konnte, auch Kinder ohne Behinderung auf ihren Entwicklungswegen unterstützen würde.

Als Voraussetzung für eine erfolgreiche, die Selbsttätigkeit und Selbstständigkeit des Kindes fördernde Erziehung sah Montessori die Arbeit einer Erzieherin an,

- die sich mehr dem Kind als seiner Tätigkeit zuwendet,

- die dem Kind vertraut, es vorbehaltlos achtet und ihm so den für sein Selbstvertrauen notwendigen Rückhalt und die für seine Selbsttätigkeit wichtige Sicherheit gibt,

- die eine Lern- und Entwicklungsumgebung zu gestalten in der Lage ist, die dem Kind alle Möglichkeiten bietet und erhält, „es selbst zu tun"; wichtig, damit dies gelingen kann, ist:

  - sich für eine Arbeit selbst entscheiden und die erforderlichen Materialien wählen können,

  - alternative Lösungen (ver-) suchen und beurteilen können,

  - die Qualität der Arbeit selbst überprüfen und bewerten können.

Kinder benötigen aufgrund ihrer individuellen Fähigkeiten und Fertigkeiten und ihres speziellen Lebensalters ganz individuelle Formen der pädagogischen Begleitung, um ein in sozial verträglichem Maße möglichst selbstbestimmtes und selbstständiges Leben in der Gemeinschaft und als Mitglieder der Gesellschaft führen zu können. Dies gilt für Kinder mit und ohne Behinderung, für sozial benachteiligte und nicht benachteiligte Kinder für deutsche oder Kinder aus Familien mit Migrationshintergrund.

- Informieren Sie sich gründlich über die Ziele, Inhalte, Methoden und Materialien der Montessori-Pädagogik.

- Untersuchen Sie anschließend eine möglichst große Auswahl an Montessori-Materialien für unterschiedliche Altersstufe im Hinblick auf:

  - die materielle Qualität der Materialien,

  - die Fähigkeiten und Fertigkeiten, die mit den jeweiligen Materialien weiterentwickelt werden können,

  - die Möglichkeiten für die Kinder bzw. Jugendlichen, die eigenen Arbeitsergebnisse selbst zu kontrollieren,

  - die Möglichkeiten, die erworbenen oder weiterentwickelten Fähigkeiten und Fertigkeiten im Alltagsleben einsetzen und nutzen zu können.

- Entwickeln Sie ein möglichst umfangreiches und von Ihnen selbst entwickeltes Sortiment an Materialien, die in ihren Arbeits-, Entwicklungs- und Lernfunktionen dem Material von Maria Montessori entsprechen.

- Dokumentieren Sie Ihre Arbeit, überprüfen und bewerten Sie diese Materialien gemeinsam mit einigen Kolleginnen. Bereiten Sie dazu einen entsprechenden Bewertungskatalog vor.

- Bereiten Sie eine Ausstellung Ihrer selbst entwickelten Materialien vor. Dabei sollen

  - die psychologischen und pädagogischen Funktionen Ihrer Materialien pädagogisch erläutert und

  - die Grundprinzipien der Montessori-Pädagogik dargestellt werden.

19. Hilf mir, es selbst zu tun – Montessori

In ihrem Kinderhaus erkannte Maria Montessori zum ersten Mal das von ihr so bezeichnete Phänomen der Polarisation der Aufmerksamkeit und der Normalisierung. Aufbauend auf ihre praktischen pädagogischen, medizinischen und psychologischen Erfahrungen entwickelte sie ein komplexes pädagogisches Handlungssystem.

Beschreiben und erläutern Sie die wichtigsten Aspekte dieses Systems und stellen Sie dar, wie Maria Montessori dieses methodisch und didaktisch nutzt, um Kinder als Akteure ihrer eigenen Entwicklung zu unterstützen – in ihren Worten, um Kindern zu helfen, sich selbst zu helfen.

Arbeiten Sie Ihre Überlegungen schriftlich aus, besuchen Sie anschließend ein Montessori-Haus und besprechen Sie Ihre Ergebnisse mit einer Mitarbeiterin der Einrichtung.

20. Reggio-Pädagogik – Malaguzzi

Loris Malaguzzi und seine Mitarbeiterinnen haben viel Wert darauf gelegt, dass das Material- und Werkzeugangebot in sozialpädagogischen Einrichtungen der realen Welt möglichst entspricht: Draht, Lehm, Gips, Farben und Papier, wie in allen Einrichtungen, aber auch Schrauben, Feilen, Sägen, Bohrer, Scheren, Pinsel – Werkzeug also, das viele Kinder zu Hause aus Sorge, sie könnten sich verletzen oder etwas damit zerstören, nicht verwenden dürfen. Darüber hinaus – so war sich Malaguzzi sicher – haben Kinder weitere, noch wichtigere Werkzeuge: die „hundert Sprachen", in denen Sie ihre subjektiven Erfahrungen und ihr Weltinteresse auszudrücken vermögen. Diese hundert Sprachen umfassen nicht nur die Sprache, die Mimik oder die Gestik; Kinder artikulieren sich auf sehr viel komplexere Weise in ihrem gesamten Verhalten und Handeln (vgl. Schäfer, 2009).

Um diese „hundert Sprachen" besser verstehen zu lernen, wenden die Erzieherinnen in den kommunalen Kindertagesstätten von Reggio viel Zeit auf. Sie beobachten „ihre" Kinder im Umgang mit den vorhandenen Materialien und Werkzeugen und führen Dialoge mit ihnen. Sie dokumentieren, was sie beobachten, schriftlich und mithilfe von Fotos und Videogeräten. Sie verwenden ihre Dokumentationen als Grundlage für die weitere pädagogische Arbeit. Es ist die Regel, dass sie sich über ihre Dokumentationen austauschen, pädagogische, methodische und didaktische Anregungen daraus ableiten und neue Projekte entwickeln. Dies – so könnte man mit Janusz Korczak sagen – ist auch ein Weg, Kinder zu achten und sie ernst zu nehmen.

Künstlerisches Gestalten hat in der Reggio-Pädagogik einen besonders hohen Stellenwert. Einer der Gründe dafür ist, die „hundert Sprachen", d. h. die unzähligen Ausdrucks- und Kommunikationsmöglichkeiten der Kinder zu unterstützen. Ganz in diesem Sinne werden die Räume und ihre Gestaltungselemente als aktive Partner der Kinder verstanden. Wie u. a. bei Montessori spielen Ästhetik und Anregungsmöglichkeiten dabei eine große Rolle. Nicht das Motto „Hauptsache bunt" zählt in der Reggio-Pädagogik. Vielmehr geht es um künstlerische Qualität, um Materialien, die die Sinne anregen und die nicht nur „aufregen". Auch die Gestaltung mit Licht und Spiegeln wird in der Reggio-Pädagogik immer wieder und in vielfältigen Varianten genutzt. Dafür werden keine teuren Möbel oder Spielzeuge benötigt. Gegenstände aus dem Alltag – Töpfe, altes Geschirr, Kisten und Kasten etc. können zu pädagogisch wertvollem Material werden.

Informieren Sie sich gründlich über Ziele, Inhalte, Methoden und soziale Hintergründe der Reggio-Pädagogik. Planen Sie eine sozialpädagogische Einrichtung nach ähnlichen Prinzipien, wie sie von den Kindertagesstätten in Reggio verwirklicht wurden.

- Formulieren Sie dazu die wichtigsten pädagogischen Ziele, Inhalte und Methoden, die Sie in dieser Einrichtung verfolgen möchten.

- Wählen Sie anschließend die aus Ihrer Sicht notwendigen Materialien (Spiele, Werkzeuge, Arbeitsmaterialien, Musikinstrumente etc.).

- Klären Sie

  - den erforderlichen Raumbedarf,

  - die pädagogischen, sozialen und psychologischen Funktionen, die die Räume erfüllen müssen,

  - die erforderliche Anordnung der Räume zueinander.

- Erstellen Sie dazu eine Skizze, in die die erforderlichen Einrichtungsgegenstände eingetragen werden.

- Achten Sie darauf, dass Sie bei jedem Planungsschritt Ihre pädagogischen und psychologischen Absichten klar formulieren und schriftlich festhalten.

21. Der Situationsansatz

Erläutern Sie die grundlegenden Prinzipien des Situationsansatzes zu folgenden Stichworten:

- das Verständnis von Erziehung, Bildung und Betreuung

- das Bild vom Kind

- die Rolle der Erzieherin

- die wichtigsten Erziehungs- und Bildungsziele

22. Schlüsselsituationen

Das Besondere am Situationsansatz ist eine klare Zukunftsorientierung im Sinne einer Vorbereitung auf das zukünftige Leben. Die Ausgangspunkte der methodisch-didaktischen Arbeit nach dem Situationsansatz sind sogenannte Schlüsselsituationen. Dabei handelt es sich um Situationen, die im Erleben der Kinder besonders bedeutsam sind. Für Erwachsene ist es oft schwierig, angemessen einzuschätzen, wann und welche Situationen für Kinder bedeutsam sind. Dies gilt sowohl für aktuelle als auch für langfristige bzw. zukünftige Situationen. Erstellen Sie eine Tabelle nach folgendem Muster und tragen Sie konkrete Beispiele für Situationen ein, die aktuell, langfristig oder zukünftig für Kinder bedeutsam sein können. Sprechen Sie nach Möglichkeit anschließend mit erfahrenen Erzieherinnen darüber und tragen Sie deren Auffassungen dazu ebenfalls in die Tabelle ein:

Bereich für mögliche bedeutsame Situationen	Mein Beispiel für eine bedeutsame Situation	Erfahrungen einer erfahrenen Erzieherin
Krankenhaus		
Schule, Einschulung		
Neue Kinder in der Gruppe		
Jungen und Mädchen		
Geburt		
Verlaufen in der Stadt		
Müll		
Werbung		
Wohnen		
Aufräumen		
Kochen		
Ausflug		

Kinderfeste		
Wochenende		
Meine Familie und ich		
Große und kleine Kinder		
Alte Menschen		
Allein zu Hause		
Tod		
Ferien		
Scheidung		
… eigene Ergänzungen		

23. Der Situationsorientierte Ansatz

Stellen Sie die Grundannahmen des situationsorientierten Ansatzes nach Krenz ausführlich und differenziert dar und vergleichen Sie ihn mit dem Situationsansatz im Hinblick auf

- das Menschenbild,
- die grundlegenden pädagogischen Ziele,
- die Methodik und die Didaktik.

24. Offene Arbeit – offene Türen?

Man könnte meinen, offene Arbeit beschränke sich auf das Öffnen von Zimmer- und Haustüren. Tatsächlich ist auch dies der Fall, obwohl es nicht der zentrale sozialpädagogische Aspekt ist. Was bedeutet „offene Arbeit"

- im Hinblick auf das Menschenbild dieses Ansatzes,
- im Hinblick auf die Erziehungs- und Bildungsziele,
- methodisch,
- didaktisch,
- organisatorisch und
- für die Zusammenarbeit – im Team, mit Eltern, mit anderen Institutionen?

25. Offene Arbeit – Grundgedanken

Im Ansatz der offenen Arbeit werden Grundgedanken von Maria Montessori, Janusz Korczak, Célestin Freinet, Loris Malaguzzi deutlich. Untersuchen Sie diese Ansätze und pädagogischen Konzeptionen und vergleichen Sie sie mit dem situationsorientierten Ansatz und dem Ansatz der offenen Arbeit.

26. Der „offene" Kindergarten – Bedürfnisorientierung

Die Bedürfnisorientierung, die in der offenen Arbeit eine so zentrale Rolle spielt, wurde in der Öffentlichkeit und auch von einer Reihe von Erzieherinnen oft missverstanden. Es sind damit keinesfalls gemeint (vgl. Regel, 1993, S. 83):

- schnelle und unreflektierte Befriedigung von Konsum-Bedürfnissen,
- übertriebene Beschützung, Fürsorge oder Bemutterung der Kinder,
- Verwöhnung oder
- Hilfe aus unangebrachtem Mitleid.

Was ist im Unterschied dazu tatsächlich unter Bedürfnisorientierung zu verstehen und welche erzieherischen, methodischen und didaktischen Folgerungen sind daraus zu ziehen?

3.1.9 Moderne Konzeptionsentwicklung

■ **1. Warum überhaupt eine Konzeption?**

Erläutern Sie ausführlich und detailliert, wozu eine pädagogische Konzeption in der sozialpädagogischen Praxis dient und erklären Sie dabei den Zusammenhang von Konzeption und Qualitätsentwicklung.

■ **2. Der allgemeine Ablauf der Konzeptionsentwicklung**

Erläutern Sie ausführlich und detailliert den Ablauf einer Konzeptionsentwicklung.

■ **3. Konzeption und individuelle Menschenbilder**

Stellen Sie die Bedeutung der individuellen Menschenbilder und insbesondere des Bildes vom Kind für die Entwicklung einer pädagogischen Konzeption dar.

■ **4. Inhaltliche Elemente der Konzeption**

Erläutern und begründen Sie detailliert, welche wichtigen Informationen in einer pädagogischen Konzeption enthalten sein müssen. Fertigen Sie dazu eine Tabelle nach folgendem Muster an:

	Inhaltliche Aspekte
Menschenbild, das der Arbeit zugrunde liegt	
Pädagogische und psychologische Ziele, die die Einrichtung verfolgt	
Pädagogische Praxis im Alltag der Einrichtung	
Kooperation mit den Erziehungspartnern	
Qualitätsmanagement	

3.2 Bildung und Selbstbildungsprozesse

▲ **1. Die eigene Bildungsbiografie**

• Sammeln Sie Worte, die das Wort „Bildung" beinhalten, wie z. B. „Fortbildung".

• Erstellen Sie eine Mindmap zu dem Begriff „Bildung". Überlegen Sie dabei auch, durch wen oder was sind Sie gebildet worden.

• Diskutieren Sie Ihre Ergebnisse in einer Kleingruppe.

• Formulieren Sie einen Satz, der Ihr Verständnis von Bildung verdeutlicht.

▲ **2. Bildung – ein Begriff mit vielen Fassetten**

Lesen Sie die folgenden Aussagen zu dem Begriff „Bildung":

– Jemand mit gutem Schulabschluss ist gebildet.

– Bildung hat in anderen Ländern der Erde unterschiedliche Bedeutung.

– Bildung hat viel mit Wissensvermittlung zu tun.

– Bildung heißt auch, selbstständig zu werden.

- Welche Aussagen sprechen Sie besonders an? Diskutieren Sie mit anderen Studierenden darüber.

- Versuchen Sie, eine eigene Definition zu dem Begriff „Bildung" aufzuschreiben, von der Sie überzeugt sind.

3.2.1 Bildung als individueller Lernprozess

1. Selbstbildung

Lesen Sie den folgenden Satz und diskutieren Sie zu zweit, was darunter zu verstehen ist. Beziehen Sie Ihre Kenntnisse über die Bildungsbegriffe von Laewen, Fthenakis und Schäfer mit ein:

„Bildung ist Selbstbildung und hat selbstorganisierenden Charakter."

2. Lernkultur in Kindertageseinrichtungen

Professor Schäfer wurde 2006 gefragt, was in den Kindergärten fehle. Seine Antwort lautete:
„Die Einsicht, dass Kinder von Anfang an hervorragende Lerner sind, wird kaum pädagogisch umgesetzt."

Wie sieht er diese Aussage im Jahr 2009, fragt die Redaktion von *kindergarten heute*:

„Die Situation hat sich in dieser Frage eher polarisiert. Es gibt eine größere Gruppe Einrichtungen, die sich diesem Gedanken stärker verschrieben hat und die Konsequenz daraus zieht: Es geht nicht um ein frühes Belehren der Kinder, sondern um die Unterstützung und Herausforderung ihres Lernens. Die öffentliche Bildungsdiskussion jedoch wird stärker als früher unter der alltagspädagogischen, aber wissenschaftlich wenig haltbaren Vorstellung geführt, dass man Kindern, weil sie geborene Lerner sind, umso früher etwas beibringen sollte. Es wird nach wie vor nicht unterschieden zwischen einem kindlichen Lernen aus Erfahrung (aus erster Hand) und einem Lernen aus zweiter Hand, bei dem die Kinder das nachvollziehen, was andere schon vorweg gedacht haben. Wenn Kinder von Anfang an Lerner sind, dann sind sie auf das Erfahrungslernen aus erster Hand vorbereitet. Das bedeutet, spätestens von Augenblick der Geburt an lernen Kinder die soziale und sachliche Welt durch eigene Erfahrungen kennen, die sie umgibt (und sie müssen dazu auch in der Lage sein, weil sie sonst nicht überleben könnten). Aus zweiter Hand lernen, das kann – und muss – man auch ein Leben lang. Die Werkzeuge des Erfahrungslernens, nämlich die der Bewegung, des Handelns, der Sinneserfahrungen, der Empfindungen und Gefühle, bildet man jedoch in den ersten Lebensjahren aus, in dem Zeitraum, in dem diese Erfahrungen grundlegend sind. Wer seine Sinne, sein Handeln und das daraus erwachsene Denken nicht von Anfang an differenzieren kann, dem werden später diese Werkzeuge mehr oder weniger fehlen. Von daher kann in der frühen Kindheit ein Überwiegen des Lernens aus zweiter Hand die angemessene Entwicklung eines Erfahrungslernens aus erster Hand verhindern."
(Schäfer, 2009, S. 20 f.)

- Fassen Sie die Kernaussagen von Professor Schäfer in eigenen Worten zusammen.

- Welche Aspekte erscheinen Ihnen besonders wichtig?

- Diskutieren Sie in einer Kleingruppe, wie Erzieherinnen das „Lernen aus erster Hand" unterstützen können.

- Präsentieren Sie Ihre Ergebnisse ansprechend.

3.2.2 Bildungsauftrag, Bildungspläne, Bildungsbereiche

1. Sich ein Bild von der pädagogischen Praxis machen

Die Auswirkungen der Bildungspläne auf die sozialpädagogische Praxis sind von Bundesland zu Bundesland und von Einrichtung zu Einrichtung verschieden. Im Studienbuch werden Themenschwerpunkte benannt, die die Arbeit der Erzieherinnen in der sozialpädagogischen Praxis (Umsetzung des jeweiligen Bildungsplans) beeinflussen, z. B. Angebote im mathematisch-naturwissenschaftlichen und technischen Bereich, Sprachförderung, Beobachtung, Dokumentation etc.

- Informieren Sie sich über die Inhalte des Bildungsplans Ihres Bundeslandes.

- Wählen Sie Themenschwerpunkte aus dem entsprechenden Bildungsplan aus, die Sie für relevant halten.

- Recherchieren Sie, inwieweit Tageseinrichtungen in Ihrem Wohn- oder Schulumfeld diese Themenschwerpunkte in der Praxis umsetzen, z. B. durch ein Interview mit einer Erzieherin o. Ä.

- Werten Sie Ihre Ergebnisse in der Arbeitsgruppe aus.

- Welche Konsequenzen ergeben sich daraus für Ihr eigenes Handeln?

3.3 Partizipation

▲ 1. Eigene Erfahrungen mit Partizipation

- Tauschen Sie sich in Ihrer Lerngruppe darüber aus, ob und wie Sie selbst in Ihrer Kindheit und in der Schule Beteiligung erlebt haben.

- Malen Sie dann ein Bild, das ausdrückt, wie sich dies auf Ihre persönliche Entwicklung ausgewirkt hat.

▲ 2. Partizipationsprozesse

Werden Sie sich darüber klar, ob Ihnen Partizipationsprozesse wichtig sind, und zwar

- für Sie selbst in Ihrem beruflichen Alltag, bezogen auf Ihr Team und Ihren Träger,

- für Sie selbst in Ihrem beruflichen Alltag, bezogen auf die Kinder und Jugendlichen.

Tauschen Sie sich dann mit anderen darüber aus.

■ 3. Rechtlicher Hintergrund

Legen Sie eine Mindmap an und halten Sie darauf die rechtlichen Grundlagen für Partizipation für Kinder und Jugendliche in der Bundesrepublik Deutschland fest.

■ 4. „Die pädagogische Falle"

▶ *Beispiel*
Das Team des Horts, in dem Sie als sozialpädagogische Fachkraft tätig sind, möchte in seiner Konzeption Partizipation noch stärker herausarbeiten. Dazu soll jeder auf der nächsten Teamsitzung einen kurzen Vortrag vorbereiten. Sie wollen dem Team einige Gedanken über die „pädagogische Falle" vortragen. Skizzieren Sie schriftlich die Inhalte, die Sie ansprechen wollen.

● 5. Ziele von Partizipation

Sturzenhecker nennt für die offene Kinder- und Jugendarbeit als Ziel von Partizipation die „Befähigung und Unterstützung von Kindern und Jugendlichen bei der Einübung von Fähigkeiten demokratischer Selbstbestimmung und Mitverantwortung in der Einrichtung" (2008, S. 30).

- Diskutieren Sie in Ihrer Lerngruppe: Macht diese Zielformulierung von Sturzenhecker Partizipation zu einer Maßnahme der Pädagogik im Interesse der Erziehenden oder geht es hier um die Autonomie von Kindern und damit um einen ernsthaften Interessenausgleich? Oder halten Sie diesen Gegensatz nicht für sachgerecht? Begründen Sie Ihre Meinung.

- Erarbeiten Sie dann gemeinsam eine Präsentation zu diesem Thema für Eltern von Hortkindern. Dabei können Sie ganz unterschiedliche Methoden einsetzen: Folien, Flipchart, Rollenspiel etc.

6. Qualitätsaspekte von Partizipation

Legen Sie eine Mindmap an, in der Sie alle Qualitätsaspekte von Partizipation festhalten.
Überlegen Sie sich dann zu jedem Aspekt ein konkretes Beispiel, um diesen zu verdeutlichen.

7. Partizipation an Ihrer Schule

Tauschen Sie sich in Ihrer Lerngruppe darüber aus, welche Beteiligungsmöglichkeiten Sie an Ihrer derzeitigen Schule haben und wie Sie deren Qualität einschätzen. Berücksichtigen Sie dabei alle Qualitätsaspekte.

8. Eigene Erfahrungen von Partizipation bei Klein- und Kleinstkindern

Wie haben Sie in Ihren bisherigen Praktika in Einrichtungen für 0- bis 6-Jährige Partizipation kennengelernt? Tauschen Sie sich dazu mit anderen aus.
Schreiben Sie dann einen fiktiven Brief an ein Einrichtungsteam, in dem Sie während eines Praktikums mitgearbeitet haben. Darin geben Sie dem Team eine differenzierte Rückmeldung, für wie professionell Sie die dort umgesetzte Partizipation halten.

9. Partizipation bei Klein- und Kleinstkindern

▶ *Beispiel*
Sie sind Teammitglied in einer Tageseinrichtung für Kinder in einer mittelgroßen Stadt, die von 1- bis 6-jährigen Kindern besucht wird. Formulieren Sie ein Schreiben an die Eltern der Kinder, mit dem Sie diese darüber informieren, dass das Team wöchentliche Kinderkonferenzen einführen will und worauf es Ihnen dabei ankommt. Formulieren Sie am Schluss auch einen Wunsch des Teams an die Eltern, mit dem Sie auf eine gelingende Erziehungspartnerschaft abzielen.

10. Partizipation im Elementarbereich

Recherchieren Sie im Internet, wie Einrichtungen im Elementarbereich Partizipation umsetzen.

11. Beispiele für Partizipation

Erstellen Sie eine Tabelle nach folgendem Muster und ordnen Sie Ihnen bekannte Beispiele von Partizipation von Kindern und Jugendlichen den unterschiedlichen Formen von Partizipation zu:

Mitbestimmung	Konsultative Beteiligung	Selbstbestimmung	Anwaltschaftliche Vertretung

◆ **12. Partizipation von Kindern und Jugendlichen in Ihrer Region**

Informieren Sie sich im Internet, welche Möglichkeiten der Beteiligung von den Kommunen in Ihrer Region für Kinder und Jugendliche angeboten werden.
Diskutieren Sie mit Ihrer Lerngruppe, wie Sie als Erzieherin Kinder und Jugendliche motivieren können, diese Angebote wahrzunehmen.

▲ **13. Sprachliche Kompetenzen als Voraussetzung für Partizipation**

• Wie schätzen Sie Ihre sprachlichen Kompetenzen heute ein?

• Wie im Alter von ca. 12 bis 14 Jahren?

• Was hat am meisten dazu beigetragen, dass Sie sich in diesem Bereich entwickeln konnten? Diskutieren Sie in Ihrer Lerngruppe.

▲ ■ **14. Gesprächsgrundregeln**

• Rekapitulieren Sie die Gesprächsgrundregeln.

• Legen Sie eine Tabelle nach folgendem Muster an:

Gesprächsgrundregel	sehr gut	gut	könnte besser sein	fehlt mir

• Tragen Sie in die Spalte „Gesprächsgrundregel" alle fünf Grundregeln ein und kreuzen Sie dann jeweils in der entsprechenden Spalte an, wie Sie Ihre jeweilige Fähigkeit einschätzen, diese Grundregel in Gesprächen umzusetzen.

• Werten Sie Ihre Angaben für sich persönlich aus und legen Sie ein persönliches Lernziel fest.

▲ **15. Partizipative Gesprächsformen**

• Erstellen Sie eine Tabelle nach folgendem Muster:

Klärungsgespräch	Streitgespräch

• Notieren Sie jeweils die Merkmale der jeweiligen Gesprächsform darunter.

3.4 Lernen und Lernbedingungen gestalten

■ **Lernen – ein Begriff mit vielen Definitionen**

„Es ist ein häufiges Missverständnis, dass unter ‚Lernen' die Anhäufung von Wissen im schulischen Sinne verstanden wird. ‚Lernpsychologie' wird aus diesem Grunde häufig mit ‚Pädagogischer Psychologie" verwechselt oder doch wenigstens als Lehre vom Einprägen, Behalten und Reproduzieren eines Wissensstoffes aufgefasst. Aber ebenso wenig, wie sich der Lernvorgang auf die Schule beschränkt, behandelt die Lernpsychologie ausschließlich den Prozess des Wissenserwerbes und der Kenntnisspeicherung."
(Foppa, 1965, S. 11)

Zeichnen Sie auf ein DIN-A3-Blatt einen Menschen und schreiben Sie um ihn herum so viele verschiedene Definitionen von „Lernen" wie möglich.

3.4.1 Lernend beginnt das Leben

1. Das Experiment von De Snoo

Bereits vor der Geburt ist der Mensch in der Lage zu lernen. Beschreiben Sie das Experiment von De Snoo aus dem Jahr 1937 und erklären Sie, wie herausgefunden wurde, dass Kinder bereits im Mutterleib lernen.

2. Lernen in den ersten Lebensjahren

„Nie wieder lernt der Mensch so viel und so erfolgreich wie in den ersten vier oder fünf Lebensjahren." Versuchen Sie, diese Aussage an Beispielen aus den verschiedenen Verhaltens-, Erlebens- und Handlungsbereichen des Menschen zu belegen.

3. Die Wolfskinder von Midnapore

Wie die Wolfskinder von Midnapore zeigen, ist es keineswegs selbstverständlich, dass der Mensch lernt, aufrecht auf beiden Beinen zu stehen und zu gehen:

*   Wer waren die Wolfskinder von Midnapore?

*   Welche lern- und entwicklungspsychologischen Erkenntnisse lassen sich aus den Lebensläufen der beiden Wolfskinder ableiten?
Berücksichtigen Sie bei der Lösung dieser Aufgabe auch Kap. 3.1 im Studienbuch.

4. Privilegiertes und nicht-privilegiertes Lernen

*   Erläutern Sie ausführlich, was unter privilegiertem und nicht-privilegiertem Lernen zu verstehen ist, und leiten Sie daraus konkrete pädagogische Konsequenzen für die Arbeit mit Kindern im frühen Kindesalter ab.

*   Eltern fragen Sie, ob es sinnvoll sei, für ihr 1,5-jähriges Kind eines der im Handel angebotenen Lauflern-Geräte zu kaufen. Beraten Sie diese Eltern.

*   Bereiten Sie auf dieser Grundlage einen Elternabend vor, bei dem Sie Eltern darüber informieren, in welchen Verhaltensbereichen eine gezielte Förderung sinnvoll ist und in welchen Bereichen ihnen lediglich die notwendigen Bewegungs- und Entfaltungsräume zur Verfügung gestellt werden sollten.

5. Das Lernen lernen

Bereiten Sie einen kurzen Einführungsvortrag für eine Teambesprechung zum Thema „Das Lernen lernen" vor und beachten Sie dabei die folgenden Teilfragen:

*   Ist dem Menschen die Lernfähigkeit angeboren?

*   Müssen Kinder das Lernen wirklich erst lernen?

*   Müssen Kinder das Lernen lernen, wenn Sie in die Schule kommen?

*   Müssen Erwachsene das Lernen lernen?

Berücksichtigen Sie bei der Lösung dieser Aufgabe auch Kap. 1.2 des Studienbuches.

3.4.2 Verhalten, Handeln und Lernen

1. Verhalten oder Handeln

Erläutern Sie ausführlich, worin die lernpsychologischen Gefahren liegen, wenn Kinder in pädagogischen Situationen angehalten werden, sich angemessen zu verhalten, ihnen aber keine oder zu wenig Möglichkeiten gelassen werden, zu handeln.

3.4.3 Persönlichkeit und Lernen

■ ● **1. Der Zusammenhang von Lernen und Persönlichkeit**

Der Auf- oder Abbau von Verhaltensgewohnheiten geschieht unter dem Einfluss von Umwelteinwirkungen sowie der selbstgesteuerten Konstruktion von Wissen und ist somit unabhängig von der Gesamtpersönlichkeit des Menschen.
Erläutern Sie den Zusammenhang zwischen der Gesamtpersönlichkeit einerseits und dem Lernen andererseits und berücksichtigen Sie dabei eingehend die Arbeiten von Hans-Jürgen Eysenck.

◆ **2. Lernen ist mehr als Verbesserung von Leistung**

Bereiten Sie einen kurzen Vortrag zum Thema „Lernen ist mehr als Verbesserung von Leistung" vor Eltern einer Kindertagesstätte vor. Gehen Sie dabei auch auf das Problem erhöhten Leistungsdrucks im frühen Kindesalter ein.

3.4.4 Lernen in sozialen Zusammenhängen

■ **1. Einflüsse auf das Lernen in sozialen Zusammenhängen**

Um das Lernen des Kindes zu verstehen, ist es wichtig, die sozialen Zusammenhänge, in die es integriert ist, möglichst gut zu kennen. Aufgrund der Abhängigkeit von der Zuwendung und von den Erfahrungen Erwachsener und z. T. auch älterer Kinder trifft dies auf ganz junge Kinder in noch größerem Maße zu als auf ältere.

- Welche Rolle spielen die folgenden Aspekte für die Lernentwicklung eines Kindes?

  – Unterschiede und/oder Gemeinsamkeiten im äußeren Aussehen des Kindes

  – kulturelle Unterschiede und/oder Gemeinsamkeiten

  – soziale Herkunft

  – Bildungsunterschiede und/oder -gemeinsamkeiten

  – Kompetenzunterschiede und/oder -gemeinsamkeiten

- Wie lernen Kinder, mit sozialen und kulturellen Unterschieden achtsam umzugehen?

- Wie lernen Kinder, ihr egozentrisches Weltbild zu überwinden, und welche Auswirkungen hat dies auf die Lernentwicklung in sozialen Zusammenhängen?

- Welchen Einfluss haben die folgenden Aspekte auf das Lernen von Kindern und Jugendlichen?

  – Lärm und Unruhe

  – die Raumgestaltung

  – die Art der Materialpräsentation

  – die Gruppengröße

  – die Gruppenatmosphäre

  – die Integration des Einzelnen in die Gruppe

  – wechselseitige Wertschätzung

◆ **2. Der optimale Gruppenraum**

Entwickeln Sie – vor dem Hintergrund Ihrer Fachkenntnisse über den Einfluss der Lernumgebung auf das Lernen – ein Konzept für einen Gruppenraum einer Kindertagesstätte einschließlich Mobiliar, Materialangebot und Materialpräsentation.

3.4.5 Lernen findet im Gehirn statt

■ **1. Aufbau und Funktionen des Nervensystems**

Um zu verstehen, wie das Lernen im Gehirn stattfindet, ist es bedeutend, die wichtigen daran beteiligten anatomischen und physiologischen Aspekte zu kennen.
Erläutern Sie die folgenden Teile des Nervensystems, ihre Funktionen und ihr Zusammenwirken ausführlich:

- Nervenzelle
- rezeptorische Organe
- effektorische Organe
- Gehirn, Großhirn und Rückenmark
- Großhirnrinde/Cortex
- Hippocampus
- Synapsen

■ **2. Besonderheiten des menschlichen Nervensystems**

Beschreiben und erläutern Sie die Besonderheiten, durch die sich das menschliche Nervensystem von dem der Säugetiere grundlegend unterscheidet.

■ ◆ **3. Die Lernprozesse im Gehirn**

Beschreiben und erläutern Sie, wie Lernen im Gehirn stattfindet, und leiten Sie daraus pädagogische Konsequenzen ab.

■ **4. Wissen**

Erläutern Sie die Begriffe

- implizites Wissen und
- explizites Wissen.

3.4.6 Lernen als Wirklichkeitskonstruktion

● **1. Sich selbst und die eigene Welt erfinden**

Lernen heißt nach Ansicht der Konstruktivisten, sich selbst und die eigene Wirklichkeit immer wieder neu zu erfinden. Erläutern Sie, was dabei unter Wirklichkeit zu verstehen ist, und erklären Sie die Grundgedanken der konstruktivistischen Lerntheorie.

● **2. Wirklichkeit ist subjektiv**

- Was ist unter Heinz von Foersters Erkenntnis zu verstehen, dass der Mensch keinen Zugang zu einer wie auch immer gearteten absoluten Wahrheit hat?
- Welche Konsequenzen muss eine sozialpädagogische Fachkraft daraus für ihre methodisch-didaktische und pädagogische Arbeit ableiten?

◆ **3. Vom Begräbnis der Punktfrage**

- Lesen Sie im Studienbuch den Auszug aus einem Vortrag von Ernst von Glasersfeld, in dem er über seinen Mathematikunterricht erzählt.
- Analysieren Sie diesen Text und erarbeiten Sie in Gruppenarbeit, die der Lehrer Ernst von Glaserfeld im Sinne des Konstruktivismus hätte handeln können, um das Lernen der Schüler wirkungsvoll zu unterstützen.

4. Autopoiesis oder „Was unser Wissen mit uns macht"

Häufig werden die Ergebnisse von Lernprozessen sehr verkürzt als „verbessertes Leistungspotenzial" verstanden: Man lernt, um mehr leisten zu können. Die Konstruktivisten konnten zeigen, dass beim Lernen sehr viel mehr geschieht. Nach ihrer Auffassung verändert jeder Lernprozess den Lernenden als ganze Person. Dieser Prozess wird als Autopoiesis bezeichnet.

Reflektieren Sie autopoietische Prozesse, die Sie selbst in folgenden Lebenssituationen erlebt haben. Erstellen Sie dazu eine Tabelle nach folgendem Muster und ergänzen Sie gegebenenfalls weitere Bereiche:

Lernen in Lebens-situationen, Lernen von …	Einflüsse auf die Persönlichkeit					
	Emotionen wie Ängste, Glück, Freude	körperliche, feinmotorische, musische Leistungen o. Ä.	Wissen	Selbstbe-wusstsein	Selbstwert-gefühl	Selbstver-trauen
Mutter						
Vater						
Großeltern						
Freunden						
Kindergarten						
Schule						
Praktika						

3.4.7 Reflexe lernen

1. Wie Klein Albert das Fürchten lernt

Beschreiben und erläutern Sie das Experiment, in dem John B. Watson den kleinen Albert lernen ließ, sich vor weißen Ratten zu fürchten, und wie er ihm half, diese Angst wieder zu verlieren.

2. Wie das Immunsystem zu lernen vermag

Was lange Zeit unvorstellbar zu sein schien, ist inzwischen wissenschaftlich belegt: Das menschliche Immunsystem kann lernen. So kann es geschehen, dass das Immunsystem lernt, auf eine ursprünglich harmlose Substanz so stark zu reagieren, dass das Lebewesen stirbt.

Beschreiben und erklären Sie das Experiment, in dem dies nachgewiesen wurde – ein Experiment, das zeigt, wie Menschen plötzlich mit starken allergischen Reaktionen auf Stoffe reagieren können, die diese Wirkung ursprünglich nicht hatten.

3.4.8 Spontan verhalten und lernen

1. Die lernpsychologische Wirkung der klassischen Erziehungsmittel

- Erklären Sie ausführlich die Theorie des Instrumentellen Konditionierens.

- Erläutern Sie auf der Grundlage dieser Theorie die Wirkungen der Erziehungsmittel Lob und Strafe.

2. Klassisches und Instrumentelles Konditionieren im Vergleich

Vergleichen Sie die beiden Lerntheorien Klassisches Konditionieren und Instrumentelles Konditionieren und arbeiten Sie die Bedeutung heraus, die beide Theorien für die praktische pädagogische Arbeit haben.

3. Wie Ängste entstehen

Lernen im Sinne des Klassischen Konditionierens vollzieht sich auf der Grundlage angeborener Reaktionen auf bestimmte Umweltreize. Diese Art des Lernens kann insbesondere im Hinblick auf die Entwicklung von Ängsten, Befürchtungen, aber auch positiven Emotionen eine besondere Rolle in pädagogischen Zusammenhängen spielen.

> ### ▶ Beispiel
> *Die sozialpädagogische Fachkraft in der offenen Ganztagsschule war immer wieder fassungslos, dass Kai aus dem dritten Schuljahr wirklich keine Ahnung von der deutschen Rechtschreibung hat. Sie hat inzwischen mit der Lehrerin und mit der Mutter gesprochen und beide haben sie darin bestärkt, dass auch sie dem Jungen nachmittags bei den Hausaufgaben mehr Druck machen solle. Wenn Kai sich nicht freiwillig anstrenge, dann müsse man halt dafür sorgen, dass er seine Übungen trotzdem mache. Als die sozialpädagogische Fachkraft sich entschließt, ihm einmal wirklich klarzumachen, dass er sich so seine Zukunft verderbe und nichts aus ihm werden könne, bemerkt sie, wie Kai blass wird und zu zittern beginnt. In den folgenden Wochen beginnt er immer häufiger im Unterricht und nachmittags zu fehlen.*

Entwickeln Sie eine lernpsychologische Erklärung auf der Grundlage des Klassischen Konditionierens für diese Situation und formulieren Sie Lösungsvorschläge.

3.4.9 Beobachten und lernen

1. Warum Vorbilder so wichtig sind

Die von Albert Bandura entwickelte Lerntheorie zeigt die große Bedeutung auf, die Vorbilder für das Lernen von Kindern (und Erwachsenen) haben. Beschreiben und erklären Sie, wie und was Menschen von ihren Vorbildern lernen, und leiten Sie konkrete Konsequenzen für Ihr eigenes Verhalten als sozialpädagogische Fachkraft ab.

3.4.10 Lebenslanges Lernen

1. Sich lernend weiterentwickeln

Lange Zeit war man der Auffassung, dass die Lernfähigkeit des Menschen mit zunehmendem Alter abnimmt und ältere Menschen sich nicht mehr verändern können. Heute weiß man, dass dies keineswegs der Fall sein muss. Wer sich seine zwar qualitativ verändernde, dabei aber nicht unbedingt vermindernde Lernfähigkeit erhalten möchte, muss früh damit beginnen, sich lernend weiterzuentwickeln.

Erläutern Sie, was Sie tun können, um Ihre Lernfähigkeit zu erhalten und zu verbessern.

3.4.11 Lerntheorien und Menschenbilder

1. Lerntheorien und Menschenbilder

Den vier Lerntheorien (Klassisches Konditionieren, Instrumentelles Konditionieren, Modell-Lernen, konstruktivistische Lerntheorie) liegen unterschiedliche Menschenbilder zugrunde. Entsprechend werden diese Theorien jeweils von Menschen mit bestimmten Menschenbildern favorisiert und als Beleg für ihr Bild vom Kind angeführt. Dies gilt für Pädagogen wie für sozialpädagogische Fachkräfte und hat einen jeweils ganz unterschiedlichen Umgang mit den Kindern oder Jugendlichen zur Folge.

- Beschreiben, erläutern und vergleichen Sie die jeweiligen Menschenbilder.

- Nehmen Sie in diesem Zusammenhang begründet Stellung zu Ihrer eigenen Position.

3.5 Bildungsprozesse planen

▲ ## 1. Handlungsweisen im sozialpädagogischen Alltag

anerkennen	ermutigen	lernen	strukturieren
anleiten	Feedback geben	mitbestimmen (lassen)	tanzen
anregen	feiern	mitspielen	toben
begrüßen	fördern	motivieren	trösten
beobachten	helfen	Neues erarbeiten	unterstützen
bewegen	herausfinden	ordnen	verändern
(sich) bilden	(sich) informieren	organisieren	vermitteln
(um etwas) bitten	integrieren	pflegen	vorlesen
(sich) darstellen	kommunizieren	planen	wahrnehmen
(sich) durchsetzen	konstruieren	Probleme lösen	weinen
(sich) einfühlen	kooperieren	reflektieren	(sich) weiterbilden
entdecken	Kritik annehmen	ruhen	(sich) zurückhalten
erklären	lachen	Sicherheit geben	zuhören

- Ergänzen Sie die Liste der Handlungsweisen vor dem Hintergrund Ihrer bisherigen Erfahrungen. Tragen Sie die Ideen nachfolgend im Plenum zusammen, sodass sich ein möglichst vollständiges Bild ergibt.

- Reflektieren Sie, welche dieser Handlungsweisen Ihnen bereits gut gelingen und in welchen Bereichen Sie für sich Entwicklungsbedarf entdecken. Leiten Sie daraus konkrete Lernaufgaben ab („Ich werde …").

● ## 2. Planen in verschiedenen Arbeitsbereichen

▶ *Beispiel*

„Mein Tag beginnt heute schon um 7 Uhr – Frühdienst, für mich ein hartes Stück Arbeit als Nachtmensch und Langschläferin. Der vierjährige Finn kommt ebenso verschlafen in die Gruppe. In der Tür sagt mir sein Vater, dass er sich Sorgen wegen Finns sozialer Entwicklung mache. Er habe kaum Kontakt zu Gleichaltrigen – ob ich vielleicht eine Erklärung habe? Finn verabschiedet sich von seinem Papa und beginnt zu weinen. Schon kommt Lina zur Tür hinein. Sie ist voller Tatendrang und hat eine kaputte Uhr mitgebracht, die sie in unserer Werkstatt sofort auseinanderbauen möchte. Es wird vermutet, dass sie hochbegabt ist und die Eltern haben mich schon mehrfach um ein Gespräch gebeten. Ich habe es einfach noch nicht geschafft, einen Termin zu machen. Der Pastor wird gleich anrufen und mich nach unserem Beitrag für den kommenden Gottesdienst fragen. In der gestrigen Teamsitzung gab es so viel zu besprechen. Das Herbstfest musste dringend vorbereitet werden und der unausgesprochene Konkurrenzkampf zwischen den beiden Gruppen unserer Einrichtung hat auch viel Raum eingenommen. Den Gottesdienst konnten wir zeitlich einfach nicht mehr unterbringen. Den Pastor werde ich wohl vertrösten müssen.

Nigül aus dem Iran schleicht um die Ecke. Sie ist erst eine Woche bei uns und spricht nicht ein Wort Deutsch. Bei uns fühlt sie sich vermutlich noch sehr fremd. Sie sitzt den ganzen Tag am Fenster und schaut hinaus. Mit anderen Kindern spielt sie nur ganz selten. Hoffentlich findet sie bald Kontakt. In der Nachbargruppe sind zwei Mädchen, die ihre Sprache sprechen. Ob ich sie heute mal mit den beiden zusammenbringe? Vielleicht kennen sich die Eltern sogar?

Was liegt heute an? Nachmittags haben wir einen Elternabend. Unsere neuen Beobachtungsbögen werden vorgestellt. Einige Eltern der Vorschulkinder haben Bedenken, dass wir die Kinder zu wenig spezifisch auf die Schule vorbereiten. Es hat letzte Woche schon zwei Anfragen bei der Leiterin gegeben, ob wir keine Fördergruppen einrichten können, in denen schon auf das Lesen und Schreiben vorbereitet wird. Die Nachbartagesstätte bietet einen Englischkurs an.

Ist tatsächlich erst eine Viertelstunde vergangen? Jetzt bin ich wach ..."

- Erstellen Sie eine Mindmap, in der Sie die komplexe Situation übersichtlich strukturieren.

- Markieren Sie, in welchen Bereichen sich nun für Sie als Erzieherin die Notwendigkeit einer Planung ergibt.

- Wählen Sie einen Aspekt aus, der sich als Ausgangspunkt eines Projekts eignet, und planen Sie ein fiktives Projekt. Richten Sie dieses an den im Studienbuch beschriebenen Projektschritten aus. Fehlende Informationen, die Sie als Planungsgrößen benötigen, können Sie selbst festlegen (Alter der Kinder, familiäre Situation, soziales Umfeld, räumlich-materielle Voraussetzungen etc.).

 ◆ **3. Didaktische Prinzipien**

Renate Zimmer stellte als Leitlinie pädagogischen Handelns in der Bewegungserziehung sechs didaktische Prinzipien auf, die sich ebenso für die Planung zahlreicher anderer pädagogischer Situationen eignen und übertragen lassen.

- Nennen Sie diese Prinzipien.

- Analysieren Sie folgende Situationen hinsichtlich der Berücksichtigung dieser Prinzipien.

▷ *Beispiel*
Situation 1:
Die Erzieherin macht ein Bewegungsangebot. Sie hat einen Parcours aufgebaut, bei dem die Kinder nacheinander über eine Bank balancieren und über auf dem Boden liegende Seile hüpfen sollen. Bei Unruhe in der Gruppe weist sie die Kinder in einem bestimmten Ton zurecht. In der „Warteschlange" entsteht schon bald Unruhe. Die Kinder schubsen sich gegenseitig und drängeln sich vor. Ein Kind wird daraufhin von der Erzieherin auf die Bank gesetzt.

Situation 2:
Die Jugendlichen des Jugendheimes möchten im Rahmen der diesjährigen Weltmeisterschaft ein Fußballturnier auf die Beine stellen, an denen mehrere Jugendheime in der Umgebung teilnehmen können. Die Erzieherin lässt bei der abendlichen Vollversammlung ein Planungsteam wählen, das die weiteren Vorbereitungen übernimmt, das Budget verwaltet und die aktuellen Informationen veröffentlicht.

Situation 3:
Die Mitarbeiterinnen der offenen Ganztagsschule haben in der Turnhalle nach dem Plan der Kinder mit der Gruppe gemeinsam eine Bewegungsbaustelle aufgebaut. Ein Kind hat sich als „Sicherheitsbeauftragter" gemeldet und prüft mit Unterstützung der Erzieherin die Aufbauten auf mögliche Sicherheitsrisiken. Es herrscht ein reges Treiben, das nicht ganz konfliktfrei ist. Die Erzieherin greift jedoch nur dann ein, wenn ihre Hilfe erfragt wird oder eine Gruppe ohne ihre Unterstützung keine Lösung findet.

Situation 4:
Die Kinder wünschen sich im Abschlusskreis den „Schlangentanz". Ein dreijähriges Kind möchte der Schlangenkopf sein, steht jedoch dann mit gesenktem Kopf in der Mitte und weint. Die Erzieherin versucht, es zu überreden. Nachdem diese Bemühungen scheitern, darf ein anderes Kind seine Rolle übernehmen.

In welchen Situationen sind Ihrer Meinung nach die didaktischen Prinzipien nur unzureichend umgesetzt worden? Konstruieren Sie die Szenen dazu neu oder schreiben Sie eine Fortsetzung.

◆ **4. Argumente für die Notwendigkeit des Planens**

▶ *Beispiel*

Sie sind Erzieherin in einer zweigruppigen Elterninitiative. Die Zeit, die Ihnen für die Planung zur Verfügung steht, ist bisher auf eine Stunde wöchentlich begrenzt. Das Team ist sich einig, dass diese Planungszeit keinesfalls ausreichend ist, und beschließt, dies zu einem Tagesordnungspunkt auf der nächsten Vorstandssitzung zu machen. Sie vermuten, dass der Vorstand eher die Ansicht vertreten wird, dass die gemeinsame Zeit mit den Kindern unersetzlich ist. Daher ist damit zu rechnen, dass Ihr Vorschlag, die Planungszeit auf drei Stunden wöchentlich zu erhöhen, mit überzeugenden Argumenten vorgebracht werden muss. Nur so wird er bei den Eltern mit einem sehr hohen Bildungsanspruch Anklang finden können.

Sie bereiten sich auf dieses Plädoyer gut vor:

- Entwickeln Sie eine überzeugende und fachlich richtige Argumentation für die Notwendigkeit einer differenzierten Planung. Greifen Sie dabei auch auf die Kennzeichen einer professionellen Planung zurück.

- Spielen Sie diesen Tagesordnungspunkt der Vorstandssitzung in einem Rollenspiel nach. Verteilen Sie folgende Rollen: Leiterin der Einrichtung, zwei oder drei weitere Teammitglieder, drei eher kritische Väter oder Mütter, zwei für diesen Vorschlag eher aufgeschlossene Väter oder Mütter.

3.5.1 Sprachkompetenz – elementar für Bildung und Bildungsprozesse

▲ ■ **1. Sprache und Sprachkompetenz**

- Tauschen Sie sich in Kleingruppen zu den folgenden Fragen aus:

  – Was wurde in den Einrichtungen im Elementarbereich, die Sie bisher kennengelernt haben, unter Sprachförderung verstanden?

  – Welchen Stellenwert hatte dieser Bereich?

- Vergleichen Sie Ihre Erfahrungen mit den Anforderungen des für Sie geltenden Bildungsplans für den Elementarbereich: Welche Aufgaben werden hier den Erzieherinnen bzgl. Sprachförderung zugewiesen?

■ **2. Wie eignen sich Kinder Sprache an?**

Informieren Sie sich über Spracherwerbstheorien und skizzieren Sie wichtige Entwicklungsphasen beim kindlichen Spracherwerb.

▲ ◆ **3. Entwicklung im Sprachgebrauch**

Überlegen Sie, durch welche Fördermaßnahmen ein nicht-situationsgebundener Sprachgebrauch bei Kindern unterstützt werden kann.

▲ ● ◆ **4. Mehrsprachig aufwachsen**

- Erstellen Sie ein Cluster zum Thema „Zweisprachig oder mehrsprachig aufwachsen" – welche Assoziationen haben Sie?

  – Bewerten Sie die im Cluster gesammelten Einfälle: Kennzeichnen Sie positive Gedankenverbindungen mit einem blauen Punkt, negative mit einem roten.

  – Was überwiegt? Tauschen Sie sich über die Tragweite des Ergebnisses für erzieherisches Handeln aus.

- Bitten Sie Mitstudierende, die zweisprachig aufgewachsen sind, von ihren persönlichen Erfahrungen zu erzählen.

- Stellen Sie gemeinsam Regeln für zweisprachige Kinder in der Kita auf, die den Kindern helfen, die Sprachen zu trennen, ohne sie zu überfordern.

- Entwickeln Sie in Ihrer Lerngruppe eine kurze Szene mit Handpuppen, durch die Kinder zu Sprachtrennung motiviert werden.

- Familiensprachen in der Einrichtung Raum geben – Sammeln Sie dazu Ideen in Ihrer Lerngruppe.

- Planen Sie einen Elternabend für Eltern mit Migrationshintergrund zum Thema „Deutsch lernen. Wie kann ich mein Kind fördern?"

 ### 5. Sprachförderung als Querschnittsaufgabe

- Informieren Sie sich, nach welchem Sprachförderkonzept für den Elementarbereich in der Einrichtung, in der Sie Ihr Praktikum mach(t)en, gearbeitet wird. Wie beurteilen Sie die Umsetzung dieses Konzepts?

- Sammeln Sie in einer Mindmap Möglichkeiten, wie Sprachförderung von Kindern praktisch aussehen könnte.

- Selbstwertgefühl und Lernerfolg: Tauschen Sie sich in der Kleingruppe über Ihre persönlichen Erfahrungen dazu aus.

 ### 6. Sprachanregende Aktivitäten in der Gruppe

- Fragen Sie, wer Ihrer Mitstudierenden ein Wimmelbuch oder Wimmelposter hat, oder besorgen Sie eins aus einer Bücherei. Schauen Sie es sich zusammen an.
  Entwickeln Sie Vorschläge, wie dieses Buch in der Kita eingesetzt werden kann, um Kinder mit Migrationshintergrund mit dem Lautsystem der deutschen Sprache vertraut zu machen.

- Haben Sie im Rahmen Ihrer Ausbildung Spiele kennengelernt, die die Wahrnehmungsfähigkeit fördern?
  - Haben Sie selbst eine eigene Spielidee?
  - Gibt es eine Möglichkeit, im Rahmen der Ausbildung ein solches Spiel tatsächlich zu entwickeln?

- Nonverbale Signale wahrnehmen: Bitten Sie Mitstudierende anderer ethnischer Herkunft, über ihre Erfahrungen mit nonverbaler Kommunikation z. B. im Rahmen von Schule, Ausbildung oder Praktika zu erzählen. Überdenken Sie Ihre eigenen Erfahrungen bei Reisen in andere Kulturkreise.

- Einigen Sie sich über drei oder vier Gesprächsregeln, die im Stuhlkreis gelten sollen. Begründen Sie Ihre Vorschläge.

- Erzieherinnen sollten unterschiedliche Gesprächsanlässe aufgreifen und zugleich die Interessen der Kinder im Auge behalten. Die Kinder selbst sind da eine Hilfe: Sie haben ein breites Interessenfeld, sind neugierig und haben viele Fragen. Mit wichtigen Fragen kommen Sie zur Erzieherin, wann auch immer sie ihnen gerade einfallen. Sammeln Sie Ideen, wie solche Fragen festgehalten werden können, z. B. für das Gespräch im Stuhlkreis.

- Oft stellen Kinder ihre Frage auch in unpassenden Momenten. Wie könnte die professionelle Reaktion der sozialpädagogischen Fachkraft in einer solchen Situation lauten? Welchen Kriterien sollte sie genügen?

- In Gruppen mit nichtdeutschsprachigen Kindern ist der Umgang mit sprachlichen Fehlern ein wichtiger Punkt. Welche Erfahrungen konnten Sie in Ihren Praktika sammeln? Wie haben Sie selbst reagiert, wenn nichtdeutschsprachige Kinder sich nicht korrekt ausdrückten? Wie zeigt sich in dieser Situation berufliche Kompetenz?

 ### 7. Sprachstandserhebungen

Wie werden in Einrichtungen, in denen Sie schon gearbeitet haben, Sprachstandserhebungen durchgeführt? Mit welchem Verfahren? Wie funktionierte der Brückenschlag zu Fördermaßnahmen?

8. Die Rolle der Erzieherin in der Sprachförderung

- Diskutieren Sie nachfolgende Auflistung: Welche Punkte haben Ihrer Meinung nach nichts mit dem Thema „Sprachvorbild sein" zu tun? Welche Aspekte fehlen? Stellen Sie miteinander eine Rangfolge der Punkte auf:

Eine Erzieherin ist Sprachvorbild, wenn sie

- Gesprächsregeln einhält,

- zuhören kann,

- deutlich spricht,

- einfühlsam ist,

- Hochsprache spricht,

- sich sprachlich an Kinder/Jugendliche anpasst,

- auf Fremdwörter verzichtet,

- selbst sprechfreudig ist,

- auch über Tabuthemen (wie Sexualität, religiöse Themen) reden kann.

- Stellen Sie sich verschiedene Praxissituationen vor: Aufräumen; Aufbruch nach draußen, Bilderbücher anschauen etc.: Wie reden Erzieherinnen in solchen Situationen vermutlich mit den Kindern?

- Sammeln Sie Sätze und Wendungen, die Sie für typisch halten.

- Inwieweit ist die Sprache hier von Wertschätzung getragen?

Beispiel
In der Kita gibt es heute zum Mittagessen Pizza mit Salami. Die Erzieherin entfernt die Salami-Scheiben, aber Aische weigert sich trotzdem, die Pizza zu essen. Die anderen Kinder können das nicht verstehen.

- Machen Sie Vorschläge, wie die Erzieherin den Kindern die Situation auf wertschätzende Art verständlich machen kann. Achten Sie auf wertschätzende Formulierungen.

Sozialpädagogische Fachkräfte sollten ihren Sprachgebrauch immer wieder reflektieren.

- Wie ist Ihre bisherige Erfahrung? Haben Sie Ihre Sprache im Umgang mit den Kindern mit der Anleiterin reflektiert?

- Wie könnten Sie einen entsprechenden Wunsch formulieren?

9. Mit Eltern in der Sprachförderung zusammenarbeiten

- Informieren Sie sich über mehrsprachige Elternbriefe, z. B. unter www.ifp.bayern.de/materialien/elternbriefe.html.

- Sammeln Sie Vorschläge, wie die Familiensprache in der Einrichtung sichtbar gemacht und aufgewertet werden kann.

- Auch Einrichtungen im Elementarbereich bieten inzwischen Deutschkurse für Eltern an.

- Informieren Sie sich, wer an Ihrem Wohnort ein solches Projekt anbietet, über Kosten und Durchführung.

- Wägen Sie Vor- und Nachteile dieser Initiative ab.

Literacy-Erziehung

- Wählen Sie drei Kinderbücher aus und untersuchen Sie auf zwei bis drei Seiten die Sprache im Hinblick auf Wortwahl und Satzbau.

- Vorlesen will geübt sein. Suchen Sie eine kurze Kindergeschichte aus. Überlegen Sie in Partnerarbeit, welche Stimmung Sie in der Geschichte wahrnehmen, wie Sie die Figuren darstellen wollen, wie sich Spannung aufbauen lässt. Üben Sie das Vorlesen zunächst zu zweit und versuchen Sie dann, die Geschichte der gesamten Lerngruppe vorzulesen. Das könnte auch ein interessanter Leistungsnachweis sein.

- Informieren Sie sich im Internet über die Stiftung Lesen.

  - Gibt es in den Einrichtungen, die Sie durch Ihre Praktika kennen, Vorlesepaten?

  - Entwerfen Sie in Zusammenarbeit mit dem Kunstunterricht ein Poster, mit dem für Vorlesepaten geworben wird.

- Mädchen und Jungen haben unterschiedliche Leseinteressen.

  - Sammeln Sie in der Lerngruppe Lesetipps (Bilderbücher, Bücher zum Vorlesen), die beide Geschlechter ansprechen.

  - Was macht diese Bücher empfehlenswert im Hinblick auf die Entwicklung von Sprachkompetenz?

- Regen Sie einen gemeinsamen Bibliotheksbesuch an, bei dem z. B. in der Kinderbuchabteilung nach Neuerscheinungen gesucht wird oder Sie in Erfahrung bringen, ab welchem Alter hier Kinder selbstständig Bücher ausleihen u. a. m. Überlegen Sie sich selbst weitere Arbeitsaufträge. Seien Sie dabei kreativ!

- Verfassen Sie einen Elternbrief, mit dem Sie die Bedeutung des Vorlesens und Erzählens für die Sprachentwicklung der Kinder darstellen. Informieren Sie darin auch über die Ausleihmöglichkeiten der „Kindergartenbibliothek".

3.5.2 Umweltbewusstsein als Bildungsanliegen

1. Bildungspläne

Lesen Sie sich im Studienbuch im Abschnitt „Umwelterfahrungen als Voraussetzung für Umweltbewusstsein" die Auszüge aus dem Bildungsplan in Hessen und der Bildungsvereinbarung in Nordrhein-Westfalen durch. Recherchieren Sie im Internet nach den Bildungsplänen anderer Bundesländer und tragen Sie zusammen, wie Umweltbewusstsein in den unterschiedlichen Bildungsplänen verstanden wird.

▲ 2. Sammelleidenschaft der Kinder

- Was haben Sie in Ihrer Kindheit gesammelt? Wie sind Sie mit den Sammlungen umgegangen? Wie haben Ihre Eltern auf Ihre Sammelleidenschaft reagiert? Tauschen Sie sich zu dritt darüber aus.

- Welche Konsequenzen können Sie aus den eigenen Erfahrungen für Ihre pädagogische Arbeit ziehen?

▲ 3. Herbarium

- Legen Sie ein Herbarium mit ca. 15 getrockneten Blättern an (Zeitaufwand: 4 bis 6 Wochen). Bestimmen Sie zu jedem Blatt mithilfe von Pflanzenführern aus der Bibliothek den Namen des Baumes. Benennen Sie jeweils den Fundort und das Funddatum.

- Reflektieren Sie nach Erstellung des Herbariums, welche Konsequenzen Sie aus Ihren Erfahrungen für die Erstellung eines Herbariums mit Kindern ableiten können.

▲ ■ 4. Umwelterziehung im eigenen Praktikum

- Welche Erfahrungen haben Sie im eigenen Praktikum mit Umwelterziehung gemacht? Gab es dort Projekte oder Initiativen? Wurden Ausflüge in den Wald oder zum See gemacht? Machen Sie sich zunächst Notizen dazu und berichten Sie anschließend in Kleingruppen von Ihren Erfahrungen.

- Wie sollte sich eine sozialpädagogische Fachkraft bei Naturerfahrungen grundsätzlich verhalten?

◆ 5. Umweltschutzprojekte planen

„Die pädagogischen Fachkräfte beobachten, dass viele Kinder immer wieder lange und ausgiebig sehr gerne mit Wasser spielen. Zur gleichen Zeit informiert sie der Träger über gestiegene Gebühren bzgl. des Wasserverbrauchs. Die pädagogischen Fachkräfte überlegen: Was können wir tun? Welchem Verhalten räumen wir Priorität ein? Sie einigen sich auf zwei Standpunkte: Aufforderungen zum Wassersparen, wenn Kinder es lustvoll als Spielelement nutzen, lehnen sie ab. Einsparungen beim Brauchwasser (Toilettenspülung, Gartenbewässerung, Spülmaschine etc.) wollen sie dagegen gerne vornehmen. Gleichzeitig möchten sie Kinder für das kostbare Nass sensibilisieren. Wie kann das geschehen? Bei einer der nächsten Gesprächsrunden sprechen sie die Kinder auf das Thema an. Die pädagogischen Fachkräfte ermuntern sie, mit ihnen Einsparmöglichkeiten zum Brauchwasser in der Tagesstätte zu erkunden und danach gemeinsam praktikable Sparmaßnahmen zu beschließen. Sie sind offen für die Entwicklung eines Projektes über den Weg des Trinkwassers. Sie wissen auch, dass viele Kinder ihre für die Kindertagesstätte getroffenen Beschlüsse auf das Zuhause übertragen. Daher informieren sie von sich aus die Eltern über ihre Ideen und laden sie zum Mitmachen ein."

(Reidelhuber, 2000)

- Recherchieren Sie fachspezifische Informationen zum Thema Wasser, die Sie als Sachwissen zur Projektplanung benötigen.

- Planen Sie ausgehend von der Situation mögliche Elemente eines Projektes. Berücksichtigen Sie dabei die Partizipation der Kinder und Eltern. Wie können externe Partner mit einbezogen werden?

3.5.3 Mathematisch-naturwissenschaftliche Bildung und Erziehung

▲ **1. Ich und die Mathematik**

Versuchen Sie, folgende drei Fragen in Stichworten oder wenigen Sätzen schriftlich zu beantworten:

- Was verstehe ich unter Mathematik? Wie könnte man sie definieren?

- Welche positive Erfahrung(en) bzw. Erinnerung(en) verbinde ich mit Mathematik?

- Was hat mich bisher von Mathematik am meisten abgeschreckt – und warum?

■ **2. Zahlenassoziationen**

Zahlen begegnen uns in vielen Bereichen des täglichen Lebens und in völlig unterschiedlichen Zusammenhängen und Bedeutungen, mit kulturellen, geschichtlichen und naturkundlichen Aspekten. Oft spielt auch Symbolhaftes eine große Rolle, wobei manche Zahlen in Sagen und Märchen eine besondere Bedeutung haben.

- Notieren Sie in Stichworten möglichst viele und verschiedene Beispiele, in denen die Zahl 7 (9, 12, 13, 100) eine bestimmte Rolle spielt. Nutzen Sie dazu auch das Wissen von Personen in ihrem privaten und beruflichen Umfeld.

- Manche Zahlen spielen im Alltag eine besonders große Rolle. Sie tauchen in den unterschiedlichsten Lebensbereichen und Zusammenhängen auf. Eine solche Zahl ist die 5. Wo stoßen wir auf diese Zahl? Sammeln Sie möglichst viele Beispiele, angefangen vom menschlichen Körper über Beobachtungen an Blüten, ornamentale und geometrische Formen (Fünfecke, Sterne, …) bis hin zu Zahlungsmitteln (Geld) und Sprichwörtern, in denen diese Zahl eine Rolle spielt.

● **3. Mathematik in der Natur – Anreize und Aufforderungen**

Der Umgang mit Zahlen wird bei Kindern meist allzu rasch einem Schulfach, nämlich der Mathematik, zugeordnet. Dabei zeigt die Beobachtung von Kindern immer wieder, wie viele ihrer (Spiel-)Situationen im Alltag oder draußen im Gelände ganz unmittelbar mit Arithmetik und Geometrie zu tun haben und dass diese von Kindern auch mit Lust und großem Interesse als Herausforderung aufgegriffen werden.

Versuchen Sie, sich an eine solche selbst beobachtete Situation möglichst genau zu erinnern und notieren Sie in Form eines kurzen schriftlichen Protokolls, was Ihnen aufgefallen ist. Orientieren Sie sich dabei an folgenden Fragen:

- Was hat das Kind bzw. die Kinder zum Zählen oder Rechnen angeregt (z. B. Abzählen der Ecken einer bestimmten Form)?

- Welche geometrischen Formen wurden bevorzugt? Lassen sich dafür Gründe finden?

- Welche Verhaltensweisen des Kindes/der Kinder sind Ihnen in dieser Situation besonders aufgefallen? (Wie konzentriert oder wie ausdauernd war die Beschäftigung des Kindes/der Kinder? Wurde Hilfe in Anspruch genommen? Welche?)

- Wenn mehrere Kinder beteiligt waren: Wie war ihr kommunikativer Kontakt untereinander? (Gab es untereinander Gespräche über das Zählen oder die Möglichkeiten, mit bestimmten Formen etwas zu gestalten? Oder bestimmte Kommentare anderer Kinder?)

- Wie war der Umgang des Kindes/der Kinder mit plötzlich auftretenden Schwierigkeiten?

4. Maße und Einheiten – Schwimmfähigkeit von Stoffen

Die Schwimmfähigkeit von Stoffen zu erklären, erfordert den Bezug auf physikalische Grundbegriffe wie Masse, Dichte, Form. Wichtiger ist zunächst aber, Kindern zu ermöglichen, durch entsprechende Versuche mit einfachen Mitteln eigene Erfahrungen zu machen.

- Sammeln Sie dazu gemeinsam mit Kindern 15 verschiedene Gegenstände, wobei alle Beteiligten vor dem praktischen Versuch gemeinsam überlegen, welche Dinge schwimmen und welche untergehen würden. Achten Sie dabei auf unterschiedliche Schwierigkeitsgrade des Abschätzen-Könnens.

- Drei Fragen, die Sie mit Kindern diskutieren könnten:

  - Warum kann auch ein mit LKWs voll beladenes Fährschiff schwimmen?

  - Wovon hängt es ab, wie tief ein schwimmender Gegenstand im Wasser liegt?

  - Kann man das Gewicht eines einzelnen Fingers bestimmen, wenn man ihn in ein Glas mit Wasser taucht, das auf einer Waage steht? Machen Sie mit Kindern diesen Versuch und diskutieren Sie das Ergebnis.

5. Körper und Räume – Bau eines Dodekaeders

Es ist nicht ganz leicht, sich einen Körper vorzustellen, dessen Seiten nur aus Fünfecken bestehen. Es gibt aber ein solches Gebilde, das aus genau zwölf regelmäßigen Fünfecken zusammengesetzt ist und das zu den seit der Antike bekannten fünf platonischen Körpern gezählt wird: der Dodekaeder oder Pentagondodekaeder.

- Versuchen Sie, selbst ein Schnittmuster eines solchen Körpers auf einem größeren Blatt Papier zu zeichnen, und überprüfen Sie Ihr Ergebnis, indem Sie die Figur ausschneiden, falten und zusammenkleben.

Schnittmuster geometrischer Körper und ganz besonders auch solche der fünf platonischen Körper finden Sie auch im Internet. Die eigene Herstellung solcher Körper ist weit mehr als lediglich „basteln". Sie fördert räumliches Denken und Vorstellungsvermögen und handwerkliches Geschick ebenso wie ein Bewusstsein für mathematische Gesetzmäßigkeiten und Zusammenhänge.

6. Astronomische Größen

Schon mithilfe einfacher Gegenstände können astronomische Größen, also sehr große Entfernungen und Größenunterschiede zwischen Himmelskörpern, gut dargestellt werden. So können Sie z. B. Kindern den Abstand Erde-Sonne sowie die Größen dieser beiden Himmelskörper anschaulich vermitteln.

Zunächst die gerundeten Maße, die Sie benötigen:
Sonnendurchmesser = ca. 1,4 Mio. km bzw. 1,4 Mrd. m
Erddurchmesser = ca. 13.000 km bzw. 0,013 Mrd. m
Entfernung Sonne-Erde = ca. 150 Mio. km bzw. 150 Mrd. m

Um diese Größen modellhaft darzustellen, verwenden Sie am besten den Maßstab 1:1.000.000.000 (1 zu 1 Milliarde). Als Sonne dient nun ein Ball mit einem Durchmesser von 140 cm (eventuell ein aufblasbarer Riesenball, sonst eine einfache Konstruktion aus Maschendraht und Folie), als Erde ein Kügelchen mit 13 mm Durchmesser. Den Abstand Sonne-Erde stellen Sie nun nach, indem Sie diese beiden Körper auf einer großen freien Fläche (Wiese) 150 m weit auseinanderlegen.

Rechnen Sie diese Angaben nach und bauen Sie anschließend mit Kindern ein solches Modell.

3.5.4 Spielen und Gestalten

■ **1. Das eigene Verständnis von Spiel**

- Versuchen Sie eine eigene Definition von „Spiel".

- Listen Sie die Merkmale des Spiels vor dem Hintergrund eigener Erfahrungen auf. Ergänzen Sie diese durch die Fachinformationen aus dem Studienbuch.

● **2. Eine Alltagssituation spieltheoretisch analysieren**

▶ *Beispiel*

Eine Gruppe von Vorschulkindern baut mit Freude eine Riesenstadt im Toberaum. Marc (5;8) und Niklas (5;7) übernehmen die Aufgaben der Maurer und stapeln immer wieder dicke Bücher und andere Materialien aufeinander. Andreas (5;4) scheint der Architekt zu sein, der mit selbst gemalten Konstruktionszeichnungen die Bauarbeiten kontrolliert und zwischendurch die Jungen immer wieder lautstark beschimpft, weil sie nicht schnell genug arbeiten. Andreas' Mutter schien am Morgen sehr gehetzt, als sie ihren Jungen brachte und erzählte aufgebracht, dass die Bau-

arbeiten an ihrem Einfamilienhaus wieder verschoben werden müssten. Ihr Mann sei schon völlig fertig und betrete nur noch genervt und maulend die Baustelle.

Während Andreas' Mutter die Hausschuhe vom Regal im Nebenraum holt, wartet Andreas' kleine Schwester Clara meist im Kinderwagen auf dem Flur. Wir müssen immer aufpassen, dass die anderen Kinder Clara nicht irgendein Spielzeug zustecken. Die Kleine lutscht nämlich mit Vorliebe alles ab und schmeißt es dann in hohem Bogen aus ihrem Wagen.

Laura (2;9) ist in letzter Zeit häufig im Atelier zu finden, wo sie vor einem gesammelten Berg von Papierschnipseln, Stoffstreifen, Wollfäden usw. sitzt. Jedes Teil wird nun gründlich in Kleber gebadet und kreuz und quer auf ein Blatt Papier geklebt. Sie ist unheimlich stolz, wenn sie uns später erklären kann, was alles auf dem Bild zu sehen ist. Marie (4;5) und Luisa (5;8) hingegen basteln im Moment am liebsten kleine Tischlaternen nach einer Gänse-Vorlage.

Am runden Spieltisch am Fenster ist es die meiste Zeit ruhig und leise. Marc (6;5) und Tobias (6;7) spielen oft „Mensch ärgere dich nicht". Sie scheinen hoch konzentriert bei der Sache zu sein, um zu gewinnen, und wehe, einer von den beiden hat die Augen auf dem Würfel versehentlich falsch gezählt. Dann kommt der vermeintlich Betrogene sofort zu uns und erzählt, dass gepfuscht wurde. Wenn Jenny (3;7) auch mitspielen möchte, sind die Jungs meist nicht begeistert. Sie wolle immer nur würfeln und die Figuren setzen. Sie achte gar nicht darauf, wenn jemand eine Sechs hat und noch mal dran sei ...

- Analysieren Sie unter Zuhilfenahme Ihrer spieltheoretischen Kenntnisse die Fallsituation und halten Sie Ihre Ergebnisse in Stichworten fest. Gehen Sie dabei so vor, dass Sie das Verhalten der einzelnen Kinder kurz erfassen und dieses auf der Grundlage Ihres Wissens über die Spielformenentwicklung bei Kindern erläutern.

- Denken Sie nun darüber nach, wie Sie auf die oben beschriebenen Begebenheiten pädagogisch angemessen Einfluss nehmen können und müssen.

- Stellen Sie Überlegungen an, in welcher Form Sie die beschriebene Mutter „zwischen Tür und Angel" in ihrer Erziehungs- und Bildungsarbeit unterstützen oder beraten können – mit Blick auf das Spiel ihrer Kinder.

◆ **3. Ein Außengelände umgestalten**

▶ *Beispiel*

Als Praktikantin im letzten Jahr der Ausbildung treten Sie Ihre Stelle in einer ländlichen Kindertagesstätte an. Zunächst schauen Sie sich alles aufmerksam an und lassen es auf sich wirken. Danach beobachten Sie aufmerksam das Spiel der Kinder. Ihnen bietet sich folgendes Bild: Eine großzügig angelegte Grünfläche mit kurz geschorenem Rasen umgibt den großen Flachbau der dreigruppigen Kindertagesstätte. Der Rasen ist gut zu überblicken. Gesäumt wird er durch eine dichte Hecke. Für die Kinder steht ein sehr großer Sandkasten zur Verfügung. Dieser kann am Abend mit einer mobil angebrachten Plane zugedeckt werden. Bei Sonnenschein wird die Plane hochgezogen und dient als Sonnenschutz. Um den einzigen Baum, eine uralte, dicke Buche, ist eine Bank angebracht, die zum Sitzen und Verweilen einlädt. Sie sind jedoch von der Leiterin bereits informiert worden, dass dort die jeweils Aufsicht führende sozialpädagogische Fachkraft Platz nimmt. Die Kinderfahrzeuge (Roller, Dreirad, Rollbrett) sowie andere Utensilien sind in einem gut verschließbaren Schuppen untergebracht. „Ach ja", sagt die Leiterin zu Ihnen, „hier wird nicht auf die Platte gekritzelt", und weist auf die glatten Bodenplatten auf dem Weg vom Kindertagesstättentor bis zu Eingangstür.

- Analysieren Sie, welche Spielmöglichkeiten sich den Kindern auf dem Außengelände eröffnen.

- Listen Sie gemäß der Alters- und Entwicklungsstufen der Kinder von zwei bis sechs Jahren Spiel- und Gestaltungsbedürfnisse auf.

- Entwerfen Sie auf der Basis der kindlichen Spielentwicklung und seiner jeweiligen Ausprägung einen Plan zu Umgestaltung des Außengeländes.

- Versetzen Sie sich in die Situation der Praktikantin. Sie möchten gerne anregen, dass die Anlage den Bedürfnissen der Kinder entsprechend umgestaltet wird. Wie könnten Sie klug vorgehen, um die Leiterin zu motivieren?

- Tragen Sie im Rollenspiel (Praktikantin – Leiterin) theoriegeleitet und begründet Ihre Gestaltungsideen vor.

3.5.5 Gesundheit und Bewegung

1. Einstellungen zu Bewegung

Wählen Sie aus den folgenden Thesen eine aus, die Sie mit einer Partnerin oder in einer Kleingruppe diskutieren:

- Die eigene Bewegungsbiografie hat maßgeblichen Einfluss auf die Einstellung zu Bewegung in der Arbeit mit Kindern und Jugendlichen.

- Bewegt sich eine Erzieherin selbst nicht gerne, wird sie bei Kindern und Jugendlichen keine Bewegungsfreude wecken können.

- Eine eher ablehnende Haltung zu Bewegung, die durch Erfahrungen in der Familie sowie in der Kindertagesstätte und Schule erworben wurde, kann später kaum positiv verändert werden.

2. Die eigene Bewegungsbiografie reflektieren

- Übertragen Sie die folgende Abbildung auf ein Papier, das mindestens DIN-A3-Größe hat. Zeichnen Sie Ihre persönliche Bewegungsgeschichte als Kurve ein. Berücksichtigen Sie dabei zum einen den

▲ Persönliche Vorerfahrung ■ Fachkenntnisse

zeitlichen Ablauf, zum anderen aber auch die Einschätzung einzelner Phasen oder Ereignisse in Ihrem eigenen Erleben. Dabei sollen die positiven und negativen Erlebnisse und Gefühle deutlich werden, die Sie mit Bewegung verbinden.

- Beschriften Sie besonders herausragende Erlebnisse oder Phasen. Sie können ebenso Bilder oder Symbole malen.

- Stellen Sie Ihre „Bewegungskurve" in einer Kleingruppe vor und reflektieren Sie mögliche Zusammenhänge zwischen den zurückliegenden Erlebnissen und aktuellen Einstelllungen, Vorlieben und Hemmungen.

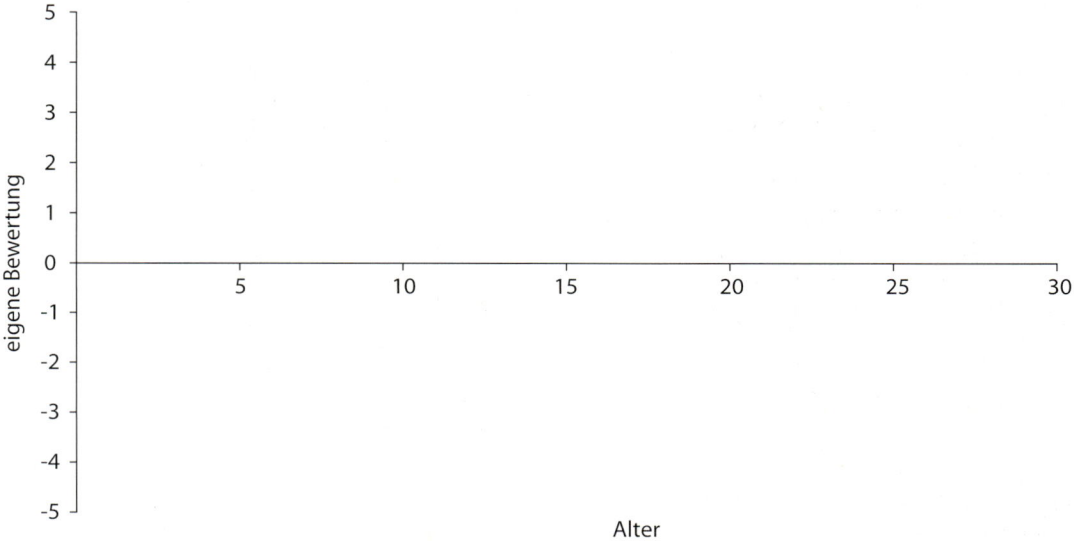

3. Funktionen von Bewegung

Die Funktionen, die Bewegung vor allem für die Entwicklung von Kindern haben kann, sind sehr vielfältig. Die wichtigsten Funktionen sind nachfolgend aufgeführt und kurz erläutert (vgl. Zimmer, 1998, S. 15).

Personale Funktion
Den eigenen Körper und damit sich selbst kennenlernen; sich mit den körperlichen Fähigkeiten auseinandersetzen und ein Bild von sich selbst entwickeln.

Soziale Funktion
Mit anderen gemeinsam etwas tun, mit- und gegeneinander spielen, sich mit anderen absprechen, nachgeben und sich durchsetzen.

Produktive Funktion
Etwas selber machen, herstellen, etwas mit dem eigenen Körper hervorbringen.

Expressive und impressive Funktion
Gefühle und Empfindungen in Bewegung ausdrücken, körperlich ausleben und verarbeiten (expressive Funktion); Gefühle wie Lust, Freude, Erschöpfung und Energie empfinden, in Bewegung erfahren (impressive Funktion).

Explorative Funktion
Die dingliche und räumliche Umwelt kennenlernen und sich erschließen, sich mit Objekten und Geräten auseinandersetzen und ihre Eigenschaften erfassen, sich den Umweltanforderungen anpassen bzw. sie sich passend machen.

Adaptive Funktion
Die körperlichen Grenzen kennenlernen und die Leistungsfähigkeit steigern, sich selbst gesetzten und von außen gestellten Anforderungen anpassen.

Komparative Funktion

Sich mit anderen vergleichen, sich miteinander messen und dabei sowohl Siege verarbeiten als auch Niederlagen ertragen lernen.

Finden Sie zu den Funktionen jeweils mindestens zwei Beispiele und stellen Sie den Zusammenhang zur Bedeutung der Bewegung für die kindliche Entwicklung heraus.

4. Ein Blick in Ihre Praktikumseinrichtung

Begeben Sie sich in Gedanken in die sozialpädagogische Einrichtung, in der Sie Ihr letztes Praktikum gemacht haben.

- Beantworten Sie zunächst für sich alleine folgende Fragen:

  - Welche Haltungen der Erzieherinnen zu Bewegung konnten Sie wahrnehmen?

  - Wie äußerten sich die Bewegungsbedürfnisse der Kinder oder Jugendlichen?

  - Welche motorischen Fähigkeiten konnten Sie bei den Kindern oder Jugendlichen beobachten?

  - Welche Angebote wurden von den Erzieherinnen in diesem Bildungsbereich Ihren Beobachtungen nach geplant, durchgeführt und reflektiert?

  - Welche räumlichen Bewegungsmöglichkeiten gab es in Ihrer Einrichtung?

  - Wie viel (tägliche) Bewegungszeit stand den Kindern oder Jugendlichen zur Verfügung?

  - Welches Geräteangebot war für Bewegung vorhanden?

  - Nach welchem „Konzept" der Bewegungserziehung wurde gearbeitet?

  - Welche angeleiteten Bewegungsangebote wurden durchgeführt?

  - Welche didaktischen Prinzipien wurden in welcher Form berücksichtigt?

  - Existierten heilpädagogische Zusatzangebote im Bereich der Bewegungserziehung (z. B. durch eine Motopädin)?

- Tauschen Sie nun Ihre Erfahrungen aus und diskutieren Sie, wie im Alltag in sozialpädagogischen Einrichtungen fachlich fundierte Bewegungserziehung stattfinden kann.

5. Raumgestaltung und Bewegung

Beispiel

Eine Einrichtung, die Psychomotorik ausdrücklich in ihrem Konzept verankert hat, wird baulich erweitert. Eine vierte Gruppe und ein neuer Bewegungsraum sollen im Zuge dessen entstehen. Sie werden diese Gruppe leiten und sind nun aufgefordert, ein Konzept für die beiden neu entstehenden Räume zu entwerfen, das den Grundsätzen der Psychomotorik entspricht.

- Legen Sie zunächst möglichst realistische Eckdaten fest (Größe und Grundriss der Räume, Finanzierungsrahmen). Falls Ihnen hier Kenntnisse fehlen, befragen Sie Leiterinnen aus umliegenden Einrichtungen.

- Planen Sie dann sowohl die räumliche als auch die materielle Ausstattung.

6. Planung eines Gesundheitsprojektes

Beispiel

In der Hausaufgabenbetreuung der Schulkinder nehmen Sie wahr, dass die Kinder unter massiven Stresssymptomen leiden. Viele Kinder können sich kaum konzentrieren, fallen durch motorische Unruhe auf oder äußern, dass sie sich durch die Lautstärke im Hausgabenraum gestört fühlen. Ihnen geht es ähnlich. Sie planen ein Gesundheitsprojekt zum Thema „Stress und Stressbewältigung".

3.5.6 Interkulturelle Erziehung

▲ **1. Meine Erfahrungen mit ausländischen Mitbürgerinnen und Mitbürgern**

Erstellen Sie zwei Tabellen nach folgendem Muster, in die Sie Ihre angenehmen bzw. unangenehmen Erfahrungen mit ausländischen Mitbürgerinnen und Mitbürgern möglichst detailliert eintragen.

Meine angenehmen/unangenehmen Erfahrungen mit ausländischen Mitbürgerinnen und Mitbürgern		Entspricht meinen Vorstellungen von Menschen aus diesem Kulturkreis	Widerspricht meinen Vorstellungen von Menschen aus diesem Kulturkreis
Das Land, aus dem die Person stammt	Angenehme/unangenehme Erfahrungen	+	–
1.			
2.			

■ **2. Ursprung und Bedeutung interkultureller Erziehung**

Ein großer Teil der Migrantinnen und Migranten wurde einst nach Deutschland geholt und half nachhaltig, den heutigen Wohlstand zu erarbeiten.

- Beschreiben und erläutern Sie die Entwicklung Deutschlands hin zu einer multikulturellen Gesellschaft.

- Zeigen Sie die damit verbundenen pädagogischen Entwicklungen bis hin zu einer interkulturellen Erziehung auf.

● **3. Spezifische Ängste in einer multikulturellen Gesellschaft**

Erstellen Sie eine Liste nach folgendem Muster zu den spezifischen Ängsten, die Menschen (1. Erwachsene, 2. Kinder, 3. Jugendliche) im Zusammenhang mit der Multikulturalität ihrer Gesellschaft haben bzw. haben können.

Mögliche Ängste von Erwachsenen/Kindern/ Jugendlichen, die der Mehrheitskultur angehören	Mögliche Ängste von Erwachsenen/Kindern/ Jugendlichen, die der Minderheitskultur angehören

Vergleichen Sie Ihre Arbeitsergebnisse untereinander und entwickeln Sie gemeinsam Vorschläge, wie diesen Ängsten entgegengewirkt werden kann:

- – in alltäglichen Begegnungen mit Ausländern,

- – in der sozialpädagogischen Praxis,

- – in der Elternarbeit sozialpädagogischer Einrichtungen.

4. Interkulturelle Kompetenzen

Erstellen Sie eine Übersicht über die wichtigsten interkulturellen Kompetenzen für professionelles Arbeiten, über die eine Fachkraft in sozialpädagogischen Tageseinrichtungen für Kinder verfügen muss:

- in sozialpädagogischen Einrichtungen für Jugendliche,
- im Rahmen der Elternarbeit.

---

5. Kapitelübergreifende Aufgabe

Interkulturelle Erziehung – gemeinsame Erziehung

Ein besonders wichtiges Anliegen der gemeinsamen Erziehung von Kindern aus unterschiedlichen Kulturkreisen ist die Verminderung von Verängstigung, Unsicherheit und Destabilisierung.

Entwickeln Sie für die folgenden Arbeitsfelder je ein umfangreiches Projekt, das diesem Anliegen gerecht wird:

- *Tageseinrichtung mit hohem Ausländeranteil*
- *offene Ganztagsschule*
- *Hort*
- *Abenteuerspielplatz*

---

6. Interkulturelles Lernen – Kulturen

Erläutern Sie, was unter „Kultur" zu verstehen ist, und informieren Sie sich ausführlich über typische Merkmale unterschiedlicher Kulturen. Erstellen Sie dazu eine Tabelle nach folgendem Muster und achten Sie darauf, dass die einzelnen Tabellenfelder groß genug sind.

Kultureller Hintergrund (z. B. Türkei, Aleviten)	
Religion (z. B. wichtige Merkmale der Religion, religiöse Feste)	
Weltliche Feste und wichtige Traditionen	
Typische Ernährungsgewohnheiten und Esskultur	
Familiensituation (z. B. Rolle von Mann und Frau, von Töchtern und Söhnen, von Kleinkindern, Kindern und Jugendlichen)	
Lebensbedingungen in Städten und Dörfern	
Bildungssituation (z. B. Schulbildung, Berufe etc.)	
u. v. m.	

Kultureller Hintergrund (z. B. Türkei, Sunniten)	
...	
...	

Kultureller Hintergrund (z. B. Indien, Hindus)		
...		
...		

Kultureller Hintergrund (z. B. Kasachstan, Christen, Sunniten und Schiiten)		
...		
...		

7. Interkulturelles Lernen – eine sozialpädagogische Konzeption

Stellen Sie begründet die wichtigsten Ziele interkulturellen Lernens in sozialpädagogischen Einrichtungen dar und erstellen Sie einen Katalog an Forderungen für die Gestaltung des pädagogischen Verhältnisses zu den Kindern und/oder Jugendlichen in einer Gruppe mit hohem Ausländeranteil.

8. Toleranz

Gemeinsames interkulturelles Lernen erfordert ein hohes Maß an Toleranz – sowohl von den sozialpädagogischen Fachkräften als auch von den Kindern und Jugendlichen. Die UNESCO verabschiedete 1995 eine Erklärung, in der sehr klar formuliert wird, was sie unter Toleranz – auch im Sinne des Zusammenlebens von Menschen mit unterschiedlichem kulturellem Hintergrund – versteht.
Diskutieren Sie die UNESCO-Erklärung in Ihrer Lerngruppe und reflektieren Sie dabei auch Ihr eigenes Verhalten und Erleben: Wo und warum ist Ihnen ein toleranter Umgang mit Menschen mit anderem kulturellem Hintergrund gelungen und wo und warum nicht?

9. Kapitelübergreifende Aufgabe

Vorurteile und Stereotype

* Erläutern Sie, was unter Vorurteilen und Stereotypen zu verstehen ist. Gehen Sie dabei darauf ein, inwiefern sie im Leben der Menschen wichtig, aber für ein friedliches Zusammenleben auch gefährlich sein können.

* Entwickeln Sie ein Projekt für Kinder in einer offenen Ganztagsgrundschule oder in einem Hort, dessen wesentliches Anliegen in der Reflexion und Aufarbeitung von Vorurteilen gegenüber Minderheiten besteht.

3.5.7 Ethische und religiöse Erziehung

Kapitelübergreifende Aufgabe

Eine berufliche Handlungssituation bearbeiten

Statt einzelner Aufgaben wird hier vorgeschlagen, Situationen aus der erzieherischen Praxis zu bearbeiten. Warum? Die Bearbeitung von Praxissituationen unterstützt erfahrungsbezogenes Lernen, vernetztes Denken und situationsorientiertes Handeln. Gehen Sie folgendermaßen vor:

1. Schritt: Fragen und Probleme, die diese Situation aufwirft, erkennen
Als „Augenöffner" Qualitätskriterien heranziehen (Orientierungs-, Prozess-, Struktur- Entwicklungs- und Ergebnisqualität). Die Problemanalyse bezieht alle fachlichen Perspektiven ein. Sie analysieren auf dem Hintergrund Ihres fachlichen Wissens, was genau in dieser Situation problematisch ist, stellen Vermutungen über mögliche Ursachen an und fragen, wie professionelles erzieherisches Handeln aussieht. Beispiel: Der Jugend-

liche reagiert mit physischer Gewalt – möglicherweise ist das die Konfliktregulierung, die er von zu Hause kennt. Welche Modelle für gewaltfreie Konfliktlösung gibt es?

Lerngewinn: Einübung in eine fächerübergreifende Problemanalyse, wie sie auch vor Ort notwendig ist.

2. Schritt: Fachwissen in Bezug auf ethische und religiöse Erziehung und Bildung für die Problemlösung erarbeiten

In dieser Phase geht es gezielt um Wissen im Hinblick auf die Probleme, die ethische und religiöse Erziehung und Bildung betreffen. Gleichzeitig sind Weichen gestellt, eventuell weitere fächerübergreifende Problemlösungen zu erarbeiten. Lerngewinn: zielgerichtet Wissenslücken füllen; Wissensinseln bilden und erweitern, das bedeutet „Landgewinn".

3. Schritt: Recherche-Ergebnisse rückkoppeln und Handlungsansätze für ethische und religiöse Erziehung und Bildung entwickeln

Auch hier erleichtert es, Qualitätskriterien und Handlungsmöglichkeiten zu erkennen.
Lerngewinn: Einsicht, dass es nie nur eine Handlungsoption gibt.

4. Schritt: eine Handlungsmöglichkeit ausarbeiten

Lerngewinn: ein Angebot im Rahmen ethischer und religiöser Bildung und Erziehung entwickeln lernen.

5. Schritt: Evaluationskriterien festlegen

Lerngewinn: Erreichen von Zielen überprüfen lernen.

Skizze für die Bearbeitung einer beruflichen Handlungssituation

Berufliche Handlungssituation (Jugendtreff)

Die 17-jährige Anna kommt im Jugendtreff Club 18 mit dem Erzieher ins Gespräch und erzählt ihm, dass sie vor einiger Zeit ihre Arbeit verloren habe und nicht so recht weiß, was sie den ganzen Tag machen solle. Bis spät in die Nacht hänge sie herum, gehe spät ins Bett und wache dann erst mittags auf: „Ich bin mit meinem Leben unzufrieden. Ich kiffe regelmäßig, um vom Alltag abschalten zu können. Richtig toll finde ich mein Leben zurzeit nicht."

Fachübergreifend Fragen/Problemstellungen der Praxissituation aufdecken (1), z. B.:

– *Auf welchem „Ohr" (Kommunikationsmodell von Schulz von Thun) könnte die pädagogische Fachkraft Annas Äußerungen hören?*

– *Wie könnte Annas Tagesablauf strukturiert werden? Welche Unterstützungen bräuchte sie? Welche gibt es generell?*

– *Kann Anna sich korrekt bewerben? Worauf ist bei einer Bewerbung zu achten?*

– *Inwieweit hängt der Jobverlust mit Annas sprachlichen Kompetenzen zusammen? Wie kann die Sprachkompetenz Jugendlicher erweitert werden?*

– *Welche beruflichen Wünsche, Vorstellungen hat Anna? Wie muss ein pädagogisches Gespräch über diese Frage führt werden?*

– *Sind die Rahmenbedingungen dafür in der Einrichtung gegeben (personelle Ressourcen, PC-Arbeitsplatz u. Ä.)? Gibt es Kooperationsmöglichkeiten der Einrichtung, z. B. mit einer Arbeitsagentur oder Betrieben vor Ort? Wie könnten diese gestartet werden?*

– *Wie kann das Thema Jugendarbeitslosigkeit in die Öffentlichkeit getragen werden?*

– *Ist Anna die einzige in der Einrichtung, die kifft? Lässt Anna sich auf Drogenberatung ein? Anlaufstellen? Möglichkeiten der Suchtprävention und Suchtberatung in einer Einrichtung?*

– *Werden auch Annas Fragen nach Sinn und Bedeutung für ihr Leben von dem Erzieher wahrgenommen, gehört?*

– *Welche Perspektiven bieten hier ethische und religiöse Erziehung?*

– *Ist die Frage nach dem Sinn des Lebens für das Team überhaupt ein „Thema"?*

– *Wie wird darüber geredet? Werden Fortbildungsmöglichkeiten wahrgenommen?*

Fachwissen erarbeiten zu Themen ethischer und religiöser Erziehung und Bildung (2), z. B.:

- *Fachwissen über Wertorientierung (Sinnfragen) erarbeiten*

Handlungsmöglichkeiten im Rahmen ethischer und religiöser Erziehung und Bildung entwickeln (3), z. B.:

- *pädagogisches Gespräch mit Anna über ihre Lebenssituation führen und darüber, was ihrem Leben Sinn geben kann*

- *Gesprächsrunden in der Einrichtung über Sinnfragen einführen*

- *je nach Alter der Jugendlichen: einen Elternabend zum Thema Wertorientierung gestalten*

- *Kontakte herstellen zu einer in der Jugendarbeit aktiven Kirchengemeinde oder kommunalen Einrichtung*

- *Gespräche im Team über persönliche Einstellungen im Bezug auf Wertorientierung führen*

- *Fortbildungen über Wertorientierung besuchen*

- *einen Arbeitskreis einrichten, um mit allen Mitarbeiterinnen über die Wertekultur bzw. das Leitbild der Einrichtung zu sprechen, dabei den Träger einbeziehen*

Einheit für ethische und religiöse Erziehung und Bildung entwickeln (4), z. B.:
Thema: Wertorientierung am Beispiel der Frage nach dem Lebenssinn
Situationsanalyse: Zielgruppe festlegen, weltanschaulich-religiöse Einstellung mit einbeziehen
Ziel: Jugendliche für Fragen nach dem Sinn des Lebens sensibilisieren
Inhalt: aktuelle Songtexte, in denen es um Lebenssinn geht
Methode: „Text teilen"
Materialien: Papier und Stifte werden in der Mitte ausgelegt
Durchführung: Nachdem die Musik gemeinsam gehört wurde, schreibt jeder in der Runde auf, was bei ihm „eingeschlagen" hat; das kann ein Wort, eine Wendung, ein einzelner Satz aus dem Song sein. Alle legen ihre Notizen vor sich auf den Boden. Die Gruppenmitglieder teilen in einer ersten Gesprächsrunde mit, weshalb ihnen das, was sie festgehalten haben, etwas bedeutet und was es für sie bedeutet; im Anschluss daran gibt es die Möglichkeit, nachzufragen und miteinander über das Gehörte zu sprechen (Klärungsgespräch mit dem Ziel, Ansichten kennenzulernen und zu verstehen). Zum Abschluss muss die Gesprächsleitung nicht immer das letzte Wort haben. Viel besser ist es, wenn das Statement eines Jugendlichen den Abschluss bildet und damit die Statements Gewicht bekommen.

Aufgabe

Bearbeiten Sie nach dem vorgegebenen Raster die folgenden beruflichen Handlungssituationen:

Handlungssituation 1 (Kindertageseinrichtung):

Bei der letzten Weihnachtsfeier im evangelischen Kindergarten waren die Erzieherinnen maßlos enttäuscht: Von Beginn an gab es unter den Eltern zwei Gruppen: Die türkischen Mütter setzten sich zusammen an einen Tisch in der Ecke, die deutschen Besucher waren ebenfalls „unter sich" an einem anderen Tisch. Die Erzieherinnen bemühten sich, die „Ecken" aufzulösen, was aber nicht gelang.

Handlungssituation 2 (Nachmittagsbetreuung):

Der Erzieher Herr Schneider bekommt im Gespräch in seiner Gruppe (kommunale Einrichtung, Hausaufgabenbetreuung) mit, dass die Schulkinder darüber sprechen, wer bei ihnen in der Familie gestorben ist. Mia, 7 Jahre alt, sagt: „Ich möchte wissen, wo mein Opa jetzt ist", worauf Fatima (8 Jahre), die sonst wenig sagt, spontan reagiert mit: „Den haben die Engel geholt!" Mia, ohne Konfessionszugehörigkeit aufgewachsen, schaut ungläubig und meint: „Meine Mama sagt, das stimmt nicht. Aber wir können ja den Herrn Schneider fragen."

3.5.8 Medienkompetenz – Medienerziehung

▲ **1. Meine Medienwelt**

Erstellen Sie zwei Mindmaps nach folgendem Muster, in die Sie Ihre Nutzung unterschiedlicher Medien (an einem typischen Werktag und an einem typischen Wochenende) darstellen. Benennen Sie das genutzte Medium und tragen Sie die Anzahl der Stunden oder Minuten dazu ein.

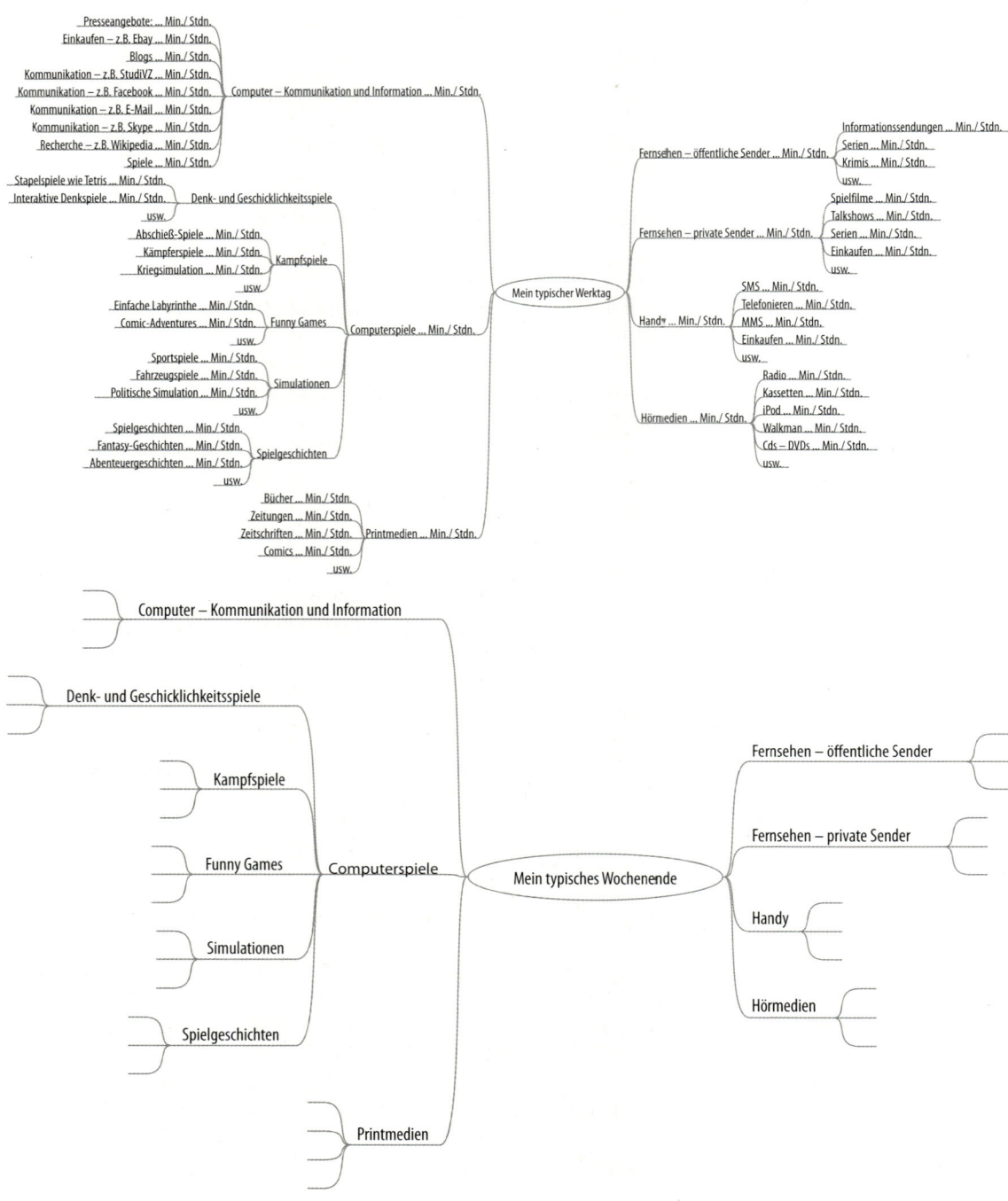

■ **2. Die geschichtliche Entwicklung der Medien**

Beschreiben Sie in Ihren Worten die Entwicklung der Medien in den vergangenen 100 Jahren.

■ ● **3. Medienkompetenz – eine Herausforderung für sozialpädagogische Fachkräfte**

Die Fähigkeit und Bereitschaft zu einem kritischen Umgang mit Medien ist in der sozialpädagogischen Praxis eine wichtige Kompetenz sowohl für sozialpädagogische Fachkräfte als auch für die Kinder und Jugendlichen.

▲ Persönliche Vorerfahrung ■ Fachkenntnisse

- Erläutern Sie, was unter Medienkompetenz zu verstehen ist.

- Entwickeln Sie eine detaillierte Übersicht über die wichtigsten Fähigkeiten, über die eine medienpädagogisch verantwortlich arbeitende Fachkraft verfügen muss.

- Begründen Sie ausführlich, warum die Bereitschaft zu medienpädagogischem Handeln in der Praxis in unterschiedlichen Einrichtungen unabdingbar ist.

- Begründen Sie ausführlich, warum Medienkritik als Fähigkeit von Kindern und Jugendlichen erforderlich und wichtig ist.

4. Gefahren neuer Medien

Erstellen Sie eine Informationsbroschüre für Jugendliche über Möglichkeiten und Gefahren des

- Teleshoppings,

- Telebankings,

- Chatten,

- Surfens und

- Shoppens im Internet.

5. Medien kreativ nutzen

Alte und neue Medien bieten eine Fülle gestalterischer Möglichkeiten, die sich (sozial-)pädagogisch nutzen lassen.

- Entwickeln Sie Angebote für Kinder zur Nutzung einfacher Grafikprogramme oder Lernspiele, wie sie kostenlos aus dem Internet herunterzuladen sind.

- Entwickeln Sie ein sozialpädagogisches Angebot zu den Möglichkeiten des digitalen Fotografierens.

- Laden Sie ein kostenloses Fotobearbeitungsprogramm wie GIMP (http://www.gimp.org/downloads/) herunter und entwickeln Sie Angebote für Jugendliche zur Gestaltung selbst gemachter digitaler Fotos.

- Lernen Sie auf einfache Weise kreativ zu programmieren und laden Sie dazu das Programm LOGO kostenlos aus dem Internet herunter (z.B. unter http://www.lehrer.uni-karlsruhe.de/~za1880/itg/FMSLogo/). Das Programm enthält als Hilfe ein Tutorium, Beispiele, eine Demonstration und einen Index. Im Internet finden Sie darüber hinaus eine Fülle kostenloser Anleitungen zu diesem von dem amerikanischen Psychologen Papert entwickelten Programm (z.B. unter http://imedia.bildung-rp.de/fileadmin/user_upload/imedia.bildung-rp.de/PDFs/FMSLogo_ZsfVortag.pdf.)

- Entwickeln Sie ein sozialpädagogisches Angebot zum Programmieren mit LOGO für ältere Kinder oder Jugendliche. In dem Buch „Kinder, Computer und neues Lernen" (Papert, 1998) können Sie mehr über die kreativen und die Intelligenzentwicklung fördernden Möglichkeiten dieses Programms lernen.

- Laden Sie aus dem Internet kostenlose Programme zum einfachen Komponieren von Musikstücken herunter und entwickeln Sie ein entsprechendes Angebot für ältere Kinder oder Jugendliche.

- Entwickeln Sie Empfehlungen

  - zu Beurteilung, Auswahl und Einsatz von Computerspielen für Kinder und Jugendliche,

  - zu Beurteilung, Auswahl und Einsatz von Lernprogrammen für Kinder und Jugendliche.

◆ **6. Medienpädagogische Elternarbeit**

- Erkundigen Sie sich über Inhalt und Umfang medienpädagogischer Angebote für Elternabende in den Ihnen bekannten sozialpädagogischen Einrichtungen.

- Entwickeln Sie Konzepte für einen Elternabend, zum Beispiel zu folgenden Themen:

  – Neue Medien – Möglichkeiten und Gefahren   – Kind und Fernsehen

  – Kreative Arbeit mit neuen Medien   – Computerkinder

  – Medien und Jugendschutz   – Kinder in virtuellen Welten

■ **7. Medienpädagogische Hilfen im Internet**

Im Studienbuch finden Sie in Kapitel 3.5.8 Internetquellen, die Informationen und medienpädagogische Hilfen und Anregungen anbieten. Untersuchen Sie diese Internetseiten und erstellen Sie eine Übersicht über die Möglichkeiten, die sich daraus für Ihre medienpädagogische Praxis ergeben. Erstellen Sie dazu drei Tabellen nach folgendem Muster mit den Überschriften 1. Informationstexte zur Medienpädagogik, 2. Medienpädagogik-Beratung und Jugendschutz, 3. Medienpädagogik-Hilfen und Anregungen für Kinder:

1. Informationstexte zur Medienpädagogik	
Internetadresse	Nähere Erläuterungen und Hinweise

■ **8. Mediennutzung und Medienwirkung**

Fassen Sie die Ergebnisse der Jugendmedienstudie (JIM) zur Medienausstattung und Mediennutzung Jugendlicher in der Bundesrepublik Deutschland zusammen und stellen Sie die Bedeutung der Medienwelt eines Menschen für die Entwicklung seiner Persönlichkeit dar.

3.5.9 Dokumentation in der erzieherischen Praxis

■ **1. Die Bedeutung der Beobachtung für die sozialpädagogische Praxis**

Die Beobachtung des Verhaltens und Erlebens von Kindern hat einen festen Platz in der praktischen Arbeit sozialpädagogischer Fachkräfte.

- Stellen Sie ausführlich und differenziert die wahrnehmungspsychologischen Grundlagen der Beobachtung dar. Nutzen Sie zur Lösung dieser Aufgabe auch Kapitel 1.8.1 des Studienbuches.

- Leiten Sie aus dem Problem der Subjektivität der Wahrnehmung Konsequenzen für die notwendige Kontrolle von Beobachtungsergebnissen und für ihre pädagogische Verwertbarkeit ab.

■ **2. Die Bedeutung der Dokumentation für die sozialpädagogische Praxis**

Beobachtungsergebnisse, die nicht dokumentiert werden, geraten leicht in Vergessenheit oder werden in der späteren Erinnerung leicht verfälscht.
Stellen Sie mögliche Methoden der Dokumentation in der sozialpädagogischen Praxis dar. Gehen Sie dabei ausführlich darauf ein, welche Bedeutung die Dokumentation hat für:

- das einzelne Kind   - das Team

- die Gruppe   - den Träger

- die Erziehungspartner

3. Beobachten und Dokumentieren des Sozialverhaltens

Erstellen Sie einen Beobachtungsbogen nach folgendem Muster und beobachten und dokumentieren Sie das Sozialverhalten eines Kindes in einer bestimmten Situation. Besprechen und reflektieren Sie die Dokumentation anschließend konstruktiv-kritisch mit Ihrer Praxisanleiterin.

Beobachtungsbogen: Sozialverhalten							
Name:					Beobachterin:		Datum
Beschreibung der Situation:							
Bitte ankreuzen: −2 starker Förderbedarf +2 altersgemäß					Reaktionen anderer Personen auf das Verhalten des Kindes oder Jugendlichen		
Beschreibung des Verhaltens:	−2	−1	0	+1	+2		
Vermutung über die Gefühle und Bedürfnisse des Kindes oder Jugendlichen:					Eigene, subjektive Erinnerungen, Gefühle und Bewertungen im Hinblick auf das Verhalten des Kindes oder Jugendlichen		
Pädagogische Konsequenzen:							

- Wiederholen Sie die Beobachtungen an fünf Tagen nacheinander oder in längeren Intervallen mindestens fünf Mal.

- Vergleichen Sie die Ergebnisse der Beobachtungen.

- Stellen Sie mögliche Konsequenzen für eine Förderung des Sozialverhaltens des Kindes zusammenfassend dar und reflektieren Sie die Dokumentation anschließend konstruktiv-kritisch mit Ihrer Praxisanleiterin.

4. Beobachten und Dokumentieren weiterer Verhaltens- bzw. Handlungsbereiche

Führen Sie nach dem gleichen Verfahren Beobachtungen und Dokumentationen durch zu folgenden Bereichen:

- Spielverhalten
- Grobmotorik
- Feinmotorik
- Sprachverhalten – Wortschatz
- Sprachverhalten – Grammatik
- Sprachverhalten – Sprachverständnis

- Aufmerksamkeit und Konzentration
- Bewältigen von Aufgaben des täglichen Lebens
- Wahrnehmung (z. B. Form, Farbe, Raum, Größe, Menge)
- Denken (Erfassen von Zusammenhängen, Kausalität etc.)
- Selbstständigkeit und Selbsttätigkeit
- Selbstbewusstsein, Selbstvertrauen

3.5.10 Gemeinsame Erziehung und Bildung von Jungen und Mädchen – Koedukation

▲ **1. Typisch männlich, typisch weiblich?**

Betrachten Sie die folgenden Gegenstände.

- Fertigen Sie eine Tabelle an und listen Sie jeweils auf, welche Gegenstände für Sie „typisch männlich" bzw. „typisch weiblich" sind.

- Bei welchen Gegenständen fällt Ihnen die Zuordnung leicht? Warum?

- Gibt es Gegenstände, bei denen Sie sich nicht entscheiden können? Warum?

- Vergleichen Sie mit den Mitstudierenden: Haben Sie ähnliche Ergebnisse?

- Diskutieren Sie in der Gruppe, wie Sie in der sozialpädagogischen Praxis mit solchen Kategorisierungen umgehen sollten.

● **2. Vorbilder und Identität**

- Welche männlichen/weiblichen Identifikationsfiguren standen Ihnen als Kind zur Verfügung?

  – zu Hause

  – in der Kita

  – in den Medien

- Tauschen Sie sich in der Gruppe darüber aus und diskutieren Sie Vor- und Nachteile dieser Identifikationsfiguren.

■ **3. Doing gender**

Erläutern Sie den Begriff „doing gender". Gehen Sie dabei auch auf die Unterscheidung zwischen „sex" und „gender" sowie zwischen geschlecht*typischem* und geschlechts*spezifischem* Verhalten ein.

◆ **4. Umgang mit geschlechtsuntypischem Verhalten**

▶ *Beispiel*

Im Kindergarten wird heute „Verkleiden" gespielt. Fabian sucht sich ein rosa Kleid mit Rüschen und Perlen aus. Einige Kinder kichern, manche reagieren gar nicht, manche schauen fragend zur Erzieherin und die „besten Freunde" von Fabian gehen zu ihm und fragen: „Warum hast du ein Kleid angezogen?" Fabian erwidert ganz selbstverständlich: „Weil ich es schön finde."

- Wer ist in die Situation involviert? Wer reagiert wie und warum?

- Was denken Sie – warum hat Fabian ein Kleid angezogen?

- Wie würden Sie als sozialpädagogische Fachkraft reagieren?

- Haben Sie Ideen, wie man das Tragen des Kleides als Thema in der Kindergruppe aufgreifen könnte?

- Halten Sie es für sinnvoll oder falsch, das Tragen des Kleides zu thematisieren? Erstellen Sie eine Tabelle nach folgendem Muster und stellen Sie Argumente zusammen:

Thematisieren des Verhaltens Fabians, ein Kleid zu tragen	
Pro	Kontra

5. Die eigene Geschlechtsidentität

- Versetzen Sie sich zurück in Ihre Kindheit:

  - Waren Sie ein typisches Mädchen bzw. ein typischer Junge?

  - Mit wem und was haben Sie gerne gespielt?

  - Was gefiel Ihnen gut daran, ein Junge bzw. ein Mädchen zu sein? Was weniger gut?

  - Haben Sie Geschwister? Wurden Jungen und Mädchen gleich behandelt? Wo gab es ggf. Unterschiede?

  - Wie wurde die Geschlechter betreffend gesprochen? Gab es spezielle Bezeichnungen für Jungen und ihre Eigenschaften bzw. für Mädchen?

- Reflektieren Sie Ihre Geschlechterrolle heute:

  - Sind Sie gerne eine Frau bzw. ein Mann? Warum?

  - Wie drücken Sie Ihre Weiblichkeit bzw. Ihre Männlichkeit aus?

  - Was stört Sie daran, Frau bzw. Mann zu sein? Wo sehen Sie sich von der Gesellschaft, Freunden, im Alltag als Frau bzw. Mann wahrgenommen? Wo würden Sie gerne etwas ändern?

  - Wenn Sie einen Tag dem anderen Geschlecht angehören könnten, was würden Sie dann tun?

6. Männliche Erzieher

- Diskutieren Sie die These: „Frauen sind die besseren Erziehenden!"

- Planen Sie eine Radiokampagne „Männer in den Kindergarten". Wie könnte eine solche Werbung gestaltet sein? Was wären mögliche Inhalte?

7. Geschlechterrolle in Medien für Kinder

Schauen Sie sich die Medien (Bilderbücher, Spiele etc.) an, die den Kindern in einer Ihnen bekannten Kita zur Verfügung stehen, und beantworten Sie dazu folgende Fragen:

- Können Sie Rollenklischees entdecken? Werden Jungen und Mädchen, Frauen und Männer in diesen Medien mit Stereotypen dargestellt?

- Kennen Sie Medien, in denen die gängigen Klischees aufgebrochen werden?

8. Geschlechtsbewusste Pädagogik

Sie eröffnen eine Kita mit einem geschlechtsbewussten pädagogischen Schwerpunkt.

- Entwickeln Sie in Kleingruppen ein fundiertes und überzeugendes Konzept.

- Entwerfen Sie eine Werbebroschüre für Ihren Kindergarten.

- Was müssten Sie verändern, wenn der Kindergarten beispielsweise in einem „sozialen Brennpunkt" oder auf dem Land liegt?

9. Vater-Kind-Nachmittag

- Planen Sie zu zweit einen Vater-Kind-Nachmittag in einer Kita:

  – Überlegen Sie ein Thema.

  – Formulieren Sie in Stichpunkten den geplanten Ablauf.

  – Legen Sie die Aufgabenverteilung fest.

  – Entwerfen Sie ein Anschreiben an die Eltern.

Tauschen Sie Ihre Ergebnisse anschließend im Plenum aus.

10. Ein Beispiel aus der Praxis

Beispiel

Hamit stammt aus einem türkischen Elternhaus. Er ist seit einem halben Jahr in einem Kindergarten, der sich in einem sozialen Brennpunkt befindet. Die Erzieherin ärgert sich häufig, weil er niemals sein Frühstücksgeschirr wegräumt, so wie es die Gruppenregelung eigentlich festschreibt. Also ermahnt die Erzieherin Hamit fast täglich, sein Geschirr auf den Frühstückswagen zu stellen, bevor er zum Spielen geht. Er antwortet darauf „Wieso soll ich das machen? Das kann doch Susanne machen oder du!"

- Wie erklären Sie sich das Verhalten von Hamit?

- Wie könnte die Erzieherin den Konflikt lösen?

4 Professionalisierung und Weiterentwicklung

4.1 Professionalität in sozialpädagogischen Einrichtungen

1. Die professionelle Erzieherin

Die Aufgaben von Erzieherinnen haben sich in den letzten Jahrzehnten deutlich verändert. Beschreiben Sie, was heute von einer professionellen Erzieherin erwartet wird. Gehen Sie dabei auf die Begriffe „erziehen", „bilden" und „begleiten" ein.

4.1.1 Professionalität erwerben

1. Die Ausbildungsmöglichkeiten

Die Ausbildung zur sozialpädagogischen Fachkraft kann sowohl durch ein Studium als auch durch den Besuch einer Fachschule absolviert werden. Recherchieren Sie an einer Universität und einer Fachschule in Ihrer Region:

- Welche Lehrschwerpunkte werden jeweils angeboten?
- Wie nennen sich die Abschlüsse, die erreicht werden können?
- Wie lange dauert die jeweilige Ausbildung?
- Wie sind die Zugangsvoraussetzungen?
- Diskutieren Sie in der Gruppe jeweils die Vor- und Nachteile von Studium und Besuch einer Fachschule. Beziehen Sie in Ihre Überlegungen die Notwendigkeit von Fort- und Weiterbildungen nach Abschluss der Ausbildung mit ein.

4.1.2 Kompetenzen der professionellen Erzieherin

Sach-, Selbst-, Sozialkompetenz

- Erklären Sie, was unter den drei Begriffen zu verstehen ist.
- Erläutern Sie, inwiefern die jeweiligen Kompetenzen in der sozialpädagogischen Praxis von Bedeutung sind.
- Wie können diese Kompetenzen erworben bzw. geschult werden?

4.1.3 Pädagogische Haltung

1. Eingreifen oder nicht?

Bettina, Praktikantin im Kindergarten, sitzt am Tisch mit vier Kindern, die Laternen basteln. Diese sollen nach bestimmten Schablonen gefertigt werden, was für die jüngeren Kinder noch recht schwierig ist. Immer wieder stößt eines der Kinder an seine Grenzen und bittet um Hilfe beim Schneiden oder Kleben und Bettina übernimmt dann die schwierigen Aufgaben. Als die Kinderpflegerin fragt, warum sie das tue, antwortet Bettina: „Na, sie können es ja noch nicht und die Laternen zu basteln ist auch ganz schön schwierig für sie."

- Versetzen Sie sich in die Lage von Bettina. Warum handelt sie so?
- Welche Kompetenzen werden von Bettina in ihrer Situation erwartet? Erfüllt sie diese?
- Was könnte Bettina in dieser Situation anders machen?
- Wie geht es den Kindern in der Situation?
- Wie könnte die Situation für die Kinder besser gestaltet werden? Warum?

4.1.4 Persönlichkeitsbildung als Basis für Professionalität

 1. Persönlichkeit der Erzieherin

Lesen Sie das folgende Zitat aufmerksam durch:

„Wir sind überzeugt, dass sozialpädagogische Fachkräfte in erster Linie durch ihre Persönlichkeit wirken. Daher ist uns parallel zur Entwicklung der beruflichen Identität der Studierenden die Entwicklung ihrer gesamten Persönlichkeit ein wichtiges Anliegen. Über erlebte Anerkennung und Wertschätzung ihres ‚So-Seins' werden Sicherheit und Vertrauen zu sich selbst und in Bezug auf andere gestärkt. Wir gehen davon aus, dass auf dieser Grundlage das Einlassen auf einen kontinuierlichen Prozess des Lernens und Veränderns im Sinne von Entwicklung gelingt."

(www.faks-ab.de/Rainer Bergmann, 2009)

- Erklären Sie mit eigenen Worten, was mit dem Begriff „Persönlichkeit" gemeint ist.

- Erläutern Sie, warum es nicht „die Erzieherinnenpersönlichkeit" geben kann.

- Überlegen Sie für sich, welche Erzieherinnen Sie bei der Arbeit erlebt haben. Wie würden Sie die verschiedenen Persönlichkeiten beschreiben?

- Wie haben Sie sich selbst in Ihrer Rolle als Erzieherin (während des Praktikums) erlebt?

- Was könnte Bestandteil einer Persönlichkeitsbildung sein?

4.2 Zusammenarbeit im Team

1. Was bedeutet Zusammenarbeit im Team?

- Wie haben Sie in Ihren bisherigen Praktika Teamarbeit erlebt? Legen Sie eine Tabelle nach folgendem Muster an:

Woran hat sich für mich gezeigt, dass das Team gut zusammenarbeitet?		Welche Schwierigkeiten habe ich wahrgenommen?	
Prozessqualität	Strukturqualität	Prozessqualität	Strukturqualität

- Wie stehen Sie zu der Äußerung, dass es für die gute Zusammenarbeit im Team nicht notwendig sei, dass die Teammitglieder sich gegenseitig sympathisch finden? Begründen Sie Ihre Meinung und halten Sie Ihr Ergebnis in zwei bis drei Sätzen fest.

- Verfassen Sie einen kurzen Text, in dem Sie die Begriffe Teamarbeit und Teamentwicklung für die Erziehungsberechtigten in einem Elternbrief einer Tageseinrichtung für Kinder erläutern.

- Diskutieren Sie mit Ihrer Lerngruppe den folgenden Satz: „Eine Elementarpädagogik ohne Teamarbeit gleicht einem Auto ohne Kraftstoff. Damit ist ein Vorwärtskommen ausgeschlossen" (Krenz, 2002). Verfassen Sie dann auf der Basis Ihrer Ergebnisse einen Brief an einen Einrichtungsträger, mit dem Sie fordern, dass das Team wöchentlich eine Stunde Verfügungszeit für eine Teambesprechung erhält.

4.2.1 Kennzeichen eines guten Teams

1. Kennzeichen eines guten Teams

Erarbeiten Sie eine Mindmap, in der Sie die Kennzeichen eines guten Teams festhalten.

2. Die Rolle der Leitung

Hermann/Weber (o. J., S. 11) nennen die folgenden vier Entscheidungsprinzipien für die Zusammenarbeit von Leitung und Team:

Die Leitung entscheidet wesentliche Punkte alleine.		Die Leitung diskutiert wesentliche Punkte mit den Mitarbeiterinnen. Alle Argumente werden gesammelt und diskutiert, die Entscheidung trifft jedoch die Leitung.		Die Diskussion findet im Team statt, entschieden wird gemeinsam. Die Leitung behält ein Vetorecht.		Gemeinsame Diskussion mit der Leitung; entschieden wird durch Abstimmung. Die Mehrheitsmeinung wird umgesetzt.	
Pro	Kontra	Pro	Kontra	Pro	Kontra	Pro	Kontra

Legen Sie eine entsprechende Tabelle an und tragen Sie jeweils Ihre Argumente für Pro und Kontra ein. Welches Prinzip halten Sie anschließend am geeignetsten für eine sozialpädagogische Einrichtung? Verfassen Sie dementsprechend einen kurzen Text, der Teil der Einrichtungskonzeption werden soll.

3. Das Teamgespräch

„Und dann hat das Team zwei Stunden über die Gemüsesuppe für den Elternabend diskutiert. Diese Beobachtung einer Praktikantin ist nicht ungewöhnlich. Sie zeigt, wie guinessbuchverdächtige ‚teuerste Eintöpfe der Welt‘ entstehen, leider aber nicht, wie vernünftige Gespräche im Team über die gemeinsamen Zielsetzungen und Aufgaben zustande kommen.“
(Rohnke, 2001)

- Wie sehen Ihre Erfahrungen als Praktikantin mit Teamgesprächen aus? In welchem Ausmaß haben Sie „vernünftige Gespräche im Team über die gemeinsamen Zielsetzungen und Aufgaben" erlebt?

- Erstellen Sie ein Formblatt, das in einer sozialpädagogischen Einrichtung als „Besprechungsplaner" dienen kann und in dem alles aufgelistet ist, was für die Vorbereitung eines Teamgesprächs zu bedenken ist.

- Frischen Sie Ihre Kenntnisse auf, worauf es beim Protokollschreiben ankommt.

- Prüfen Sie dann den folgenden Vorschlag (vgl. Herrmann/Weber, 2003, S. 24), wie in einer Einrichtung die Teamgespräche dokumentiert werden können, und machen Sie bei Bedarf Änderungsvorschläge. Begründen Sie, ob Sie ein solches Formblatt in Ihrer Einrichtung einführen würden oder nicht.

Besprechung/Gremium: *Mitarbeiterbesprechung*				Termin: *15.05.*		
Zeit: *16.30 h 18.30 h*		Ort/Raum: *Teamzimmer*		Protokoll: *Anja*	Gesprächsleitung: *Herr Maier*	
TOP:	Zeit:	eingebracht von:	Thema:	Ziel: Info (I) Klärung/ Meinungs- bildung (M) Entscheidung (E)	Ergebnis:	Maßnahmen: Wer macht was mit wem bis wann?
1	30 Min	Frau Müller	Beteiligung der Einrichtung am Stadtteilfest 23.07.	E	Teilnahme beschlossen. Jedes Team- mitglied ist am Fest 4 Std. anwesend. Detailpla- nung nächste Teamsitzung am 22.05.	Frau Müller stimmt mit Träger die Rahmenbedingun- gen bis 22.05. ab. Herr Maier, Anja und Frau Herzig erarbeiten bis 22.05. einen inhaltlichen Vorschlag, wie die Teilnahme gestaltet werden kann.
2		...				
3						
4						

4. Aufgaben des Gesprächsleiters

- Erarbeiten Sie eine Mindmap, in der Sie die Aufgaben des Gesprächsleiters mit Ober- und Unterpunkten festhalten.

- Einigen Sie sich in Ihrer Lerngruppe auf ein berufliches Thema, das für Sie gerade aktuell ist. Überlegen Sie, wie ein Gespräch zu diesem Thema strukturiert werden könnte. Formulieren Sie dann für jedes Teilthema eine Einstiegsfrage.

- Erproben Sie den Gesprächsverlauf: Eine von Ihnen übernimmt die Funktion des Gesprächsleiters und geht entsprechend der Planung vor. Wenn ein Teilthema abgeschlossen ist, geht es um die Zusammenfassung. Diskutieren Sie gemeinsam, wie die Gesprächsteilthemen und das ganze Gespräch zusammengefasst werden können.

5. Neutralität des Gesprächsleiters

- Erklären Sie, was unter der „Neutralität" eines Gesprächsleiters zu verstehen ist und benennen Sie die Gründe dafür.

- Welche Gründe gibt es dafür bzw. dagegen, dass eine Einrichtungsleiterin auch die Gesprächsleitung im Teamgespräch übernimmt?

6. Gesprächsrollen im Unterschied zu den Rollen im Team

Rekapitulieren Sie:

- Welche Faktoren kennen Sie, die sich auf die Symmetrie in einem Gespräch auswirken?

- Inwiefern kann es zu Konflikten kommen zwischen der Rolle, die jemand im Team hat, und der Rolle, die er in einem Gesprächsprozess hat?

7. Kennzeichen von Asymmetrie im Gespräch

Legen Sie eine Mindmap an, mit der Sie die Kennzeichen von Asymmetrie im Gespräch festhalten und vermerken Sie jeweils ein Beispiel.

▲ ● 8. Feedback

- Notieren Sie alle Regeln für ein konstruktives Feedback so übersichtlich, dass dieses Blatt in einem Teambesprechungszimmer als Hilfestellung aufgehängt werden könnte.

- Setzen Sie sich zu fünft in eine Reihe, jedem/jeder sitzt ein Partner/eine Partnerin gegenüber. Beginnen Sie damit, Ihrem Partner/Ihrer Partnerin ein positives Feedback dazu zu geben, wie Sie ihn/sie in der Klassengemeinschaft erleben. Umgekehrt gibt Ihr Gegenüber Ihnen ein positives Feedback. Dann wechseln Sie auf den nächsten Stuhl und wiederholen das bei Ihrem neuen Partner/Partnerin. Wenn die Reihe durch ist, fangen Sie wieder von vorne an und geben sich wechselseitig ein kritisches Feedback. Direkt im Anschluss daran reflektieren Sie gemeinsam:

  - Inwiefern war es schwer/leicht, sich an die Regeln zu halten, wie man Feedback gibt und annimmt?

  - Was hat das Feedback jeweils konkret bei Ihnen bewirkt?

- Lesen Sie das nachfolgende Interview, das in der Zeitschrift *Chrismon* (7/2009, S. 7) abgedruckt war. Nehmen Sie dann Stellung zu den Antworten, die die Kommunikationstrainerin Elisabeth Bonneau gegeben hat:

  - Inwiefern hat die Beraterin die Regeln für ein konstruktives Feedback umgesetzt?

  - An welchen Stellen würden Sie sich lieber anders ausdrücken? Warum?

  - Spielen Sie den möglichen Gesprächsverlauf mit einer Partnerin/einem Partner im Rollenspiel durch. Welche Erfahrungen machen Sie dabei?

„Mannomann, der riecht aber!"
Wie sag ich's bloß meinem lieben Mitmenschen?

Chrismon: Neulich stand ich im Bahnhof am Fahrkartentresen, der Mitarbeiter beriet mich sehr kompetent, roch aber stark aus dem Mund. Ich fand, es wäre menschenfreundlich gewesen, ihm das zu sagen – nur wie?
Elisabeth Bonneau: Eigentlich sollten ihm das seine Kollegen sagen. Aber wenn Sie unbedingt Mutter Teresa sein wollen ... Sprechen Sie auf keinen Fall von oben herab: „Guter Mann, haben Sie eigentlich keine Zahnbürste?" Es gibt Grundregeln für ein gutes Feedback: 1. Niemals öffentlich, sondern in geschütztem Rahmen – das ginge hier also nur, wenn die anderen Kunden ausreichend Abstand halten. Sagen Sie es ihm in einer Ich-Botschaft – nicht: „Sie stinken", sondern: „Ich bemerke, dass Ihr Atem nicht gut riecht." 3. Nutzen Sie die Sandwichtaktik: vorn und hinten nett, dazwischen das Problem.
Wie würde sich das anhören?
Zum Beispiel so: „Ich danke Ihnen ganz herzlich für Ihre Beratung, die hilft mir sehr weiter. Darf ich Ihnen deshalb was ganz Persönliches sagen? Ich habe mich durch Ihren Mundgeruch dabei etwas gestört gefühlt." Und am Ende dann wieder das Nette: „Danke, dass ich Ihnen das sagen durfte, dass Sie sich das angehört haben."
Das soll funktionieren?
Na ja, er wird schon nicht vom Stuhl fallen. Er wird ein bisschen Zeit brauchen. Vielleicht ist er dann dankbar. Vielleicht sagt er aber auch: Stimmt nicht! Dann dürfen Sie sich nicht angegriffen fühlen. Aber ich selbst bin immer froh, wenn man mir so was sagt. Ich frag auch selber mal: Du, ich hab irgendwie einen schlechten Geschmack im Mund – riecht man das?
Angenommen eine Kollegin riecht nach Achselschweiß, alle reden schon drüber, aber niemand sagt es ihr ...
Da wollen Sie nicht nur der Kollegin helfen, sondern auch sich selbst. Die wird Ihnen natürlich nicht um den Hals fallen – wollen Sie ja auch nicht, wenn sie riecht. Sandwich geht dann so: „Ich bin sehr froh, dass ich dich

als Kollegin habe, und deshalb möchte ich dir was Persönliches sagen – darf ich? Weil ich dich schätze, sage ich dir, dass du unter den Armen riechst." Vielleicht sollten Sie hinzufügen: „In letzter Zeit riechst du." Sonst fragt die sich entsetzt, warum ihr das die ganzen Jahre niemand gesagt hat.

Nun gibt es Verhaltensweisen, durch die man sich sehr belästigt fühlt, die der andere aber vielleicht als seine persönliche Freiheit betrachtet: Jemand schmatzt, pult sich im Ohr, bohrt in der Nase.

Da hilft nur eines: „Du bist mein Kollege, ich schätze dich; es gibt nur etwas, was mich ganz persönlich furchtbar stört, und das ist, dass du in der Nase popelst, wenn du nachdenkst. Meine große Bitte: Könntest du das auch bleiben lassen?" Aber wenn der Kollege das unbedingt braucht, sagen Sie: „Dann sei mir nicht bös, wenn ich die Schreibtische umdrehe, beziehungsweise wenn ich mich in der Kantine an einen anderen Tisch setze."

Haben Sie selbst schon mal jemanden so angesprochen?

Ja, als ich Lehrerin war. Da hatte ich eine Schülerin, die war wirklich eine „Stinkbombe". Die Sandwichtaktik kannte ich damals noch nicht. Also habe ich sie beiseite genommen und ihr sehr direkt gesagt, dass ich ihren Achselschweiß rieche. Sie sagte: „Das kann nicht sein!" Sie fand das ganz schlimm. Sie hat nie mehr mit mir darüber gesprochen. Aber ab diesem Tag hatte sie jeden Tag saubere Sachen an und immer einen frischen Duft um sich herum.

(Chrismon 7/2009, S. 7, Interview: Christine Holch)

4.2.3 Methoden der Teamarbeit

● **1. Vorbereitung eines Teamgesprächs**

▷ *Beispiel*
Sie sollen als Berufspraktikantin in einem Hort das nächste Teamgespräch vorbereiten. Auf der letzten Teamsitzung war entschieden worden, dass der Hort sich auf dem Sommerfest der Gemeinde präsentiert; diesmal geht es darum, mit welcher Aktion dies umgesetzt werden soll. Welche Methode der Teamarbeit halten Sie für am besten geeignet, um in der zur Verfügung stehenden Zeit von 1,5 Stunden zu einem guten Ergebnis zu kommen? Begründen Sie Ihre Entscheidung. Tauschen Sie sich dann mit einer Lernpartnerin über Ihre Ergebnisse aus.

4.3 Qualitätsmanagement

4.3.1 Was ist Qualität?

▲ **1. Eigenes Qualitätsverständnis**

- Was verstehen Sie unter „Qualität"? Erstellen Sie eine Mindmap zum Thema „Qualität".

- Erarbeiten Sie in Kleingruppen auf Basis Ihrer erstellten Mindmaps eine Definition von Qualität. Diese Definition soll allgemein formuliert sein und nicht nur für den sozialpädagogischen Bereich gelten.

■ **2. Qualität im sozialpädagogischen Bereich**

Vergleichen Sie Ihre in der ersten Aufgabe erstellte Definition von Qualität mit den Definitionen von „Pädagogischer Qualität" und „Erziehungsqualität". Welche Schwierigkeiten weist Ihre allgemeine Definition auf, wenn man diese auf den sozialpädagogischen Bereich überträgt?

4.3.2 Was ist Qualitätsmanagement?

▲ **1. Qualitätsmanagement in der eigenen Praxisstelle**

Recherchieren Sie (beispielsweise durch Befragung der Leitung bzw. der Praxisanleitung), wie Ihre eigene Praxisstelle Qualitätsmanagement durchführt. Beachten Sie dabei auch, in welcher Weise die pädagogischen Fachkräfte eingebunden bzw. inwiefern deren Erfahrungen berücksichtigt werden.

• Entwickeln Sie zum Qualitätsmanagement in Ihrer Praxiseinrichtung eine Art Steckbrief nach folgendem Muster:

Allgemeine Angaben zur Einrichtung:

– In welcher Umgebung liegt die Einrichtung (soziales Milieu)?

– Wie groß ist die Einrichtung (Anzahl der Kinder, Gruppen, pädagogischen Fachkräfte)?

Angaben zum Qualitätsmanagement:

– Welche Methoden werden zur Qualitätsfeststellung eingesetzt?

– Welche Methoden werden zur Qualitätssicherung bzw. -verbesserung eingesetzt?

– Wie präsent ist Qualitätsmanagement im Alltag?

– Werden die Eltern mit in das Qualitätsmanagement einbezogen?

– Gibt es externe Beraterinnen oder Berater?

– Wie bindet die Leitung Ihre Kolleginnen und Kollegen mit ein?

– Ist Qualitätsmanagement in jeder Gruppe Thema oder spezialisieren sich bestimmte Gruppen und Fachkräfte auf die Qualitätsentwicklung?

• Stellen Sie Ihren Steckbrief Ihren Mitstudierenden vor.

• Vergleichen Sie die Erfahrungen zum Qualitätsmanagement in Ihren Einrichtungen. Welche Gemeinsamkeiten und Unterschiede können Sie feststellen?

● **2. Ansprüche von Eltern an einen Kindergarten**

Eltern fällt es häufig schwer, konkrete Kriterien zu benennen, die ein guter Kindergarten nach ihren Vorstellungen erfüllen muss. Versetzen Sie sich in die Lage der Eltern und versuchen Sie, einen „Traum-Kindergarten" zu entwerfen. Gehen Sie dabei nach der „Kopfstand-Technik" vor:
Diese Kreativitätsmethode stellt die eigentliche Frage auf den Kopf, sie verkehrt sie also ins Gegenteil. Man erarbeitet nicht mehr, was sein soll, sondern, was auf keinen Fall geschehen darf, man entwickelt ein „Katastrophen-Szenario". Darum nennt man diese Technik auch „Worst-Case-Methode". Die nicht ganz so ernste Herangehensweise erlaubt kreativeres und umfassenderes Denken. Natürlich muss am Ende zu den jeweils erarbeiteten Aspekten des „Katastrophen-Szenarios" das Gegenteil gebildet werden.

• Bilden Sie Arbeitsgruppen mit jeweils sechs Studierenden. Erarbeiten Sie Kriterien, die gegeben sein müssen, damit Eltern eine Kindertagesstätte als „katastrophal" bezeichnen und ihr Kind nie dort anmelden würden. Berücksichtigen Sie dabei folgende Bereiche:

– Raumgestaltung (Innen- und Außenbereich)

– Organisation und Struktur

– Interaktion mit den Kindern und pädagogischen Fachkräften

– Personal

– Elternarbeit

– Menschenbild

- Entwerfen Sie gemeinsam einen kurzen Flyer (max. eine Seite), um den anderen Kleingruppen Ihrer Klasse Ihre „Horror-Einrichtung" vorzustellen.

- Tauschen Sie in der Klasse die Flyer aus, sodass Sie den Flyer einer anderen Gruppe erhalten. Kehren Sie ihn ins Gegenteil und entwickeln Sie daraus die „Traum-Kindertagesstätte aus Elternsicht".

4.3.3 Gesetzliche Grundlagen und Ziele des Qualitätsmanagements

1. Qualitätsmanagement in den Kindergartengesetzen der Länder

Im Studienbuch werden die gesetzlichen Grundlagen zum Qualitätsmanagement aus dem KJHG genannt, das auf Bundesebene Gültigkeit hat.

- Recherchieren Sie im Internet die Gesetzestexte des Kindergartengesetzes Ihres Bundeslandes.

- Welche Aspekte zum Qualitätsmanagement in Kindertagesstätten sind dort verankert?

4.3.4 Qualitätsdimensionen

1. Qualitätsdimensionen nach Tietze/Roßbach

- Welche Qualitätsdimensionen unterscheiden Tietze/Roßbach?

- Nennen Sie Beispiele für die jeweilige Bedeutung in der Praxis.

4.3.5 Der Nationale Kriterienkatalog

1. Orientierung am Nationalen Kriterienkatalog

Der Nationale Kriterienkatalog beinhaltet allgemeine Qualitätskriterien, die den unterschiedlichen Einrichtungen und Trägern als Grundlage dienen können, um den eigenen Standard festzulegen.

- Beschreiben Sie das Ziel des Kriterienkataloges. Gehen Sie dabei auf die hohen Ansprüche bzw. das Verhältnis von Theorie und Praxis ein.

- Erläutern Sie anhand mindestens drei konkreter Beispiele, inwiefern der Nationale Kriterienkatalog Orientierung für die Praxis bietet.

4.3.6 Qualitätsmanagement nach Einschätz- und Bewertungsskalen

1. Analyse einiger Subskalen der KES-R

Die KES beinhaltet 43 Merkmale mit jeweils einer Subskala. Diese Subskalen geben an, welche Bedingungen erfüllt sein müssen, damit das entsprechende Merkmal mit „unzureichend", „minimal", „gut" und „ausgezeichnet" bewertet werden kann. Im Anschluss an die Skalendefinition finden sich meist ergänzende Hinweise und Fragen, die im Gespräch mit einer pädagogischen Fachkraft geklärt werden müssen (siehe Schritte in der Arbeit mit den Skalen im Studienbuch).

- Analysieren Sie die Subskalen auf den folgenden Seiten hinsichtlich

    - der Chancen für die Qualitätsfeststellung,

    - der Schwierigkeiten im Prozess der Qualitätsfeststellung und -sicherung.

2. Mobiliar für Pflege, Spiel und Lernen*

Unzureichend		Minimal		Gut		Ausgezeichnet
1	2	3	4	5	6	7
1.1 Mobiliar für Pflege, Spiel und Lernen unzureichend (z. B. nicht genügend Stühle für alle Kinder zur gleichen Zeit vorhanden; kaum offene Regale für Spielmaterialien).		3.1 Ausreichendes Mobiliar für Pflege, Spiel und Lernen.		5.1 Die meisten Möbelstücke haben kindgerechte Größe.*		7.1 Mobiliar für Pflege und Versorgung ist bequem zu nutzen (z. B. Betten/Schlafmatten sind leicht zugänglich).
		3.2 Die meisten Möbelstücke sind stabil und in gutem Zustand.		5.2 Alle Möbelstücke sind in gutem Zustand.		7.2 Werkbank bzw. Sand-/Matschtisch oder Staffelei können genutzt werden.
1.2 Mobiliar ist in so schlechtem Zustand, dass Kinder sich verletzen können (z. B. Splitter oder herausragende Nägel; wacklige Stuhlbeine).		3.3 Spezielle Möbel, die behinderte Kinder benötigen, sind vorhanden (z. B. Spezialstühle; Polster für Kinder mit Behinderungen). *NA möglich**		5.3 Spezielles Mobiliar für behinderte Kinder ermöglicht Einbezug in das Spiel mit anderen Kindern (z. B. Kinder, die spezielle Stühle brauchen, können mit anderen Kindern am Tisch sitzen). *NA möglich**		

Ergänzende Hinweise

Zum Mobiliar gehören: Tische und Stühle für Mahlzeiten/Zwischenmahlzeiten und Aktivitäten; Kinderbetten oder Schlafmatten (bei Ganztagsbetreuung); Eigentumsfächer oder andere Möglichkeiten zur Aufbewahrung der persönlichen Dinge des Kindes sowie niedrige, offene Regale für Spiel- und Lernmaterialien. Niedrige, offene Regale können nur dann als gegeben bewertet werden, wenn sie für Spielzeug und Materialien genutzt werden, die die Kinder selbstständig erreichen/benutzen können.

(3.3) Wenn keine Kinder mit Behinderungen in der Gruppe sind oder wenn Kinder mit Behinderungen keine speziellen Möbel benötigen, soll für diesen Aspekt **NA** vergeben werden.

(5.1) Altersangemessene Größe bei Tischen und Stühlen heißt: Füße des Kindes bleiben beim Sitzen auf dem Boden, die Tischhöhe ist so, dass die Knie unter den Tisch und die Ellbogen auf den Tisch passen. Wenn etwa ¾ der Kinder Tische und Stühle in angemessener Größe nutzen können, kann dieser Aspekt als gegeben bewertet werden.

(5.3) Wenn keine Kinder mit Behinderungen in der Gruppe sind oder wenn Kinder mit Behinderungen keine speziellen Möbel benötigen, soll für diesen Aspekt NA vergeben werden.

(Tietze u.a., 2007, S. 17)

▲ Persönliche Vorerfahrung ■ Fachkenntnisse

17. Nutzung der Sprache zur Entwicklung kognitiver Fähigkeiten

Unzureichend		Minimal		Gut		Ausgezeichnet	
1	2	3	4	5	6	7	

Unzureichend	Minimal	Gut	Ausgezeichnet
1.1 Erzieherin spricht mit den Kindern nicht über logische Abfolgen/Beziehungen (z. B. sie ignoriert die Fragen der Kinder, warum Dinge passieren; lenkt die Aufmerksamkeit nicht auf die Abfolge täglicher Ereignisse, auf Unterschiede und Gemeinsamkeiten von Anzahl, Größe, Form, auf Ursache-Wirkungs-Zusammenhänge).	3.1 Erzieherin spricht gelegentlich über logische Abfolgen/Beziehungen oder Begriffsinhalte (z. B. sie erklärt, dass sie *nach* dem Essen rausgehen, weist auf Größen und Unterschiede der Bausteine hin, die ein Kind benutzt).	5.1 Erzieherin spricht über logische Abfolgen/Beziehungen, während die Kinder mit Materialien zur Förderung ihrer kognitiven Fähigkeiten spielen (z. B. mit Karten, die in bestimmte Reihen gelegt werden müssen; bei Spielen zu Gleichheit/Ungleichheit; zu Größen und Formen von Spielzeugen; bei Sortier-, Zahlen- und Rechenspielen).*	7.1 Erzieherin fördert das kindliche Denken nicht nur punktuell, sondern während des gesamten Tagesablaufs, wobei sie aktuelle Ereignisse/Situationen/Erfahrungen zur Begriffsentwicklung nutzt (z. B. Kinder lernen logische Abfolgen, indem sie über ihre Erlebnisse im Tagesablauf sprechen oder sich den Handlungsablauf beim Kochen o. Ä. vergegenwärtigen).
1.2 Begriffe werden nicht oder unangemessen vermittelt (z. B. Begriffe sind für das Alter und die Fähigkeiten der Kinder zu schwer; unangemessene Vorgehensweisen werden angewandt, z. B. Arbeitsblätter ohne konkreten Bezug zu den Erfahrungen der Kinder; Erzieherin gibt Antworten, ohne den Kindern zu helfen, Dinge selbst herauszufinden).*	3.2 Einige Begriffe werden dem Alter und den Fähigkeiten der Kinder in der Gruppe angemessen vermittelt, wobei Bezeichnungen und konkrete Erfahrungen der Kinder genutzt werden (z. B. Erzieherin leitet Kinder mit Fragen und entsprechenden Bezeichnungen an, große und kleine Bausteine zu sortieren oder die Ursache für das Schmelzen von Eis herauszufinden).	5.2 Kinder werden angeregt, ihre Gedanken zu äußern, wenn sie einen Sachverhalt klären oder ein Problem lösen (z. B. warum sie die Gegenstände in unterschiedliche Gruppen sortiert haben; inwieweit zwei Bilder gleich oder unterschiedlich sind).*	7.2 Begriffe werden eingeführt mit Bezug auf die Interessen der Kinder oder auf konkrete Probleme, die die Kinder lösen müssen (z. B. mit den Kindern während des Ausbalancierens beim Bauen eines hohen Turmes sprechen; den Kindern dabei helfen, herauszufinden, wie viele Löffel sie zum Tischdecken benötigen).
		(5.1) Mindestens ein Ereignis muss beobachtet werden, um diesen Aspekt als gegeben bewerten zu können.	Mindestens ein Ereignis muss beobachtet werden, um diesen Aspekt als gegeben
		(5.2) Mindestens zwei Ereignisse müssen beobachtet werden, um diesen Aspekt als gegeben bewerten zu können.	Mindestens zwei Ereignisse müssen beobachtet werden, um diesen Aspekt als gegeben

Ergänzende Hinweise

(1.2) Begriffsentwicklung umfasst: Erkennen von Gleichheit/Unterschiedlichkeit, Ordnen, Klassifizieren, Reihenfolgen bilden, genaues Zuordnen, Erfassen von Raum-/Lagebeziehungen, Ursache und Wirkung.

● Praxisbezogene Situationen ◆ Berufliche Aufgaben

(Tietze u.a., 2007, S.33)

39. Berücksichtigung persönlicher Bedürfnisse der Erzieherinnen

Unzureichend	Minimal		Gut		Ausgezeichnet	
1	2	3	4	5	6	7
1.1 Keine speziellen Räumlichkeiten für Erzieherinnen vorhanden (z. B. keine separate Toilette, kein Aufenthaltsraum, keine Möglichkeit zur Aufbewahrung persönlicher Dinge).		3.1 Separate Toilette vorhanden. 3.2 Einige Möbel für Erwachsene sind außerhalb der Kinderbereiche vorhanden.		5.1 Aufenthaltsraum mit erwachsenengerechten Möbeln vorhanden, der eventuell auch doppelt genutzt wird (z. B. als Büro, Raum für Mitarbeiterbesprechungen).		7.1 Separater Aufenthaltsraum vorhanden (keine doppelte Nutzung). 7.2 Der Raum ist mit bequemen Möbeln für Erwachsene ausgestattet.
1.2 Keine Zeiten, um persönlichen Bedürfnissen nachzugehen; keine Pause.		3.3 Gewisse Aufbewahrungsmöglichkeiten für persönliche Dinge der Erzieherinnen. 3.4 Erzieherinnen haben mindestens eine Pause am Tag. **NA möglich** * 3.5 Wenn notwendig, werden für Erzieherinnen mit Behinderungen besondere Vorkehrungen getroffen. **NA möglich** *		5.2 Angemessene Aufbewahrungsmöglichkeiten für persönliche Dinge, wenn nötig abschließbar. 5.3 Pausen am Morgen, Mittag und/oder Nachmittag sind täglich vorgesehen. **NA möglich** * 5.4 Möglichkeiten zur Zubereitung oder Aufbewahrung von Lebensmitteln (z. B. Platz im Kühlschrank; Kochgelegenheit).		7.3 Pausenzeiten sind flexibel.
			(5.3) **NA möglich** für Erzieherinnen, die weniger als acht Stunden arbeiten.			

Ergänzende Hinweise
(3.4) **NA möglich** für Erzieherinnen, die vier Stunden arbeiten.

(3.5) **NA möglich**, wenn keine Erzieherin mit Behinderung in der Gruppe arbeitet.

Fragen
(1.2, 3.4, 5.3) Gibt es tagsüber Zeiten, in denen Sie keine Verantwortung für die Kinder haben? Wann ist das?
(3.3) Wo bewahren Sie gewöhnlich Ihre persönlichen Dinge wie Mantel oder Handtasche auf? Funktioniert das gut?

(Tietze u.a., 2007, S.39)

4.3.7 Total-Quality-Management-Systeme

1. Rollenspiel: Einführung des Qualitätsmanagementsystems nach DIN EN ISO 9004:2000

> **Beispiel**
> *Die Kindergartenleitung Frau Franzen der Kindertagesstätte „Eichenstraße" möchte nach einem Gespräch mit dem zuständigen Fachberater die Tagesstätte gerne zertifizieren lassen, um zu zeigen, dass die Kindertagesstätte bemüht ist, die eigene Qualität zu steigern. Sie hat sich für eine Zertifizierung nach DIN EN ISO 9004:2000 entschieden. Doch um in das kostenintensive und lange Zertifizierungsverfahren einzusteigen, von dem sie sich sehr viel verspricht, muss sie zunächst ihr Team der Einrichtung überzeugen.*
> *Sie beruft eine Sondersitzung des Kernteams ein, an der die beiden Gruppenleiterinnen Frau Leitner und Frau Schmitz teilnehmen. Frau Leitner tritt der Zertifizierung sehr offen gegenüber, Frau Schmitz ist eher skeptisch. Sie befürchtet eine nicht absehbare Mehrarbeit. Herr Dolfen, Auditor der unabhängigen Qualitätsmanagementagentur, ist zur Teamsitzung eingeladen worden, um eventuelle Fragen zu beantworten. Frau Franzen erhofft sich durch seine Teilnahme, ihr Kernteam davon zu überzeugen, den Qualitätsmanagementprozess nach DIN EN ISO 9004:2000 zu starten.*

- Verteilen Sie die Rollen von Frau Franzen, Frau Leitner, Frau Schmitz und Herrn Dolfen auf unterschiedliche Studierendengruppen.

- Bereiten Sie in den Gruppen die Rollen vor, indem Sie sich in diese Rollen hineinversetzen und Argumente für die Teamsitzung sammeln. Dazu müssen Sie sich fachlich in die DIN EN ISO-Norm einarbeiten.

- Bestimmen Sie eine Person aus Ihrer Gruppe, die die Rolle im Rollenspiel verkörpert.

- Führen Sie das Rollenspiel durch.

- Reflektieren und bewerten Sie im Anschluss den Ausgang der Teamsitzung.

4.3.8 Qualität entwickeln im Dialog (Kronberger Kreis)

1. Vergleich der Qualitätsmanagementmodelle

Vergleichen Sie die Qualitätsmanagementmodelle DIN EN ISO 9000ff., die KES-R, den Nationalen Kriterienkatalog und das Konzept des Kronberger Kreises. Legen Sie dazu eine Tabelle nach folgendem Muster an. Um ausreichend Platz zu haben, sollte die Tabelle mindestens das Format DIN A2 haben.

	Ziel	Beteiligte Personen	Art der Evaluation	Ablauf des Prozesses	Dauer
DIN EN ISO 9000ff.					
KES-R					
Nationaler Kriterienkatalog					
Kronberger Kreis					

4.3.9 Aufgaben des Trägers und der sozialpädagogischen Fachkräfte

> **Beispiel**
> *Sie unterhalten sich mit einer Kollegin über die Qualität Ihrer Einrichtung, wer die Verantwortung dafür übernehmen sollte und wie die Einrichtung wohl von außen wahrgenommen wird. Ihre Kollegin ist der Ansicht:*
> *„Ich als einzelne Person kann doch gar nichts bewirken. Für Qualität muss der Träger sorgen."*

Nehmen Sie zu dieser Aussage Stellung. Begründen Sie Ihre Haltung.

4.3.10 Probleme in der Qualitätsdebatte in Kindertageseinrichtungen

■◆ 1. Qualitätsstandards

Die Bewertung der Qualität einer sozialpädagogischen Einrichtung beinhaltet immer auch eine subjektive Komponente, da sie vor dem Hintergrund eines bestimmten Menschenbildes erfolgt. Dennoch gibt es über wesentliche Fragen, die das Wohl der Kinder und Jugendlichen bzw. ihre Förderung und Unterstützung betreffen, einen gewissen Konsens innerhalb der Fachwelt.

Entwickeln Sie für folgende sozialpädagogische Einrichtungen jeweils einen Katalog von Qualitätsstandards, die nach Ihrer Auffassung für das Prädikat „sehr gut" erfüllt sein müssen:

- Kindertageseinrichtungen
- Erziehungsheime
- Horte und offene Ganztagsschulen
- Abenteuerspielplätze

●◆ 2. Talkshow: „Kindergärten in der Diskussion"

> *Beispiel*
>
> *Ein Redakteur eines Fernsehsenders hat zu einer Talkshow eingeladen. Anlass dafür war, dass der Druck auf Kindertageseinrichtungen stetig gestiegen ist und viele pädagogische Fachkräfte in den Streik getreten sind. Der Titel der Talkshow lautet:*
>
> *„Kindergärten in der Diskussion – Was bringt die Qualitätsdebatte?"*
>
> *An dieser Diskussion nehmen folgende Personen teil:*
>
> - *Erzieher/-in einer städtischen Kindertageseinrichtung*
> - *Vater/Mutter*
> - *Experte/Expertin für Qualitätsmanagement nach Einschätzskalen*
> - *Experte/Expertin für Qualitätsmanagement nach DIN-ISO-Normen*
> - *Leiter/-in einer katholischen Kindertagesstätte*
> - *Politiker/-in*
> - *Moderator/-in*

- Ordnen Sie sich einer der Personen zu und arbeiten Sie in der so entstandenen Gruppe die Rolle aus, indem Sie umfassend Argumente sammeln. Dazu müssen Sie sich in das Thema Qualitätsmanagement im Kindergarten einarbeiten und die möglichen Argumente der anderen teilnehmenden Personen berücksichtigen.

- Die Moderatorin benötigt keine Argumente, sie bleibt sachlich. Die Gruppe „Moderator/-in" muss mögliche Fragen vorbereiten und erarbeiten, wie das Gespräch so geleitet werden kann, dass alle gleichberechtigt an der Diskussion beteiligt sind und inhaltliche Konflikte sachlich ausgetragen werden.

- Führen Sie die Podiumsdiskussion durch. Das Publikum kann dabei mit einbezogen werden.

4.4 Fort- und Weiterbildung

■ 1. Nach geeigneten Fortbildungsangeboten recherchieren

Zum Thema Sprachentwicklung und Sprachförderung gibt es zunehmend mehr Modelle und Trainingsformen und entsprechend vielfältige Fortbildungen für Pädagoginnen und Pädagogen. Manche darunter sind sehr kostspielig und an umfangreiches Zusatzmaterial gebunden. Manche werben damit, dass in einem Kurs neuartige Methoden eingeübt werden können, die sich an neuesten Hirnforschungsergebnissen orientieren. Potenziell Fort- und Weiterbildungswillige müssen sich gut informieren, um aus den Angeboten kompetent auswählen zu können.

- Holen Sie Informationen unterschiedlicher Anbieter zum Thema Sprachförderung im Elementarbereich ein.

- Vergleichen Sie die inhaltlichen Angebote miteinander in Bezug auf

  - Inhalt, Methoden, Referenten,

  - Zeitumfang,

  - Kosten.

- Bewerten Sie die Angebote. Setzen Sie dabei Ihre Kenntnisse über die kindliche Sprachenwicklung und kindliches Lernen ein.

- Begründen Sie, warum Sie sich für welches Angebot entscheiden würden.

▲ 2. Praktikantenanleitung professionalisieren

▶ *Beispiel*

Ein renommiertes Text- und Weiterbildungsinstitut wendet sich an die Abschlussklasse Ihrer Fachschule mit dem Angebot, ein Seminar zum Thema „Professionelle Anleitung von Praktikantinnen und Praktikanten" durchzuführen. Sie sind an der Teilnahme interessiert und führen folgende, vom Institut geforderte Vorbereitungen durch:

- Die interessierten Teilnehmer/-innen sollen fachlich reflektiert aufarbeiten, welche Erfahrungen sie bisher als Praktikant/-in bezüglich der Art und Weise der Anleitung gemacht haben.

- Sie sollen auf der Basis der erlebten Praktikantenanleitung Empfehlungen formulieren, nach denen Praxisanleiter geschult werden sollten.

- Das Institut fordert Sie auf, Rollenspiele in Dreiergruppen vorzubereiten: Inhalt der Szene soll eine Praktikantenberatung in Form eines Gesprächs zwischen Leiter/-in, Gruppenleiter/-in und Praktikant/-in sein.

● 3. Fortbildungen als Prüfungsvorbereitung nutzen

▶ *Beispiel*

Im Vorfeld Ihres Abschlussexamens wird Ihrer Ausbildungsklasse nahegelegt, Weiterbildungsangebote zu folgenden Themen wahrzunehmen: Hirnforschung und kindliches Lernen, Wahrnehmung und Bewegung, Englisch lernen im Elementarbereich, Musik und Rhythmik, gesunde Ernährung. Alle Bereiche sollen abgedeckt werden. Vor Beginn der Teilnahme wird abgesprochen, dass alle Studierenden Informationen aller Veranstaltungen erhalten sollen.

- Organisieren Sie sich innerhalb der Klasse so, dass alle Kurse gleichmäßig besucht werden.

- Verteilen Sie innerhalb der Gruppen die Verantwortlichkeiten so, dass jede Teilnehmerin bestimmte Aufgaben der Informationsweitergabe übernimmt.

- Legen Sie fest, mit welchen Methoden Sie Ihr neu erworbenes Wissen anschaulich weitergeben werden.

- Setzen Sie bei der Rückkehr in die Schule diese Methoden vor der Klasse um. Bitten Sie nach Ihrer Darbietung Ihre Mitstudierenden um ein Feedback.

◆ 4. Kontakt zu Fortbildungsveranstaltern herstellen

Die Universität Osnabrück, Fachgebiet Sportwissenschaft, veranstaltet in regelmäßigen Abständen Kongresse unter dem Motto „Bewegte Kindheit". Die wachsende Notwendigkeit von Gesundheitsförderung und Gesunderhaltung der Kinder in unserer Gesellschaft ist Kernpunkt des Kongresses. Diese mehrtägige Veranstaltung wird unter anderem durch das Bundesministerium für Familie, Senioren, Frauen und Jugend sowie das Niedersächsische Kultusministerium und das Niedersächsische Sozialministerium gefördert.

- Informieren Sie sich, wann der nächste Kongress stattfindet, erfragen Sie die dann anstehenden Themen, ermitteln Sie Kongress-, Reise- und Übernachtungskosten für einzelne Teilnehmer sowie für eine ganze Klasse.

- Entscheiden Sie auf Klassenebene und mit dem ermittelten Hintergrundwissen, ob für Ihre Klasse die Teilnahme an diesem Kongress infrage kommt.

4.5 Kooperation mit externen Partnern

 1. In einem exemplarischen Zusammenhang kooperieren

▶ *Beispiel*

Sie lesen in der regionalen Zeitung einen Bericht über die schwierige finanzielle Lage einer Kindertagestätte in freier Trägerschaft. Ästhetische und bauliche werterhaltende Renovierungen sind dringend erforderlich, aber das Geld und helfende Hände fehlen. Aus diesem Grund haben sich die sozialpädagogischen Fachkräfte der Einrichtung, die Eltern der Kinder, zum Teil Großeltern sowie die Nachbarschaft der Einrichtung an die Presse gewandt, um auf die Notlage aufmerksam zu machen. Es geht um ihrer aller Gesundheit und die Erhaltung der Motivation, gerne in der Einrichtung zu arbeiten und zu spielen.

- Klären Sie im Klassengespräch, was die beschriebene Situation mit dem Thema „Kooperation" zu tun hat.

- Definieren Sie den Begriff „Kooperation" allgemein und explizit auf die sozialpädagogische Praxis bezogen.

- Begründen Sie, warum eine intakte und ästhetisch ansprechende Umgebung in einer Tageseinrichtung für die darin geleistete Erziehungs- und Bildungsarbeit wichtig ist.

● **2. Lernen vor Ort**

Während der Ausbildung ist es sinnvoll, an verschiedenen Lernorten Wissen zu erwerben und Erfahrungen zu sammeln. Nehmen Sie in Kleingruppen zu jeweils vier bis fünf Studierenden Kontakt zu verschiedenen Kindertagesstätten unterschiedlicher Träger auf. Erfragen Sie, wie in der Einrichtung mit externen Partnern kooperiert wird.

- Wählen Sie eine Person aus Ihrer Gruppe aus, die zunächst Kontakt zu der Einrichtung aufnimmt und einen Termin vereinbart.

- Stellen Sie selbst Überlegungen an zu möglichen Formen der Kooperation, Partnern, Inhalten, Methoden, Aufgaben des sozialpädagogischen Personals.

- Entwickeln Sie einen Interviewbogen, der Ihnen hilft, möglichst viele Aspekte der Kooperation der Einrichtung mit anderen Partnern schildern zu lassen.

- Besuchen Sie die Kindertagesstätte und bitten Sie darum, die Einrichtung, das Interview und eventuell sichtbare Schritte oder Ergebnisse der Kooperation auf Video aufnehmen zu dürfen.

- Spielen Sie ggf. die Filme Ihrer Ausbildungsklasse vor.

- Werten Sie in der Klasse die Aussagen der Befragten aus.

◆ **3. Kooperation als Chance zur Außendarstellung**

Durch die Kooperationsarbeit ihrer sozialpädagogischen Fachkräfte hat eine Kindertagesstätte die Möglichkeit, sich nach außen darzustellen und ihre anspruchsvolle Erziehungs- und Bildungsarbeit in den Blickpunkt der Öffentlichkeit zu rücken. So kann es ein Anliegen sein, immer wieder Offenheit und

Aufgeschlossenheit zu signalisieren, mit außerbetrieblichen Partnern kooperieren zu wollen, um das eigene inhaltliche Repertoire zu erweitern.

- Gestalten Sie in Kleingruppen einen Plan, mit welchen Methoden und Mitteln eine Kindertagesstätte auf dieses Anliegen aufmerksam machen kann.

- Wählen Sie in Kleingruppen jeweils unterschiedliche Themenschwerpunkte aus, die sich zum Kooperieren anbieten. Begründen Sie fachlich und sachlich Ihre Auswahl.

- Entwickeln Sie ein Konzept, wie die gewählten Inhalte mit einem Kooperationspartner praxistauglich umgesetzt werden können.

4.6 Erziehungspartnerschaften gestalten

4.6.1 Elternarbeit als Erziehungspartnerschaft

 1. Das eigene Verständnis von Erziehungspartnerschaft?

- Beschreiben Sie die Karikatur. Was sagt sie zum Thema Erziehungspartnerschaft aus?

- Sammeln Sie in Partnerarbeit, was Sie unter Erziehungspartnerschaft verstehen, und halten Sie die Ergebnisse auf einem Plakat fest.

- Formulieren Sie auf der Grundlage der gesammelten Begrifflichkeiten, was Ihrer Auffassung nach für eine gelungene Erziehungspartnerschaft wichtig ist.

2. „Eltern von heute"

Lesen Sie den nachstehenden Artikel aufmerksam durch:

„Ich will doch nur spielen
Eltern fördern ihre Kinder heute wie nie zuvor – und helfen oft mit Therapien und Medikamenten nach. Aber welchen Preis bezahlen die Kinder für den Erfolg?

Vera Klischan, Schulleiterin der Hamburger Gorch-Fock-Grundschule, sitzt in ihrem Büro und wartet darauf, dass der Reisebus auf den Parkplatz vor ihrem Fenster rollt. Die 3b kommt von einer Klassenfahrt zurück. Sie machen jetzt übrigens Reisen völlig ohne Programm. Eine Woche ausspannen. Nichts tun: im wohlhabenden Blankenese, wo die Grundschule liegt, ist das der wahre Luxus – für die Eltern mit ihren wichtigen Jobs wie für die Kinder, die nicht weniger beschäftigt sind.

Das ganze Land redet von Förderung, davon, wie Kinder mithalten können im internationalen Vergleich – und diese Schule lernt das Runterkommen? Das Loslassen? Das hat damit zu tun, dass es den Kindern, die hier zur Schule gehen, nicht so blendend geht, wie man denken könnte. Obwohl zu Weihnachten und zu den Geburtstagen keine nennenswerten Wünsche ausgelassen werden, obwohl die Kinder gebildete Eltern haben, hoch- und höchstqualifiziert im Beruf, fürsorglich im Privaten. Diesen Kindern wird Aufmerksamkeit geschenkt, manche würden sagen: Sie werden so sehr geliebt wie keine Generation vor ihnen.

Obwohl man also bessere Startchancen kaum haben könnte im Leben, ist es hier nicht anders als überall sonst im Land, quer durch die Schichten: Kinderärzte verschreiben schätzungsweise einem Drittel der Schüler Stunden beim Ergotherapeuten, beim Logopäden, beim Lerntherapeuten. Man fragt sich, wann die Kinder Zeit haben, in ihren liebevoll eingerichteten Zimmern zu spielen: Sie gehen zum Hockey, zum Tennis, zum

Segeln, zur Musikstunde, manchmal haben sie an einem Nachmittag zwei bis drei Programmpunkte zu absolvieren. Und dann eben noch die Therapie.

Vera Klischan, 57, ist seit 30 Jahren im Schuldienst und kennt die Namen der Therapeuten, regelmäßig schicken sie ihr Visitenkarten, Flyer, auf denen die Vorzüge der Praxis dargestellt werden, dazu ein freundliches Anschreiben: Dürfen wir uns vorstellen? An diesem Tag hat die Schulleiterin wie so oft einen Bewerbungsbrief von Eltern in der Post, die ihrem Dreijährigen einen Platz an der Schule sichern wollen, die einen ausgesprochen guten Ruf hat. Die Eltern schreiben, wie neugierig das Kind sei, dass es gern singe, ein Foto liegt bei.

Dass sie solche Briefe bekommt, zeigt der Schulleiterin, wie sehr Eltern unter Druck stehen. ,Bildungsangst' nennt Vera Klischan das, und es klingt nicht nach Vorwurf, sondern nach Mitleid. Sie glaubt, es ist diese Angst, die Kinder krank macht. Oder: die macht, dass wir sie krankreden.

Blickt man auf die Statistik, wächst an den Schulen eine Generation von Kranken und Gestörten heran. 2007 bekamen mehr als 20 Prozent aller sechsjährigen Jungen, die bei der AOK versichert waren, eine Sprach-, 13 Prozent eine Ergotherapie. Seit Jahren steigt der Anteil der Kinder, bei denen Stimm-, Sprech- und Sprachstörungen oder psychische, sensorische oder motorische Störungen diagnostiziert werden. Einer Studie des Robert-Koch-Instituts zufolge sind knapp 18 Prozent der Jungen und 11,5 Prozent der Mädchen bis 17 Jahre verhaltensauffällig oder haben emotionale Probleme. Bei 10 bis 11 Prozent eines Jahrgangs wird ein Aufmerksamkeitsdefizitsyndrom festgestellt: ADHS. Forscher sagen außerdem eine Welle von Autismus- und Depressionsdiagnosen voraus, wie sie in den USA zunehmend bei Kindern gestellt werden, ,und wir haben noch nie einen medizinischen Trend aus Amerika ausgelassen', wie der Jugendforscher Klaus Hurrelmann sagt.

Was ist nur mit unseren Kindern los? Stimmt mit so vielen von ihnen wirklich etwas nicht? Oder sind nur wir es, die überkritischen Erwachsenen, die in ihnen Makel sehen, die früher niemand als solche wahrgenommen hätte? Krankheit ist ja immer Definitionssache – jede Gesellschaft entscheidet für sich, welche körperlichen und psychischen Zustände sie tolerieren will und welche nicht. Jede Zeit produziert durch ihre Lebensbedingungen ihre Krankheiten: das Mittelalter die Pest, das 19. Jahrhundert die Hysterie, das 20. den Herzinfarkt – das 21. die Entwicklungsstörung?

Wir könnten eigentlich ziemlich gut wissen, wie es unseren Kindern geht, denn noch nie haben die Eltern der Mittelschicht ihre Kinder so intensiv beobachtet wie heute. Kindheit ist nicht mehr das, was sie mal war. Kinder spielen nicht mehr auf der Straße, sondern werden handverlesen von ihren Eltern verabredet. Es gibt keine Banden mehr, keine Prügeleien. Das ist beruhigend. Andererseits heißt es auch: Kinder lernen nicht mehr, mit all denen klarzukommen, die früher eben zufällig auch auf der Straße waren. Immer sind die Eltern der Filter. Eine erhellende Sozialstudie ist es, auf einem Spielplatz in Prenzlauer Berg die Eltern zu beobachten, die im Halbrund um den Sandkasten sitzen und einschreiten, sobald sich zwei Kinder um eine Schaufel oder einen Eimer zanken. Keines der Kinder muss lernen, eine Lösung für das Eimer- und Schaufelproblem zu finden. Das übernehmen die Eltern, die sich in den Kampf stürzen, um das erste Eigentum ihrer Kinder zu verteidigen gegen die Besitzansprüche der Konkurrenten. Eine andere Gelegenheit zur Sozialstudie bietet sich morgens vor dem Schultor: Eltern, die für ihre Kinder die Tasche tragen.

Kindheit 2009, das ist ein Leben im Überwachungsstaat, in einer Diktatur des Guten. Keine langweiligen Nachmittage zu Hause, weil immer irgendein Erwachsener für Beschäftigung sorgt, keine öden Besuche bei Verwandten am Wochenende, sondern Zirkus, Museum, Konzert, Ballonfahren. Eltern wollen mit ihren Kindern hoch hinaus, wer wollte sich davon ausnehmen?

Das zweite Diagramm ist für ehrgeizige Eltern noch viel bitterer. Die statistische Wahrscheinlichkeit nämlich, dass eine Mutter mit einem IQ von 130 eine Tochter bekommt, die so begabt ist wie die Mutter oder sie überflügelt, beträgt nur 16 Prozent. In 84 Prozent der Fälle, besagt Largos Kurve, wird die Tochter intellektuell weniger leistungsfähig sein. Regression to the mean heißt das Phänomen, Rückentwicklung zur Mitte. Statistisch gesehen neigt der Mensch zum Mittelmaß – besonders intelligente, erfolgreiche Eltern haben also wenig Grund, anzunehmen, dass ihr Kind genauso intelligent und erfolgreich sein wird wie sie. Einstein hat geringe Chancen auf Einstein junior.

Hoffnung besteht für die besonders dummen Eltern, die mit hoher Wahrscheinlichkeit ein weniger dummes Kind haben (das allerdings Glück braucht, damit sein Potenzial erkannt wird, aber das ist eine andere Sache).

Auf den Kindern von besonders schlauen und erfolgreichen Eltern, die sich erträumen, dass ihr Kind ebenfalls eine glänzende Karriere absolviert, lastet also ein Druck, der sich antiproportional zu den realen Fähigkeiten der Söhne und Töchter verhält.

Ein Irrsinn, aus allen Kindern Banker machen zu wollen. Wenn früher einer eine drei in Mathe hatte, hieß es: ,Dann wird er halt Handwerker.' Heute heißt es: ,Dann geht er halt zum Therapeuten.' Für Largo handelt es sich um eine ,hochgradige Hysterie der Erwachsenen'.

Die Trauer um das ideale Kind, das man nicht bekommen hat, setzt schon mit der Schwangerschaft ein, die nicht so romantisch ist, wie man sie sich vorgestellt hatte. Und ist das Kind erst da, bittet man den Kinderarzt um ein Rezept. Weil das Baby endlich krabbeln soll. Weil das Kind mit zwei zwar schon 150 Wörter kann, aber lispelt. Weil die Dreijährige nicht schön genug malt. Weil der Sechsjährige nicht ruhig sitzt. Die Familie ist immer weniger zuständig für das Kind – immer mehr übergibt sie an den Spezialisten, dem man mehr traut als der eigenen Intuition.

Die Tragik des modernen Kindes ist: Es übt und übt, es geht zur Nachhilfe, aber es wird nicht besser. Der ganze Förderbetrieb beruht auf der Annahme: Je mehr Input, desto mehr Output. Ein Kind aber, dem man mehr und mehr zu essen gibt, wird nicht größer. Es wird bloß dick. Und es wird mit dem Gefühl groß: Mit mir ist was nicht in Ordnung. Irgendwann, wenn das Kind dick genug ist, stimmt dieser Eindruck sogar.

Das Drama, das wir zurzeit erleben, hat, wie Remo Largo glaubt, damit zu tun, dass die Kinder von heute Wunschkinder sind, dass sie nicht mehr ,schicksalhaft geboren werden'. Ein Wunschkind hat wenige Geschwister – aber Kinder entwickeln sich vor allem über andere Kinder (weshalb Largo ein vehementer Verfechter von Krippen und Ganztagsschulen ist). Am härtesten trifft es das Einzelkind: Es muss alle Erwartungen seiner Eltern allein schultern. Fatal, dass es der Selbstverwirklichung der Eltern dienen muss anstatt seiner eigenen, dass es ein Juwel werden soll, egal, wie sehr man an ihm herumschleifen muss, damit es glitzert und glänzt.

Aber ist es nicht ein unglaublicher Fortschritt, werden manche einwenden, dass man all die Störungen therapieren kann? Dass die Eltern von heute nicht mehr so autoritär sind, dass sie ihre Kinder so sehr lieben, sie ernst nehmen, mit aller Kraft ihr Bestes wollen? Der Professor antwortet mit einer Gegenfrage: ,Wissen Sie, wie viel Zeit Eltern für ihre Kinder aufbringen? Bei Vätern sind es 20 Minuten pro Tag. Und in Deutschland und den USA brechen nach einer Scheidung 50 Prozent der Väter die Beziehung zu ihren Kindern im Lauf von zwei Jahren vollständig ab. Wäre das so, wenn sie ihre Kinder so wahnsinnig lieben würden?'

Eltern schicken ihre Jungs zum Fußball, die Mädchen ins Ballett. ,Eltern tragen selber kaum zur Entwicklung ihrer Kinder bei', sagt Remo Largo, ,außer dass sie sie herumkarren.' Der Aufkleber mit der Aufschrift ,Taxi Mama – kostenlose Fahrten Tag und Nacht', den sich manche Mütter durchaus stolz ans Heck ihres Autos kleben, zeugt von dem Missverständnis, dass das Chauffeursdasein der Eltern etwas mit Zuneigung zu tun haben könnte. Vielleicht auch von der Angst, ohne Programm nichts mit dem Kind anzufangen zu wissen?

Andererseits: Was, verdammt, sollen Eltern tun, wenn der Lehrer kommt und sagt: Ihr Kind hat eine Legasthenie, eine Dyskalkulie, es sitzt nicht still, lassen Sie es mal auf ADHS testen, vielleicht ist es ja hochbegabt?

Remo Largo hält Legasthenie und Dyskalkulie für Normvarianten von Lesen und Rechnen, die man nicht wegtherapieren kann. Die Mehrheit der hyperaktiven Kinder, sagt er, haben einen intensiven, aber ebenfalls normalen Bewegungsdrang. Was Kindern heute fehlt, sind nicht Therapien, sondern eine Welt, die ihnen gerecht wird. Das ist es, was in Gesprächen mit allen Experten, ob Therapiebefürworter oder -kritiker, auftaucht: der Wahnsinn, den es bedeutet, unsere eigene Atemlosigkeit auf unsere Kinder zu übertragen. Die Ärztin Inge Flehmig, die noch mit 84 Jahren das Hamburger Zentrum für Kindesentwicklung leitet, hält das Zappeln der unruhigen Kinder für einen permanenten Stabilisierungsversuch – so wie ein Säugling, der noch kein Gleichgewicht halten könne, sich ständig bewege. ADHS-Kinder hätten keine Balance, sie fühlten sich, als wären sie aus der Schwerelosigkeit des Weltraums ins Schwerefeld der Erde zurückgekehrt.

Die Einheitsschule, die mit der Rasenmähermethode alle Kinder gleich zu stutzen versucht, deren Zeugnis nach der vierten Klasse über den Berufsweg entscheidet – Gerald Hüther nennt sie ,ein Verbrechen, das an den Kindern begangen wird'. Gut in Mathe sind nämlich, wie man herausgefunden hat, nicht die Kinder, die besonders viel Mathe üben, sondern die auch gut auf Balken balancieren können. Aber statt unsere Kinder auf Bäume klettern zu lassen, machen wir mit ihnen immer noch mehr Mathe. Wer weiß, wozu das Singen gut ist, für das in der Schule oft keine Zeit mehr ist?

Was brauchen Kinder? Es lohnt sich, einmal in den Büchern von Janusz Korczak zu lesen, dem großen alten Mann der Pädagogik. Korczak forderte erstens das Recht des Kindes auf seinen eigenen Tod – das, etwas besser verdaulich, übersetzt werden kann mit dem Satz: Wir dürfen Kinder aus Angst, sie zu verlieren, nicht überbehüten. Er forderte zweitens das Recht des Kindes auf den heutigen Tag – wir sollen uns hüten, ständig auf die Zukunft des Kindes schielen. Und er forderte das Recht des Kindes, so zu sein, wie es ist – dazu gehört das Recht auf Misserfolg.
Der Gedanke, dass ihr Kind etwas nicht kann, ist für die meisten Eltern heute tabu. Umso attraktiver sind alle Therapien, die nahelegen, dass man etwas reparieren kann – am Kind wird herumgeschraubt wie an einem kaputten Auto. Eine Krankheitsdiagnose zu bekommen kann ungemein entlastend sein, weil sie bedeutet, dass die Eltern am Kind etwas ändern können – und an sich selbst nichts ändern müssen. Das ist übrigens derselbe Grund, warum Psychotherapien im Gegensatz zu anderen Therapien so selten von Eltern nachgefragt werden. Da gehts zu sehr ans Eingemachte. Kinderpsychotherapeuten begutachten nämlich immer auch die Eltern.

Dass diese oft nicht in der Lage sind, ihr Kind vor der Gleichmacherei zu schützen, liegt daran, dass sie selbst zu sehr unter Druck stehen – und das betrifft nicht nur die Mittel- und Oberschicht. Während diese ihre Kinder verlieren, weil sie sie zu sehr vorantreiben, ersetzt in der Unterschicht die Spielkonsole oft die Verbundenheit zu den Eltern. Das Ergebnis ist gleich: Beziehungslosigkeit. Und das bedeutet immer: eingeschränkte Entfaltungsmöglichkeiten für die Kinder. Ihr Gehirn, sagt Gerald Hüther, wird zu einer Kümmerversion dessen, was daraus hätte werden können.

Unglaubliches, sagt Ulrike Kegler, geschehe, wenn man die ADHS-Diagnose nicht mehr in den Mittelpunkt stelle. Wenn man Kindern Förderung auf ihrem Niveau anbiete. Wenn man die Eltern darin unterstütze, ihr Kind zu akzeptieren, wie es ist.

Nun können nicht alle Eltern ihre Kinder auf eine Montessorischule schicken. Aber statt sie von einem Sport- zum Musikkurs zur Therapie zu fahren und 25 Kinder zum Geburtstag einzuladen, können sie Ulrike Keglers Liste der sinnvollen Alltagsdinge beherzigen:

- Etwas vorlesen.
- Zusammen kochen.
- Auf einen Berg klettern.
- Ball spielen.
- Gemeinsam aufräumen.
- Fahrrad statt Auto benutzen.
- Gar nichts machen.

Irgendwie scheinen wir Erwachsenen eine ziemlich simple Sache vergessen zu haben: Kinder wollen doch nur spielen. Vielleicht sollten wir sie zur Abwechslung einfach mal lassen. Und, wenn es sein muss, selber zum Therapeuten gehen."
(Stelzer, in: DIE ZEIT Nr. 32/2009)

- Skizzieren Sie ein Bild von Eltern, welches sich für Sie aus dem Artikel erschließt. Halten Sie Ihre Analyse schriftlich fest und beantworten Sie dabei folgende Fragen:

  – Was bewegt die Eltern?

  – Welche Ziele haben die Eltern?

  – Welche Ängste haben die Eltern?

  – Was erwarten Eltern von sozialpädagogischen Institutionen?

- Welche Konsequenzen ergeben sich für die Kinder aus Sicht der sozialpädagogischen Fachkraft, wenn Sie das skizzierte Elternbild betrachten? Erstellen Sie eine Mindmap zu Ihrem Ergebnis.

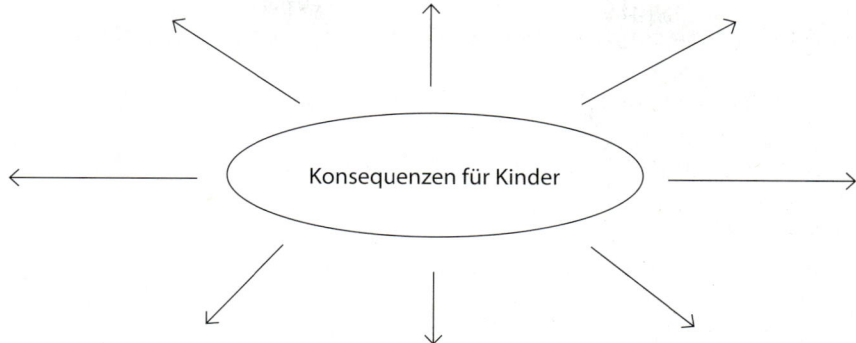

- Diskutieren Sie in Kleingruppen folgende Fragestellungen:

  – Wie wirkt sich der Wunsch der Eltern nach Förderung für ihr Kind auf die Erziehungspartnerschaft in der Kindertageseinrichtung aus?

  – Welche Haltung möchten Sie als sozialpädagogische Fachkraft zu diesem Thema in der Erziehungspartnerschaft einnehmen?

- Halten Sie Ihre Diskussionsergebnisse schriftlich auf Plakaten fest. Diskutieren Sie die Ihre Ergebnisse in der Klasse.

4.6.2 Ziele und Bedeutung von Erziehungspartnerschaften

1. Warum Erziehungspartnerschaften wichtig sind

Erarbeiten Sie, warum Erziehungspartnerschaften in Tageseinrichtungen für Kinder von Bedeutung sind und welche Ziele damit erreicht werden sollen. Fertigen Sie dazu eine Tabelle nach folgendem Muster an und halten Sie darin Ihr Wissen in Stichworten fest.

Meine Kenntnisse zum Thema Erziehungspartnerschaft		
Nr.	Warum ist die Erziehungspartnerschaft wichtig?	Welche Ziele sollen damit erreicht werden?
1		
2		
3		

- Vergleichen Sie Ihre Ergebnisse in Partnerarbeit und stellen Sie die Aspekte, die sich inhaltlich gleichen, heraus.

- Suchen Sie ein weiteres Paar, mit dem Sie die Ergebnisse vergleichen und ergänzen Sie, was bei Ihnen noch fehlt.

- Erstellen Sie nun zu viert eine Rangliste bezüglich der von Ihnen gefundenen Ziele nach Wichtigkeit.

- Stellen Sie diese Rangliste in der Klasse vor und diskutieren Sie diese.

2. Grundhaltungen in der Erziehungspartnerschaft

- Nehmen Sie eine Selbsteinschätzung vor, wie ausgeprägt Sie Ihre jeweilige Grundhaltung (siehe folgende Tabelle) als sozialpädagogische Fachkraft einschätzen (Selbstwahrnehmung).

- Finden Sie sich zu zweit zusammen und schätzen sie sich nun gegenseitig ein (Fremdwahrnehmung).

- Formulieren Sie anschließend eine für Sie zutreffende Lernaufgabe aus dem Bild, das sich aus Selbsteinschätzung und Fremdeinschätzung ergibt.

Grundhaltung	☺ gelingt mir gut	☹ gelingt mir nicht gut	☺ Meine Lernaufgabe
Geduld			
Akzeptanz			
Toleranz			
Vertrauen			
Kontaktfreude			
Dialogbereitschaft			
Offenheit für Ideen			
Veränderungsbereitschaft			

▲ 3. Wie sehen sich sozialpädagogische Fachkräfte und Eltern gegenseitig?

Lesen Sie den Ausschnitt aus dem folgenden Artikel aufmerksam durch:

„Wenn es um Bildung und Erziehung geht, kommt es aber oft zu einer Kompetenzrangelei zwischen Eltern und Fachkräften. Dabei werden sehr viel Zeit und emotionale Energie verschwendet – gerade, weil das Ausmaß des persönlichen Engagements auf beiden Seiten hoch ist. Enttäuschung, Ärger und Eifersüchtelei sind die Folge, wenn Eltern und Erzieherinnen oder Lehrerinnen sich als Kontrahenten und nicht als Partner sehen. Für den Lernerfolg des Kindes aber ist bei den Erzieherinnen eine möglichst gute Kenntnis seines Erfahrungshintergrundes notwendig. Und für die Kenntnis der kindlichen Erfahrung sind die Eltern die entscheidenden Informanten. Kinder entwickeln sich am besten, wenn sie sich in der Koalition von Eltern und Erzieherinnen aufgehoben fühlen. Dann fühlen sie sich sicher und lernen gut.

Selbstverständlich ist in unseren Kindergärten und Familienzentren die Mithilfe der Eltern erwünscht und gängige Praxis. In der Zuerkennung der Helferrolle wird aber oft eine von Hierarchiedenken geprägte Einstellung sichtbar, welche die Erziehungskompetenz der Eltern nicht angemessen würdigt.

Andererseits bezweifeln Eltern oft die Kompetenz der Erzieher mit Blick auf ihr eigenes Kind, besonders dann, wenn sie sich als die besseren ‚Bildungsbürger‘ fühlen. Da sind die Erzieher dann oft nicht gut genug für ihr Kind. Oder die Eltern schreiben sich umgekehrt – meist als Folge negativer Erfahrungen im eigenen Bildungsprozess – unzureichende Fähigkeiten zu und scheuen daher vor Situationen zurück, die ihnen weitere Misserfolgserlebnisse einbringen könnten. Ihr Unbehagen und ihre Abwehr geben sie dann an die nächste Generation weiter. Diesem ‚Defizitblick‘, dem auf beiden Seiten immer Hierarchie-Erlebnisse zugrunde liegen, gilt es, entgegenzuwirken.

Eine gelingende Erziehungspartnerschaft von Eltern und pädagogischen Fachkräften ist keine Selbstverständlichkeit. Natürlich muss in Familien, in denen Eltern ihre Kinder vernachlässigen und ihnen Bildungschancen verwehren, die öffentliche Erziehung korrigierend und kompensatorisch eingreifen. Die Abwehrhaltung vieler Eltern gegenüber Bildungsangeboten hängt häufig aber auch damit zusammen, dass man ihnen mit dem genannten ‚Defizitblick‘ begegnet und ihre Erziehungsschwächen betont.

Um diese Eltern zu erreichen, bedarf es großer Anstrengungen. Es geht nicht darum, ihre ‚Blockade‘ aufzubrechen, sondern zunächst einmal darum, die Ursachen ihres Verhaltens zu erkennen und zu verstehen. Voraus-

setzung dafür ist eine Aufmerksamkeit auf die spezifische Phase des Lebenslaufs, in der sich die meist jungen Frauen und Männer gerade befinden – und die es ihnen vielleicht besonders schwer macht, sich zu diesem Zeitpunkt um die Erziehung ihres Kindes intensiver zu kümmern. Denn unterschiedlichen Eltern muss man auch unterschiedliche Strategien anbieten, um sie zu ermutigen. Nur so lässt sich die Chancengleichheit der Kinder verbessern und die Integration ihrer Familien fördern."

(Lepenies, 2009)

- Analysieren Sie, welche Antworten der Artikel auf folgende Fragen gibt:
  - Welches Bild haben sozialpädagogische Fachkräfte von den Eltern?
  - Welches Bild haben die Eltern von den sozialpädagogischen Fachkräften?
  - Was erwarten Eltern und sozialpädagogische Fachkräfte in Bezug auf Erziehungspartnerschaft voneinander?
- Halten Sie Ihre Ergebnisse schriftlich fest und diskutieren Sie sie im Klassenverband.

4. Konflikt um angemessene Förderung

> **Beispiel**
> *Die sozialpädagogische Fachkraft Frau Berning wird in der Abholphase von den Müttern Frau Schecks und Frau Simke völlig überraschend mit folgenden Sätzen konfrontiert: „Also Frau Berning, wir haben uns jetzt schon unter uns Eltern mehrfach darüber ausgetauscht, dass hier in Ihrer Gruppe wenig für die Förderung unserer Kinder getan wird. Wir wissen überhaupt nicht, wie sie den Schulstart schaffen sollen. Der kleine Max geht schon zur Ergotherapie, weil Sie gesagt haben, dass er sich nicht auf gemeinsames Spiel konzentrieren kann. Die anderen Mütter haben ihre Kinder auch schon in der Musikschule oder im Turnverein angemeldet, weil das Angebot hier im Kindergarten nicht ausreicht. Also dieses ständige Freispiel, wie Sie das nennen, bringt uns wirklich nicht weiter."*

Entwickeln Sie auf der Grundlage Ihres theoretischen Wissens ein Handlungskonzept bezüglich Ihrer Vorgehensweise in der oben geschilderten Situation. Berücksichtigen Sie dabei die Ziele der Erziehungspartnerschaft.

4.6.3 Formen und Methoden in Erziehungspartnerschaften

1. Elterngespräche planen und durchführen

In den beiden folgenden Situationen werden Anlässe für Elterngespräche geschildert:

> **Beispiel**
> **Situation 1: Das Anmeldegespräch**
> *Familie Klips hat einen Termin zum Anmeldegespräch. Ihre Leiterin hat Sie gebeten, das Gespräch vorzubereiten und durchzuführen, da das Kind in Ihre Gruppe kommt. Welche Themen sind Ihnen in einem ersten Gespräch wichtig?*
>
> **Situation 2: Ein Problemgespräch**
> *Simon, 4 Jahre, besucht seit 11 Monaten Ihre Gruppe. Sie haben ihn als zurückhaltenden und vorsichtigen Jungen erlebt. Seit neuestem nässt Simon mehrmals während des Aufenthalts in der Tageseinrichtung ein. Sie werden aufmerksam und beobachten ihn über eine gewisse Zeit. Ihnen fällt auf, dass er kaum Kontakt zu den anderen Kindern hat und seine Zurückhaltung nun eher teilnahmslos wirkt. Sie möchten mit den Eltern ein Gespräch über Ihre Beobachtung führen.*

- Bereiten Sie beide Gespräche fachlich vor. Entwickeln Sie dabei eine Vorgehensweise, die Sie in der Praxis anwenden würden.
- Bilden Sie Kleingruppen von drei bis vier Personen und führen Sie die Gespräche in Rollenspielen durch. Eine beobachtende Person erhält die Aufgabe, die Grundhaltung der sozialpädagogischen Fachkraft in den Blick zu nehmen und diesbezügliche Rückmeldungen zu geben:

- Geduld

- Akzeptanz

- Toleranz

- Vertrauen

- Kontaktfreude

- Dialogbereitschaft

- Offenheit für Ideen

- Werten Sie das Rollenspiel anschließend aus. Beachten Sie dabei folgende Aspekte:

  - Was ist gut gelungen? Warum?

  - Was ist nicht so gut gelungen? Warum?

  - Was sollte verbessert werden?

2. Elternabend

Beispiel
Ein Elternabend in Ihrer Einrichtung zum Thema „Mein Kind ist in der Trotzphase" war sehr schlecht besucht. Der nächste Elternabend soll besser werden. Was müssen Sie als sozialpädagogische Fachkraft berücksichtigen, damit dies gelingen kann?

- Planen Sie in Kleingruppen einen Elternabend zu einem Thema Ihrer Wahl.

- Spielen Sie den Elternabend im Klassenverband nach und reflektieren Sie den Verlauf.

3. Elternbildung

Ein wichtiges Element der Elternarbeit im Elementar- und Primarbereich ist die aktive Beratungsarbeit. Elternkurse können dazu eine wertvolle Ergänzung und bei folgenden Aspekten eine Hilfe sein:

- die Normen und Werte, die die Erziehung bestimmen, zu hinterfragen

- die Ziele der Erziehung zu klären und zu überprüfen

- zu lernen, auf autoritäre Erziehungsmaßnahmen zu verzichten, für die Kinder eine authentische Autorität zu sein und das gemeinsame Zusammenleben mit Freude zu gestalten

- Welche Angebote der Elternbildung kennen Sie?

- Welche Themen können Sie sich im Rahmen von Elternbildung vorstellen?

- Entwickeln Sie ein Handlungskonzept, wie Sie Elternbildung in Ihrer zukünftigen beruflichen Praxis gestalten könnten.

- Tauschen Sie sich in Kleingruppen über Ihre Arbeitsergebnisse aus. Geben Sie sich gegenseitig Feedback zu den Ergebnissen.

4. Schriftliche Form der Erziehungspartnerschaft

Im Laufe der Zeit, die ein Kind oder Jugendlicher die sozialpädagogische Einrichtung besucht, erhalten Eltern viele schriftliche Informationen in Form von Elternbriefen, Aushängen oder Kurzmitteilungen.

- Welche Prinzipien sollten Sie beachten, wenn Sie solche Texte verfassen?

- Betrachten Sie die unten stehenden Situationen: Wie informieren Sie die Eltern jeweils? Überlegen Sie sich eine Methode, begründen Sie diese und setzen Sie sie schriftlich um.

▶ *Beispiel*
Situation 1:
Sie möchten mit den Kindern in drei Wochen einen Ausflug ins Töpfermuseum machen.

Situation 2:
Sie kommen morgens in die Einrichtung und zwei Kinder werden mit Verdacht auf Schweinegrippe krankgemeldet.

◆ 5. Umgang mit schwierigen Verhaltensweisen

• Üben Sie Ihre Umgehensweise mit „schwierigen Eltern" in Rollenspielen. Beachten Sie dabei, dass jeder einmal die Rolle des Erziehers/der Erzieherin übernimmt.

Verhaltensweise	Umgang mit der Verhaltensweise
Feindselige und negativ eingestellte Eltern	Auf feindselige und negativ eingestellte Eltern sollten Fachkräfte besonders sachlich reagieren und ihre Aussagen mit konkreten Beispielen belegen können. Sie sollten sich nicht aus der Ruhe bringen lassen, also auf Wutausbrüche, Schimpfworte und extrem negative Kritik nicht mit Gegenattacken reagieren. Vielmehr ist es sinnvoll, den Zweck des Gesprächs in die Erinnerung zurückzurufen und zu betonen, dass beide Seiten versuchen sollten, das Beste für das jeweilige Kind zu tun. Eine korrekte, selbstsichere und freundliche Grundhaltung ist empfehlenswert.
„Alleswisser"	Auch in diesem Fall ist eine gute Gesprächsvorbereitung wichtig. Die Fachkräfte sollten geduldig zuhören und versuchen, relevante Aussagen über das Kind und die Familie oder nützliche Tipps herauszufiltern. Wenig sinnvoll ist es, sich auf längere „fachliche" Streitgespräche einzulassen oder in Verteidigungshaltung zu gehen. Vielmehr sollte immer wieder auf den Zweck des Gesprächs hingewiesen werden. Diese Eltern können auch durchaus in die Gruppe eingeladen und gebeten werden, ihre besonderen Vorstellungen in die Praxis umzusetzen.
Eltern, die nur schwer zufriedenzustellen sind	Sie beklagen sich oft: Hier sind viel Geduld und die Bereitschaft vonnöten, zutreffende Kritikpunkte von überzogenen oder unbegründeten zu unterscheiden und anzunehmen. Die Fachkräfte sollten genau zuhören und nicht sofort in eine Verteidigungsstellung gehen, aber auch nicht die überkritische Haltung durch Zustimmung oder Entschuldigungen verstärken. Vielmehr sollten sie Fakten unkommentiert herausstellen, „echte" Probleme zusammen mit den Eltern lösen und gute Vorschläge umzusetzen versuchen.
Eltern, die keine Ratschläge annehmen	Sie haben für alles eine Entschuldigung: Hier ist es wenig erfolgversprechend, mit den Eltern zu argumentieren und ihre negativistische Grundhaltung zu bekämpfen. Vielmehr ist eine optimistische Einstellung sinnvoll: Negative Vorhersagen können als überwindbare Probleme dargestellt und vergangene Erfolge beschrieben werden. Auch sollten die Eltern zu bestimmten Handlungen motiviert und nach deren Ausübung gelobt werden.
Schüchterne, stille, zurückhaltende Eltern	Diese müssen besonders zur Teilnahme an Elternveranstaltungen motiviert werden. Bei Gesprächen ist es wichtig, viele Fragen zu stellen, die ausführlich beantwortet werden müssen. Dabei muss den Eltern genügend Zeit zum Suchen einer Antwort gelassen und eventuell nachgefragt werden. Auch sollte viel von Rückmeldungen, positiver Verstärkung und dem Herausstellen von Stärken der Eltern Gebrauch gemacht werden. Oft kostet es viel Zeit und Mühe, bis die Eltern regelmäßig an Elternveranstaltungen teilnehmen.
„Wenig intelligente" Eltern	Sie müssen sich wie alle anderen Eltern akzeptiert und angenommen fühlen. Oft benötigen sie eine besondere Einladung zu Veranstaltungen, müssen zur Teilnahme ermutigt werden. Auch diese Eltern haben Stärken und Fähigkeiten, die in der Erziehung und im Rahmen der Elternarbeit genutzt und durch einfach formulierte Ratschläge oder Modelllernen erweitert werden können.

(Textor, 2004, S. 29 nach Boutte u. a., 1992)

4.6.4 Elternmitwirkung – rechtlich

■ ● **1. Vorteile der Elternmitwirkung**

In der Praxis werden häufig die Schwierigkeiten beklagt, die mit der Elternmitwirkung verbunden sind. Insbesondere die pädagogischen Vorstellungen der Eltern müssen nicht zwingend mit denen der sozialpädagogischen Fachkräfte übereinstimmen. Auch gibt es immer wieder Eltern, die sich einer Zusammenarbeit mit der Einrichtung entziehen und nur mühsam von den Fachkräften erreicht werden können. Listen Sie die Vorteile für die Kinder oder Jugendlichen auf, die Sie in der Elternmitwirkung sehen können und die über die Gestaltung von regelmäßg stattfindenden Festen hinausgehen.

● **2. Elternmitwirkung in den Bundesländern**

Vergleichen Sie die rechtlichen Vorgaben für die Elternmitwirkung der folgenden Bundesländer. Ergänzen Sie „Ihr" Bundesland, falls es nicht in dieser Liste erwähnt ist. Wo erkennen Sie Unterschiede, wo Gemeinsamkeiten?

- Bayern
- Berlin
- Brandenburg
- Niedersachsen
- Nordrhein-Westfalen
- Sachsen
- Thüringen

● **3. Elterninformationen über die Entwicklung der Kinder**

Im Bayerischen Kinderbildungs- und -betreuungsgesetz (BayKiBiG) heißt es u. a., dass die pädagogischen Fachkräfte die Eltern regelmäßig über den Stand der Lern- und Entwicklungsprozesse ihres Kindes in der Tageseinrichtung informieren. Dies in den Alltag einer Einrichtung zu integrieren, bedeutet eine große Herausforderung.
Entwickeln Sie in Gruppenarbeit ein Konzept, nach dem es gelingen könnte, tatsächlich alle Erziehungsberechtigten regelmäßig zu informieren.

● **4. Elternmitwirkung bei der Konzeptionsentwicklung**

Das Berliner Kindertagesbetreuungsreformgesetz (KitaFöG) verlangt von den Mitarbeiterinnen einer Kindertageseinrichtung, die Eltern in Fragen der Konzeption und deren organisatorischer und pädagogischer Umsetzung in der Arbeit der Tageseinrichtungen zu beteiligen.
Entwickeln Sie in Gruppenarbeit eine Strategie, mithilfe derer Ihnen dies gelingen könnte.

■ **5. Elternräte, Elternbeiräte**

Erkundigen Sie sich bei einer Ihrer Praktikumsstellen, wie die verschiedenen Mitwirkungsgremien in Ihrem Bundesland gebildet werden und wie dort vor Ort die Zusammenarbeit gestaltet wird.

■ **6. Das Kindertagesstättengesetz von Brandenburg**

In den Grundsätzen des Kindertagesstättengesetzes von Brandenburg heißt es: „Mit anderen Einrichtungen und Diensten sollen sich die Kindertagesstätten zum Wohl der Kinder unter Beachtung des Rechts auf informationelle Selbstbestimmung des Kindes und seiner Erziehungsberechtigten abstimmen."
(Landesregierung Brandenburg, 2010)

- Erarbeiten Sie eine Liste von Einrichtungen und Diensten mit Anschrift und Telefonnummer, die im Einzugsbereich Ihrer Praktikumsstellen infrage kämen.

- Halten Sie dabei fest, bei welchen Fragen und Problemen eine solche Zusammenarbeit hilfreich sein könnte.

▲ Persönliche Vorerfahrung ■ Fachkenntnisse

Erstellen Sie dazu eine Tabelle nach folgendem Muster:

Einrichtung/Dienst	Anschrift	Telefon	Hilfe bei

4.6.5 Beschwerdemanagement

 1. Eigene Erfahrungen mit Beschwerden

Tauschen Sie sich mit anderen Studierenden zu den folgenden Fragen aus:

- Wie erleben Sie es, wenn sich jemand bei Ihnen über irgendetwas beschwert, für das Sie verantwortlich sind?

- Welche Erfahrungen haben Sie in den verschiedenen Einrichtungen zum Umgang mit Beschwerden gemacht? Wie sind die Erzieherinnen mit Beschwerden, die an Sie herangetragen wurden, umgegangen? Als wie konstruktiv schätzen Sie das ein?

2. Umgang mit Beschwerden

- Das 2007 erschienene Handwörterbuch für Erzieherinnen und Erzieher (Pousset, 2007) bietet Erklärungen zu über 160 Begriffen an; das Wort „Beschwerde" oder „Umgang mit Beschwerden" fehlt jedoch. Welche Gründe könnte es dafür geben?

- Wie stehen Sie zu dem folgenden Satz?
  „Versuchen Sie also, für Beschwerden offen zu werden. Denn Sie können sehr viel Neues erfahren." (Pesch/Sommerfeld, Beschwerde, S. 39).

- Verfassen Sie einen Brief an die Eltern einer Tageseinrichtung für Kinder, in dem Sie diesen Satz aufgreifen und die entsprechende Einstellung Ihres Teams dazu verdeutlichen.

3. Beschwerden „vier-ohrig" hören

> **Beispiel**
> *In einer Tageseinrichtung für Kinder war gestern Abend Elternabend. Am nächsten Tag kommt die Mutter von Monika, alleinerziehend, ihre vierjährige Tochter abholen, sieht die Erzieherin im Flur und sagt zu ihr: „Also der Elternabend gestern, schade ums Geld, das ich dem Babysitter bezahlt habe! Da gab es ja nichts, was für mich irgendwie wichtig gewesen wäre!"*

- Auf welchen „Ohren" kann die Erzieherin diesen wie-Satz hören? Tauschen Sie sich dazu in Dreiergruppen aus.

- Wie könnte die Erzieherin antworten?

4. Auf Beschwerden angemessen eingehen

- Führen Sie zu der in der vorherigen Aufgabe beschriebenen Situation zwei Rollenspielvarianten durch. Eine von Ihnen spielt die Erzieherin, die andere die Mutter, die Dritte beobachtet und macht sich dazu Notizen. Im ersten Rollenspiel soll es der Erzieherin nicht gelingen, konstruktiv auf die Mutter einzugehen, das Gespräch eskaliert. Im zweiten Rollenspiel versuchen Sie als Erzieherin konstruktiv auf die Mutter einzugehen.

- Reflektieren Sie anschließend gemeinsam die beiden Gesprächsverläufe.

- Bilden Sie eine Dreiergruppe, sodass eine von Ihnen die Beobachterrolle übernehmen kann und zwei ein Rollenspiel zu folgender Beschwerdesituation durchführen. Konzentrieren Sie sich beim Rollenspiel vor allem um die Umsetzung des aktiven Zuhörens!

> **Beispiel**
> *Thomas ist Schüler in der 9. Klasse eines Internats, das einem Gymnasium angeschlossen ist. Bei einem Besuch der Eltern bitten diese um ein Gespräch mit der für die Gruppe von Thomas zuständigen Erzieherin. Den Eltern missfällt, dass Thomas seine Schulnoten nicht verbessert hat. Sie haben, als Thomas noch zu Hause war, die Erfahrung gemacht, dass er seine Hausaufgaben nur auf Druck hin erledigte. Daher gehen sie davon aus, dass er auch im Internat seine Hausaufgaben nicht ordentlich erledigt und deshalb seine Leistungen nicht besser geworden sind. Dabei war die Erwartung, dass es eine gut angeleitete Lernzeit im Internat geben würde, einer der Hauptgründe, Thomas auf ein Internat zu schicken.*

5. Beleidigungen zurückweisen

- Überlegen Sie, wie Sie auf Beleidigungen reagieren, und ob sich darin ein bestimmtes Muster zeigt.

- Notieren Sie sich die im Lehrbuch gemachten Vorschläge, wie Sie Beleidigungen zurückweisen können. Formulieren Sie dann jeweils eine mögliche Beleidigung eines Erziehungsberechtigten und eine mögliche konstruktive Antwort einer Erzieherin auf diese Beleidigung, die zur Deeskalation beiträgt.

6. Leitfaden für ein Beschwerdegespräch

- Setzen Sie sich mit zwei anderen Studierenden zusammen und sammeln Sie gemeinsam, welche Beschwerden von Erziehungsberechtigten es in Ihrer Praxis gegeben hat. Prüfen Sie dann jeweils, ob die Beschwerden für Sie und das Team klar waren (Aspekt der Beschwerdeklarheit).

- Suchen Sie sich dann zwei Beschwerden heraus und überlegen Sie gemeinsam, welche Lösungsmöglichkeiten es dafür gegeben hätte.

- Zwei von Ihnen führen dann das Beschwerdegespräch, die Dritte beobachtet und macht Notizen.

- Werten Sie dann das Gespräch gemeinsam aus. Legen Sie dafür gemeinsam Kriterien fest, z. B.

  - Inwiefern war der Leitfaden hilfreich?

  - Wie klar wurde der Kern der Beschwerde im Verlauf des Gesprächs?

  - Wie konnte aktives Zuhören umgesetzt werden?

  - Inwiefern wurde das Ergebnis gesichert?

4.7 Arbeitsrecht

■ 1. Rechtsgrundlagen

Stellen Sie ausführlich die wichtigsten Rechtsgrundlagen dar, die für Sie als Arbeitnehmerin von Bedeutung sein werden.

■ 2. Nachweispflicht

Sie gehen ein Arbeitsverhältnis auf der Grundlage einer mündlichen Vereinbarung ein. Es ist geplant, dass Sie diese Arbeit drei Monate lang leisten. Ihr Arbeitgeber muss nach einiger Zeit seine Nachweispflicht erfüllen.
Was ist darunter zu verstehen und welche Bedeutung hat dies für Sie als Arbeitnehmerin?

■ 3. Arbeitsvertragsrecht

„Manuela M. steht kurz vor dem Abschluss ihrer Ausbildung zur Erzieherin. Sie bewarb sich kürzlich bei einem Kreisverband des DRK für die Tätigkeit in einer Einrichtung der Heimerziehung für Kinder und Jugendliche. Sie wurde zu einem Vorstellungsgespräch geladen. Während des Gesprächs wurden u. a. folgende Fragen gestellt: Warum sind Sie Erzieherin geworden? In welchen sozialpädagogischen Einrichtungen absolvierten Sie Ihre praktische Ausbildung? Haben Sie in nächster Zeit vor, Kinder zu haben? Wie oft haben Sie im zurückliegenden Ausbildungsjahr wegen Krankheit gefehlt? Wie stellen Sie sich die Arbeit in unserer stationären Einrichtung inhaltlich vor? Was wissen Sie über das DRK? Welche Gehaltsvorstellungen haben Sie? Nach dem Gespräch wird vereinbart, dass Manuela am 1. Juni um 8.00 Uhr zum Dienst erscheinen soll.

- *Erklären Sie den Zweck des Arbeitsrechts. Definieren Sie dabei auch die Begriffe Arbeitgeber und Arbeitnehmer.*

- *Prüfen Sie, welche der im obigen Gespräch gestellten Fragen zulässig bzw. unzulässig sind. Was bedeutet dies für Manuela? Begründen Sie Ihre Aussagen genau.*

- *Erläutern Sie, wie ein Arbeitsvertrag entsteht. Wurde in unserem Fall ein solcher abgeschlossen?*

- *Erstellen Sie eine mögliche Stellenbeschreibung für Manuelas Tätigkeit als Gruppenerzieherin in der Heimeinrichtung."*
(Doll, 2006, S. 38)

■ ● 4. Der Arbeitsvertrag

Sie stehen vor der Unterzeichnung Ihres ersten Arbeitsvertrags.

- Worauf achten Sie allgemein?

- Worauf achten Sie insbesondere, wenn Sie

  - für einen öffentlichen Träger arbeiten werden?

  - für eine private Elterninitiative arbeiten werden?

  - für eine kirchliche Einrichtung arbeiten werden?

Arbeiten Sie deutlich die Unterschiede heraus, die im Falle einer Kündigung zwischen diesen Arbeitgebern bestehen.

5. Das Diskriminierungsverbot

Gesetze gegen die Diskriminierung von Menschen in der Arbeitswelt sind dringend erforderlich. Stellen Sie die gesetzlichen Grundlagen für dieses Verbot dar und tauschen Sie sich mit Studienkolleginnen über mögliche Erfahrungen in diesem Zusammenhang aus.

6. Tarifverträge

Stellen Sie dar, worum es sich bei einem Tarifvertrag handelt und welche Rolle ein Tarifvertrag beim Abschluss eines Arbeitsvertrages hat.

7. Kündigung

Immer wieder können Sie hören, dass Mitarbeiterinnen von sozialpädagogischen Einrichtungen gekündigt wird:

- Was kann im konkreten Einzelfall zu einer Kündigung führen?
- Welche Rechte hat eine Arbeitnehmerin, wenn sie die Kündigung erhält, und was sollte sie in diesem Fall tun?
- Welche Möglichkeiten hat die Arbeitnehmerin, selbst zu kündigen?
- Welche gesetzlichen Grundlagen gibt es im Hinblick auf Kündigungsvorgänge?
- Was muss ein Arbeitgeber beachten, damit eine Kündigung rechtswirksam wird?

8. Der Mutterschutz

Stellen Sie die wichtigsten Inhalte des Mutterschutzgesetzes dar und erläutern Sie die Vorteile, die dieses Gesetz für die Mutter hat, und die Konsequenzen, die sich daraus möglicherweise für den Arbeitgeber ergeben müssen.

Erstellen Sie eine Tabelle nach folgendem Muster und tragen Sie die wichtigsten gesetzlichen Vorschriften ein:

	Informationen, die der Arbeitgeber erhalten muss	Schutzgarantien während der Arbeitszeit	Mutterschutzzeiten	Möglichkeiten zum Stillen	Kündigung während der Mutterschutzzeit
1.					
2.					
...					

9. Das Bundesdatenschutzgesetz

Erläutern Sie die Aufgaben, die sich aus dem Datenschutzgesetz für die sozialpädagogischen Fachkräfte und insbesondere auch für die Leiterinnen sozialpädagogischer Einrichtungen ableiten.

Literatur

Arnold, Rolf/Schüßler, Ingeborg, Wandel der Lernkulturen, Ideen und Bausteine für ein lebendiges Lernen, Wissenschaftliche Buchgesellschaft, Darmstadt, 1998.

Balluseck, Hilde von (Hrsg.): Professionalisierung der Frühpädagogik, Leverkusen Opladen, Verlag Barbara Budrich, 2008.

Barth, Hans-Dietrich/Bernitzke, Fred/Fischer, Winfried (2007): Abenteuer Erziehung, Pädagogische, psychologische und methodische Grundlagen der Erzieherinnenausbildung, Haan-Gruiten, Verlag Europa-Lehrmittel, S. 165–171.

Bayerisches Staatsministerium für Arbeit und Sozialordnung, Familie und Frauen, Staatsinstitut für Frühpädagogik München (Hrsg.): Der Bayerische Erziehungs- und Bildungsplan für Kinder in Tageseinrichtungen bis zur Einschulung, Weinheim, Beltz Verlag, 2006.

Bayerisches Staatsministerium für Unterricht und Kultus (Hrsg.): Der Übergang vom Kindergarten zur Grundschule, Frühpädagogische Förderung in altersgemischten Gruppen, Richtlinien für den Elementarbereich, 5. Aufl., Donauwörth, Verlag Ludwig Auer, 1975.

Berliner Kitabündnis: Gelingende Erziehungspartnerschaft, abgerufen unter: http://www.berliner-kitabuendnis.de/presse/dieweltgemeinsambenennen.html [23.08.2009].

Berner, Hans: Aktuelle Strömungen in der Pädagogik und ihre Bedeutung für den Erziehungsauftrag der Schule, Bern, Verlag Haupt, 1992.

Bernitzke, Fred/Schlegel, Peter: Das Handbuch der Elternarbeit, 1. Aufl., Troisdorf, Bildungsverlag EINS, 2004.

Bernstein, Saul/Lowy, Louis: Neue Untersuchungen zur Sozialen Gruppenarbeit, Freiburg, Lambertus Verlag, 1975.

Bichsel, Peter: Kindergeschichten, Darmstadt, Luchterhand Verlag, 1979.

Blank-Mathieu, Margarete (Hrsg.): Erziehungswissenschaft, Bd. 1, 4. Auflage, Troisdorf, Bildungsverlag EINS, 2010.

Blank-Mathieu, Margarete (Hrsg.): Erziehungswissenschaft, Bd. 2, 3. Auflage, Troisdorf, Bildungsverlag EINS, 2010.

Böcher, Hartmut (Hrsg.): Sozialpädagogische Theorie und Praxis, Band 4, Troisdorf 2008.

Bodenburg, Inga/Kollmann, Irmgard: Frühpädagogik – Arbeiten mit Kindern von 0–3 Jahren, Troisdorf, Bildungsverlag EINS, 2009.

Boutte, G.S./Keepler, D.L./Tyler, V.S./Terry, B.Z.: Effective techniques for involving „difficult" parents. Young Children 1992, 47 (3), S. 19-22

dejure.org Rechtsinformationssysteme GmbH (Hrsg.): Kündigungsschutzgesetz, abgerufen unter: http://dejure.org/gesetze/KSchG/1a.html [30.09.2009].

dejure.org Rechtsinformationssysteme GmbH (Hrsg.): Mutterschutzgesetz, abgerufen unter: http://dejure.org/gesetze/ MuSchG/2.html [27.09.2009].

dejure.org Rechtsinformationssysteme GmbH (Hrsg.): Mutterschutzgesetz, abgerufen unter http://dejure.org/gesetze/ MuSchG/3.html [26.09.2009].

dejure.org Rechtsinformationssysteme GmbH (Hrsg.): Mutterschutzgesetz, abgerufen unter: http://dejure.org/gesetze/MuSchG/5.html [25.09.2009].

dejure.org Rechtsinformationssysteme GmbH (Hrsg.): Mutterschutzgesetz, abgerufen unter: http://dejure.org/gesetze/MuSchG/6.html [24.09.2009].

dejure.org Rechtsinformationssysteme GmbH (Hrsg.): Mutterschutzgesetz, abgerufen unter: http://dejure.org/gesetze/MuSchG/7.html [23.09.2009].

dejure.org Rechtsinformationssysteme GmbH (Hrsg.): Nachweisgesetz, abgerufen unter: http://dejure.org/gesetze/BGB/622.html [28.09.2009].

Dittmann, Karsten: Cluster & Mindmaps, Anleitung zu zwei kreativen Grundmethoden, abgerufen unter: www.homilia.de/download/Cluster%20und%20Mindmaps.pdf [14.08.09]

Doll, Erhard: Rechtskunde (mit CD), 4. Aufl., Troisdorf, Bildungsverlag EINS, 2006.

Eibl-Eibesfeldt, Irenäus: Die Biologie des menschlichen Verhaltens, Grundriss der Humanethologie, 5. Auflage, Vierkirchen, Blank, 2004.

Faulstich-Wieland, Hannelore: Einführung in Genderstudien, 2. Auflage, Stuttgart, UTB, 2006.

Focks, Petra: Geschlechtsbewusste Pädagogik, in: Handwörterbuch für Erzieherinnen und Erzieher, hrsg. von Raimund Pousset, Weinheim, Beltz, 2006, S. 142–144.

Foerster, Heinz von/Glasersfeld, Ernst von: Wie wir uns erfinden – eine Autobiographie des radikalen Konstruktivismus, 3. Aufl., Heidelberg, Carl-Auer-Verlag, 2007.

Foerster, Heinz von/Pörksen, Bernhard: Wahrheit ist die Erfindung eines Lügners, Gespräche für Skeptiker, 1. Aufl., Heidelberg, Carl-Auer-Systeme-Verlag, 1988.

Foerster, Heinz von: Wissen und Gewissen, 3. Aufl., Frankfurt am Main, Suhrkamp, 1996.

Foppa, Klaus: Lernen, Gedächtnis, Verhalten, Ergebnisse und Probleme der Lernpsychologie, Köln, Verlag Kiepenheuer und Witsch, 1965.

Frick, Jürg: Kinderfreundschaften, in: kindergarten heute, 3/2004, abgerufen unter: www.kindergarten-heute.de/beitraege/fachbeitraege/paedagogik_html?k_onl_struktur=729519&einzelbeitrag=1319952&archivansicht=1 [10.09.2009].

Fromm, Erich: Vorwort, in: Alexander Sutherland Neill, Theorie und Praxis der antiautoritären Erziehung, das Beispiel Summerhill, übers. v. Hermann Schroeder und Paul Horstrup, Reinbek bei Hamburg, Rowohlt, 1969, S. 11–18.

Funke, Uta/Sander, Eva: Offene Arbeit mit vielen Gesichtern, in: Offener Kindergarten konkret, hrsg. von Gerhard Regel, Axel Jan Wieland, Hamburg, E.B.-Verlag Rissen, 1993, S. 113–119.

Glasersfeld, Ernst von: Wege des Wissens, Heidelberg, Carl-Auer-Systeme-Verlag, 1997.

Göttinger Aufruf zur Schaffung von Lebensbedingungen für Kinder und Jugendliche, die ihnen die Entwicklung zu eigenständigen und sozial verantwortlichen Persönlichkeiten ermöglichen, abgerufen unter: www.sachsen.ganztaegig-lernen.de [23. 08. 2009].

Gruschka, Andreas u.a.: Aus der Praxis lernen, Arbeitsbuch für die Ausbildung in Erziehungsberufen, Berlin, Cornelsen Verlag, 1995.

Gruschka, Andreas: Wie Schüler Erzieher werden, Studien zur Kompetenzentwicklung und fachlichen Identitätsbildung in einem doppelqualifizierenden Bildungsgang des Kollegschulversuchs NRW, Wetzlar, Büchse der Pandora, 1985.

Gudjons, Herbert/Pieper, Marianne/Wagener, Birgit: Auf meinen Spuren, Das Entdecken der eigenen Lebensgeschichte, 5. Aufl., Hamburg, Bergmann + Helbig Verlag, 1999.

Gudjons, Herbert: Praxis der Interaktionserziehung, Bad Heilbrunn Obb., Julius Klinkhardt, 1978.

Haug-Schnabel, Gabriele/Bensel, Joachim: Alles ist noch so neu und fremd, in: kindergarten heute, 5, 2008, S. 42–44.

Haug-Schnabel, Gabriele/Bensel, Joachim: Alles meins!, in: kindergarten heute, 8, 2009, S. 42–44.

Herrmann, Mathias/Weber, Kurt: Basiswissen Kita, Teamentwicklung. Was macht ein Team zum Team?, Freiburg, Verlag Herder, o.J.

Hobmair, Hermann (Hrsg.): Kompendium Pädagogik, Troisdorf, Bildungsverlag EINS, 2009.

Hobmair, Hermann (Hrsg.): Psychologie, Troisdorf, Bildungsverlag EINS, 2008.

Hubrig, Silke: Genderkompetenz, Troisdorf, Bildungsverlag EINS, 2010.

Jaszus, Rainer/Büchin-Wilhelm, Irmgard/Mäder-Berg, Martina/Gutmann, Wolfgang: Sozialpädagogische Lernfelder für Erzieherinnen, Stuttgart, Holland+Josenhans Verlag, 2008.

Jörg, Hans: Meine Begegnung mit Freinet und der Freinet-Pädagogik, in; Montessori-, Freinet-, Waldorfpädagogik, Konzeption und aktuelle Praxis, hrsg. v. Achim Hellmich u. Peter Teigeler, 3. Aufl., Weinheim, Beltz, 1995, S. 93–113.

Kasten, Hartmut: 0-3 Jahre, Entwicklungspsychologische Grundlagen, Weinheim, Beltz, 2005.

Kasüschke, Dagmar/Fröhlich-Gildhoff, Klaus: Frühpädagogik heute, Kronach, Carl Link, 2008.

Kazemi-Veisari, Erika: Zweifeln als Teil von Lernkultur, Über fragendes und nachdenkliches Lernen, in: TPS, 10, 2008, S. 4–8.

Koeberle-Petzschner, Editha: Grundlagen der Kommunikation, Neue Reihe Bayerische Verwaltungsschule (BVS), 2008.

Kogel, Katrin: Von Chancengleichheit, Achtungen und Gerechtigkeit, in: klein & groß, 11, 2007, S. 48–51.

Korczak, Janusz: König Hänschen auf der einsamen Insel, übers. v. Katja Weintraub, überarb. von Klaus Staemmler, 3. Aufl., Göttingen, Vandenhoeck und Ruprecht, 1993.

Korczak, Janusz: Das Recht des Kindes auf Achtung, bearb. v. Friedhelm Beiner, 2. Aufl., Gütersloh, Gütersloher Verlagshaus, 2007.

Korczak, Janusz: Der kleine König Macius: eine Geschichte in zwei Teilen für Kinder und Erwachsene, übers. v. Monika Heinker, 2. Aufl., Freiburg im Breisgau, Herder, 1995.

Korczak, Janusz: Kaitus oder Antons Geheimnis, übers. und bearb. v. Friedhelm, Frankfurt am Main, Fischer-Taschenbuch-Verlag, 1994.

Krapp, Andreas/Weidenmann, Bernd: Pädagogische Psychologie, 4. Aufl., Weinheim, Beltz Psychologie Verlags Union, 2001, S. 105 f.

Krenz, Armin: Teamarbeit als Voraussetzung für eine qualitätsgeprägte Elementarpädagogik, 2002, abgerufen unter: www.kindergartenpaedagogik.de/700.html [24.07.09].

Krenz, Armin: Der „Situationsorientierte Ansatz" in der Kita, Grundlagen und Praxishilfen zur kindorientierten Arbeit, Troisdorf, Bildungsverlag EINS, 2008.

Krenz, Armin: Konzeptionsentwicklung in Kindertagesstätten – professionell, konkret, qualitätsorientiert, Troisdorf, Bildungsverlag EINS, 2008.

Kühne, Norbert: Basiswissen Psychologie, Troisdorf, Bildungsverlag EINS, 2009.

Kultusministerkonferenz: Rahmenvereinbarung zur Ausbildung und Prüfung von Erziehern/Erzieherinnen, Beschluss der Kultusministerkonferenz vom 28.01.2001, abgerufen unter: www.dbsh.de/Erzieherinnen.pdf [10.07.2009].

LABOKALA, Haus für Kinder mit Integration, Konzeption der Einrichtung, abgerufen unter; www.labokala.de/kigakonzeption.doc [10.04.2009].

Landesregierung Brandenburg (Hrsg.): Zweites Gesetz zur Ausführung des Achten Buches des Sozialgesetzbuches – Kinder- und Jugendhilfe (Kindertagesstättengesetz – KitaG), § 4 Grundsätze der Beteiligung, abgerufen unter: http://www.bravors.brandenburg.de/sixcms/detail.php?gsid=land_bb_bravors_01.c.43373.de#4 [14.03.2010].

Lepenies, Annette: Die Welt gemeinsam benennen, in: Tagesspiegel, 16.03.2008, abgerufen unter; www.berliner-kitabuendnis.de/presse/dieweltgemeinsambenennen.html [23.08.2009].

Liegle, Ludwig: Kindergarten und Grundschule, Zusammenarbeit im Zeichen der Anerkennung von Differenzen, in: KiTa aktuell (BY), 3, 21, 2009, S. 52–53.

Mester, Eva-Maria, dpa: Erster Internet-Kindergarten eröffnet, abgerufen unter: www.heise.de/newsticker/meldung/12889 [01.11.2010].

Militzer, Renate/Demandewitz, Helga/Solbach, Regina: Tausend Situationen und mehr!, Die Tageseinrichtung – ein Lebens- und Erfahrungsraum, hrsg. v. Sozialpädagogisches Institut NRW, Münster, Votum Verlag, 1999.

Militzer, Renate/Demandewitz, Helga/Fuchs, Ragnhild: Wie Kinder sprechen lernen, Entwicklung und Förderung der Sprache im Elementarbereich auf der Grundlage des situationsbezogenen Ansatzes, hrsg. von Ministerium für Frauen, Jugend, Familie und Gesundheit des Landes Nordrhein-Westfalen, Düsseldorf, 2001, S. 92–102.

Militzer, Renate: Ausgewählte Aspekte zur Gestaltung der sozialpädagogischen Arbeit, in: Tausend Situationen und mehr! Die Tageseinrichtung – ein Lebens- und Erfahrungsraum für Kinder, hrsg. v. Sozialpädagogisches Institut für Kinder, Jugend und Familie, Münster, Votum Verlag, 1999, S. 142–173.

Militzer, Renate: Situationsorientiertes Arbeiten in Tageseinrichtungen, in: Tausend Situationen und mehr! Die Tageseinrichtung – ein Lebens- und Erfahrungsraum für Kinder, hrsg. v. Sozialpädagogisches Institut für Kinder, Jugend und Familie, Münster, Votum Verlag, 1999, S. 69–82.

Militzer, Renate: Wer spricht mit mir? Gezielte Sprachförderung für Kinder mit Migrationshintergrund, hrsg. v. Ministerium für Frauen, Jugend, Familie, Gesundheit des Landes Nordrhein-Westfalen, Düsseldorf, 2001, S. 6–82.

Niedersächsisches Kultusministerium (Hrsg.): Rahmenrichtlinien für das Gymnasium – gymnasiale Oberstufe, die Gesamtschule – gymnasiale Oberstufe, das Fachgymnasium, das Abendgymnasium, das Kolleg. Werte und Normen, 2004, www.nibis.de/nli1/gohrgs/rrl/rrl_wn_go.pdf (05.06.2009).

Nohl, Herman: Die pädagogische Bewegung in Deutschland und ihre Theorie, 6. Auflage, Frankfurt a. M., Schulte-Bulmke, 1963.

Nohl, Herman: Ausgewählte pädagogische Abhandlungen, Paderborn, Schöningh, 1967.

Papert, Seymour: Kinder, Computer und neues Lernen, 2. Aufl., übers. v. Gabriela Steinke, Basel, Birkhäuser Verlag, 1998.

Pesch, Ludger/Sommerfeld, Verena: Beschwerdemanagement, Wie Kindergärten TOP werden, Weinheim/Berlin/Basel, Beltz Verlag, 2002.

Pfeiffer, Christian: Ursachen der Jugendgewalt, in: Centauer, Ausgabe 2, 9. Jahrgang, 2010.

Pommerenke, Ulrich: Ich kann's – ich mach's, Berlin, Cornelsen Scriptor, 2007.

Pousset, Raimund (Hrsg.): Handwörterbuch für Erzieherinnen und Erzieher, Berlin/Düsseldorf/Mannheim, Cornelsen Verlag Scriptor, 2007.

Regel, Gerhard: Bedürfnisorientierung – Geben und Nehmen in der Beziehung zu Kindern, in: Offener Kindergarten konkret, hrsg. von Gerhard Regel, Axel Jan Wieland, Hamburg, E.B.-Verlag Rissen, 1993, S. 50–111.

Reidelhuber, Almut: Umweltbildung in Tageseinrichtungen für Kinder, in: Bildung, Erziehung, Betreuung von Kindern in Bayern, Heft 2, Jg. 5, 2000, abgerufen unter: www.kindergartenpaedagogik.de/149.html [22.08.2009].

Richter, Matthias/Bauer, Ullrich/Hurrelmann, Klaus: Substanzkonsum im Jugendalter: Der Einfluss sozialer Ungleichheit – Ergebnisse der WHO-Studie „Health Behaviour in School-aged Children", in: Aus Politik und Zeitgeschichte, 2004, Band 1–2, S. 30–37.

Rohnke, Hans-Joachim: Leitung und Teamarbeit – ein Widerspruch? 2001, abgerufen unter: www.kindergartenpaedagogik.de/521.html [25.07.09] hrsg. v. Martin R. Textor.

Saßmannshausen, Wolfgang: Waldorfkindergarten, Grundlagen und Grundanliegen des Waldorfkindergartens, in: Kindergartenpädagogik, Online-Handbuch, hrsg. v. Martin R. Textor, abgerufen unter: www.kindergartenpaedagogik.de/163.html [06.06.2009].

Schäfer, Gerd E.: Grundlagen der Reggio-Pädagogik, Einführung in die Pädagogik der Frühen Kindheit – Anthropologische Grundlagen und Konzepte, abgerufen unter: www.uni-koeln.de/ew-fak/paedagogik/fruehekindheit/texte/einfuehrung06.html [04.03.2009].

Schäfer, Gerd E. im Interview, in: kindergarten heute, 6–7, 2009, S. 20 f.

Schräder-Naef, Regula: Lerntraining in der Schule. Voraussetzungen – Erfahrungen – Beispiele, Weinheim/Basel, Beltz Verlag, 2002.

Scheidt, Jürgen von: Cluster, www.iak-talente.de/loader.php?pid=18 (14.6.2010)

Senatsverwaltung für Bildung, Wissenschaft und Forschung Berlin: Interkulturelle Bildung und Erziehung, Handreichung für Lehrkräfte an Berliner Schulen der Senatsverwaltung für Schule, Jugend und Sport Berlin, abgerufen unter: www.berlin.de/imperia/md/content/sen-bildung/politische_bildung/interkult.pdf [20.09.2009].

Spitzer, Manfred: Lernen, Gehirnforschung und die Schule des Lebens, Berlin, Springer-Verlag – Spektrum Akademischer Verlag, 2008.

Stelzer, Tanja: Ich will doch nur spielen, in: DIE ZEIT, Nr. 32, 30.07.2009.

Sturzenhecker, Bernhard: Partizipation in der offenen Jugendarbeit, abgerufen unter: www.aba-fachverband.org/fileadmin/user_upload/user_upload_2007/partizipation/sturzenhecker_partizipation_off_ju-1.pdf [11.08.2009].

Stüwe, Kai: Ich bin fünf Männer!, in: klein & groß, 11, 2007, S. 22–23.

Subellok, Katja/Bahrfeck-Wichitill, Kerstin: Wenn Kinder nicht verlieren können, Wie Frustrationstoleranz gefördert werden kann, in: kindergarten heute, 4, 2005, S. 20–26.

Tenorth, Heinz-Elmar/Tippelt, Rudolf (Hrsg.): Lexikon Pädagogik, Weinheim, Beltz, 2007.

Textor, Martin R.: Elternmitarbeit: Auf dem Wege zur Erziehungspartnerschaft, hrsg. von Bayerisches Staatsministerium für Arbeit und Sozialordnung, Familien, Frauen und Gesundheit, München, 1996.

Textor, Martin R.: Elternarbeit im Kindergarten, Ziele, Formen, Methoden, Norderstedt, Books on Demand, 2009.

Textor, Martin R.: Projektarbeit im Kindergarten, Planung, Durchführung, Nachbereitung, 9. Auflage, Freiburg, Herder Verlag, 2004.

Thesing, Theodor: Leitideen und Konzepte bedeutender Pädagogen, Ein Arbeitsbuch für den Pädagogikunterricht, Freiburg/Breisgau, Lambertus-Verlag, 1999.

Tietze, Wolfgang/Schuster, Käthe-Maria/Grenner, Katja/Roßbach, Hans-Günther: Kindergarten-Skala (KES-R), Feststellung und Unterstützung pädagogischer Qualität in Kindergärten, Berlin/Mannheim, Cornelsen Scriptor Verlag, 2007.

Universität Freiburg: Die pq4r-Methode, abgerufen unter: www.psychologie.uni-freiburg.de/einrichtungen/Paedagogische/lernen/strategie/pq4r/quest2.html [20.08.09].

UN-Konvention über die Rechte des Kindes, abgerufen unter: http://nibis.ni.schule.de/~kiko/kikodata/de/kk/kinkon.htm [26.06.2009].

Winter, Arne: Mann in der Erzieherausbildung, in: klein & groß, 11, 2007, S. 23–25.

Zimmer, Renate: Handbuch der Bewegungserziehung, 8. Auflage, Freiburg im Breisgau, Verlag Herder, 1998.

Praxismaterialien

Umfangreiche Praxismaterialien zu den Themengebieten

- Ausbildung, Qualifikation, Studium,

- Organisations- und Persönlichkeitsstärkung,

- Pädagogische Grundsätze,

- Förderung der Kinder im Alter 0-3 Jahre,

- Förderung der Kinder im Alter 0-6 Jahre,

- Übergang Kita-Grundschule,

- Erziehungspartnerschaft und

- Sprachförderung (Sprachförderprogramme „Die Welt ist elefantastisch – Sprachförderung mit dem Elefanten" und „Meine Sprache als Chance – Förderung von Mehrsprachigkeit")

finden Sie beim Bildungsverlag EINS im Programmbereich „Bildung von Anfang an".

Besuchen Sie unsere Homepage www.bildung-von-anfang-an.de.

Bildquellenverzeichnis

© godfer/Fotolia.com: Umschlagfoto

© Bildungsverlag Eins, Troisdorf/Nadine Dilly, Bottrop: S. 11, 117, 150, 157 (Szenerie), 163

© turbo_grafx/Fotolia.com: S. 12

© Bildungsverlag Eins, Troisdorf/Cornelia Kurtz, Boppard: S. 15, 27, 29 (oben), 50, 109, 124, 144, 145, 158, 168

© Jürgen vom Scheidt, Ruth Zenhäusern, München/www.hyperwriting.de: S. 18

© Bildungsverlag Eins, Troisdorf/Björn Hänssler- bopicture: S. 20 (links), 56

© Stephen Coburn/Fotolia.com: S. 20 (rechts)

© Pétrouche/Fotolia.com: S. 24

© Murat Subatli/Fotolia.com: S. 29 (unten)

© Bildungsverlag Eins, Troisdorf/ Christian Schlüter, Essen: S. 34, 37, 58, 59, 66, 67, 68, 81 (oben), 84, 85, 118, 121 (oben), 125, 126, 127, 130, 135, 139

© picture-alliance/BSIP/LEMOINE: S. 46

© Meddy Popcorn/Fotolia.com: S. 49

© Alex Kalmbach/Fotolia.com: S. 51 (Ohr)

© Yuri Schipakin/Fotolia.com: S. 51 (Gesicht)

© Bildungsverlag Eins, Troisdorf/Inge Eismann-Nolte, Amöneburg: S. 52

© Jaimie Duplass/Fotolia.com: S. 60

© picture-alliance/dpa: S. 61

© atlang/Fotolia.com: S. 64 (oben, unten links)

© Eric Isselée/Fotolia.com: S. 64 (2x Mitte, unten rechts)

© Christian Schwier/Fotolia.com: S. 75

© Rtimages/Fotolia.com: S. 78

© Monkey Business/Fotolia.com: S. 79

© Ancello/Fotolia.com: S. 81 (unten)

© Uschi Hering/Fotolia.com: S. 93

© Digitalpress/Fotolia.com: S. 99

© picture-alliance/Süddeutsche Zeitung Photo: S. 101

© Gina Sanders/Fotolia.com: S. 115

© Frank Speth, Quickborn/www.bildergeschichten.eu, www.kunstsam.de: S. 121 (unten)

© Raymond Thill/Fotolia.com: S. 122 (Ahorn)

© emer/Fotolia.com: S. 122 (Linde)

© Sandra Michalec/Fotolia.com: S. 122 (Eiche)

© Irochka/Fotolia.com: S. 122 (Buche)

© Andrzej Tokarski/Fotolia.com: S. 122 (Kastanie)

© Herbert Österreicher, München: S. 123

© photographer/Fotolia.com: S. 128 (Motorrad)

© Ghost/Fotolia.com: S. 138 (Game-Controller)

© ExQuisine/Fotolia.com: S. 138 (Puppe)

© creative studio/Fotolia.com: S. 138 (Krönchen)

© D.Vasques/Fotolia.com: S. 138 (MP3-Player)

© Irina Reifschneider/Fotolia.com: S. 138 (Fußball)

© Julie Marie/Fotolia.com: S. 138 (Teddy)

© contrastwerkstatt/Fotolia.com: S. 138 (Spielfiguren)

© Sergey/Fotolia.com: S. 138 (Haargummi)

© Marc Rigaud/Fotolia.com: S. 138 (Staubsauger)

© MEV Verlag, Augsburg/Mike Witschel: S. 142

© Andrey Zyk/Fotolia.com: S. 157 (Kameramann)

© Fotolia.com: S. 165